Noël 2003

La lu… est déjà
en toi
qu'à
la toile :

Joyeux …
mon amour !

Mihai

LA LUMIÈRE
AU CINÉMA

Dans la même collection

James Agee : *Sur le cinéma*

Jacques Aumont : *Du visage au cinéma*

André Bazin : *Le Cinéma français de la Libération à la Nouvelle Vague (1945-1958)*

Pascal Bonitzer : *Décadrages*

Michel Chion : *La Voix au cinéma*

Le Son au cinéma

La Toile trouée : La parole au cinéma

Marc Vernet : *Figures de l'absence*

Dominique Villain : *Le Cadrage au cinéma : L'œil à la caméra*

Le Montage au cinéma

Paul Virilio : *Guerre et cinéma 1* : *Logistique de la perception*

En co-édition avec la Cinémathèque Française :
Dudley Andrew : *André Bazin* (préface de François Truffaut, annexe de Jean-Charles Tacchella)

Stanley Cavell : *A la recherche du bonheur. Hollywood et la comédie du remariage.*
Luc Moullet, *Politique des acteurrs ,*
Gary Cooper, John Wayne, Cary Grant, James Stewart.
Alain Masson, *Le Récit au cinéma*

Du même auteur :

Raoul Ruiz (co-auteur), Éd. Dis, voir, 1987

D'un cinéma l'autre : notes sur le cinéma français des années cinquante (ouvrage collectif), Éd. du Centre G. Pompidou, 1988

Gertrud de Carl Th. Dreyer, Éd. Yellow now, 1988

Pour le cinéma « moderne », Éd. Yellow now, 1994.

Collection Essais
Cet ouvrage a été réalisé sous la direction d'Alain Bergala

Cahiers du cinéma

A Alain Bergala, sans qui ce livre ne serait pas.
A Jacques Aumont, pour l'intérêt apporté à ma réflexion.
A Pierre Lhomme et à Patrice Rollet, pour l'attention portée à ce travail.
A Henri Alekan, Nestor Almendros, Renato Berta, Raoul Coutard, Jean-Yves Escoffier, Pierre Lhomme, Bruno Nuytten, pour les entretiens accordés.
A Pierre Abraham (chef électricien) et à François Sniatecki (étalonneur), pour les informations communiquées.
A Philippe Dubois, Catherine Ficat (Cinémathèque Française), Catherine Fröchen (Cahiers du cinéma), Guy Jungblut (Yellow Now), Sylvie Pliskin (Cinémathèque universitaire), Françoise Prouvost, pour l'iconographie.

En couverture : *Kick In* de R. Wallace, 1931 (photo Cahiers du cinéma)

CRÉDITS PHOTOGRAPHIQUES
Cahiers du cinéma : p. 6 (bas), 36, 42 (bas), 56 (haut, bas à gauche), 60, 61, 69, 74 (bas), 91 (haut, milieu), 98, 100, 101 (haut), 106 (bas); 110, 111, 115, 118, 122, 123, 129, 138 (bas), 139, 141, 147 (bas), 152, 163 (haut), 183, 188. *Cinémathèque Française :* p. 42 (haut), 106 (haut), 138 (haut), 147 (haut), 163 (bas). *Cinémathèque Universitaire :* p. 128. *DR :* p. 15. *Françoise Prouvost :* p. 189. *Yellow Now :* p. 6 (haut), 56 (bas, droite), 74 (haut), 91 (bas), 101 (bas), 194.

ISBN 2-86642-076-4
Diffusion Seuil - 27, rue Jacob - 75006 Paris

FABRICE REVAULT D'ALLONNES

LA LUMIÈRE AU CINÉMA

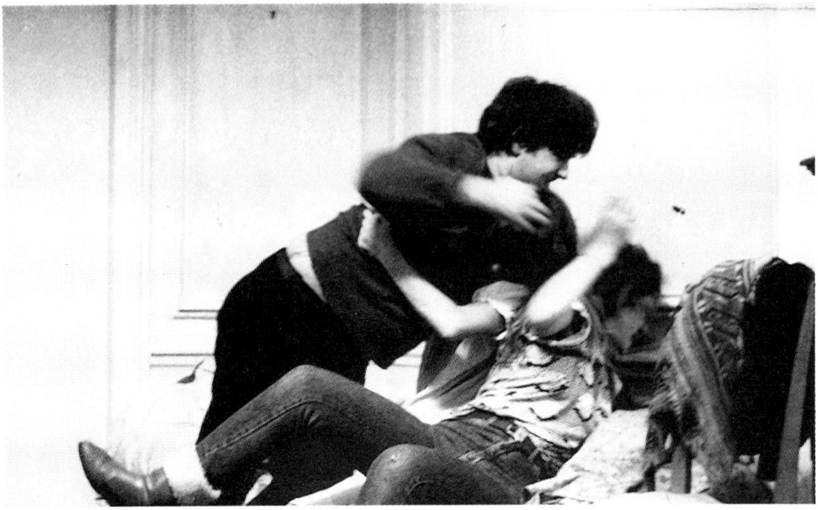

Lumière moderne ; documentaire, littérale, non dramatisée (*A nos amours*, Pialat).

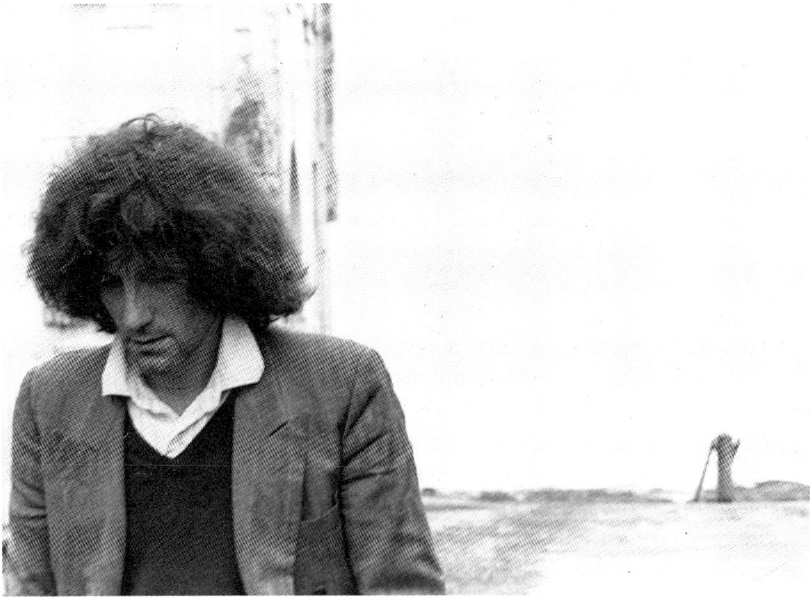

Ne pouvant exprimer qu'une inévidence du monde, tache aveugle ou béance, comme dans la surexposition (*Les Baisers de secours*, Garrel)

I. DEUX OU TROIS LUMIÈRES

1. Les deux lumières : sens apporté, non sens rencontré

Dans le monde, la lumière est indifférente à nos existences, vide de sentiment, et insignifiante à nos esprits, vide de sens — l'absence de signification procédant notoirement de l'absence de sentimentalité. Dans le monde, la lumière est inorganisée, par là inélective (sinon accidentellement) : elle baigne êtres et choses sans se soucier de privilégier ou d'effacer tel être ou chose. Ceci encore participe de son non sens. Bref, la lumière au monde est sans projet signifiant.

Au cinéma, comme en toute œuvre, il y a projet : la lumière du film est nécessairement peu ou prou signifiante. Il n'y en a pas moins deux cinémas, deux lumières au cinéma. De l'absence de sens du monde, l'un(e) n'a rien à faire, l'autre a tout à faire.

Dans le classicisme, on produit une lumière d'esprit sinon d'essence théâtrale. Expressive, rhétorique : dramatisée, psychologisée, métaphorisée et élective. Qui participe d'un sentiment et d'un sens plein et transparent (obvie), à l'encontre du monde. Qui va dans le sens du sens apporté (1). Lumière connotée, codée : le monde nous est livré avec son interprétation toute faite, aussitôt déchiffrable. Lumière éminente, en son principe acquise, conçue : qui fondamentalement ne vient pas du monde, projetée sur lui, et qui le rend intelligible. Ici, le langage (lumineux) est débridé, libéré du réel : tout est possible. Ici, la subjectivité de l'artiste supplante l'objectivité : le geste classique nous libère de l'insignifiance rencontrée. C'est son intérêt et sa force.

Dans la modernité, on reproduit une lumière d'esprit sinon d'essence documentaire. Littérale, telle : non dramatisée, non psychologisée, non métaphorisée et égalitaire. Qui reflète du sentiment et du sens béant ou opaque (obtus), à l'endroit du monde. Qui va dans le sens du non sens rencontré (enregistré, recréé, voire amplifié) (1). Lumière dénotée, non codée : le monde nous est livré avec son mystère intact, sans interprétation toute faite, sans grille de lecture, toujours à déchiffrer. Lumière immanente, en son principe innée, reçue : qui fondamentalement vient du monde, émane de lui, et le garde inintelligible. Là, le langage (lumineux) est bridé, contraint par le réel : tout n'est pas possible. Là, la subjectivité de l'artiste prolonge l'objectivité : le geste moderne nous replace devant l'insignifiance rencontrée. C'est son intérêt et sa force.

De la modernité

Convoquons d'emblée une espèce de cinéastes qui fut toujours rare et qui serait déjà en voie de disparition, car elle nous en dit long « en creux », de par sa réserve, sur la lumière largement dominante au cinéma.

Dans la nature, mais aussi dans la civilisation, les habitats ou les rues (même s'il y a des modes dans l'éclairage des habitats, même si certains éclairages urbains donnent tel cachet à tel lieu), la lumière n'obéit pas (ou

1. *Obvie* et *obtus* : termes entendus ici dans leur acception la plus élémentaire, où obvie équivaut à évident ou massif — forte ou lourde signification — et obtus à béant (comme un angle) ou bouché (comme un individu), flottant ou opaque — faible ou légère signifiance. Ce faisant, tout en simplifiant et élargissant cette terminologie, on demeure fidèle à l'esprit de Barthes, qui définissait le sens obvie comme sens intentionnel, voulu par l'auteur et qui « *va au-devant de moi* » alors que le sens obtus est un sens « *que mon intellection ne parvient pas à absorber, à la fois têtu et fuyant, lisse et échappé* ». De plus, à bien lire Barthes, il est clair que le sens obvie, apporté, imposé aux êtres et choses, relève de l'acquis, du langage, alors que le sens obtus, rencontré, inscrit dans les êtres et choses, relève de l'inné, de l'ontologique : il gît, enfoui, dans ce qui est proprement et irréductiblement photographique ou filmique, dans ce que le langage, verbal ou autre, ne saurait exprimer (il reste donc à jamais indicible). Roland Barthes, « Le troisième sens », *Cahiers du cinéma*, n° 222, juillet 1970.

guère) à un sens évident et n'en impose pas. Le cinéaste moderne s'ouvre à ces lumières données, telles. Alors que le cinéma classique interviendra pour « faire le ménage », organiser des éclairages signifiants, ou s'isolera carrément du monde, à l'abri du studio, pour mieux faire converger toutes choses (et les éclairages, donc) dans le sens voulu (2).

De Rossellini à la Nouvelle Vague, de Rohmer à Straub-Huillet (pour la nature), de Pialat à Cassavetes (pour la civilisation), il y a là une pratique et une éthique de la lumière documentaire, procédant d'une intervention minimale, ou pour mieux dire minimalement signifiante, maximalement objective. Il n'y a pas là qu'un beau souci esthétique de pur naturalisme ou réalisme, de vérisme (qui amène par exemple Rohmer et Almendros à respecter non seulement une logique d'éclairage mais encore une qualité de lumière naturaliste quand ils éclairent les intérieurs par des miroirs réfléchissant la lumière solaire avec son spectre intact, comme pour *La Collectionneuse* ou *La Marquise d'O*). L'essentiel est qu'en reproduisant, en enregistrant telles quelles ou en imitant strictement les lumières du monde, le moderne choisit de ne pas les inféoder au sens de l'action, du récit. Dans un film moderne, un suicide viendra dans une lumière dramaturgiquement indifférente (*Allemagne année zéro* de Rossellini ou *La Mort d'Empédocle* de Straub-Huillet, en extérieur et en lumière naturelle) : comparez aux ombres inquiétantes des scènes de meurtre dans le cinéma classique. Dans un film moderne, une crise éclatera dans une lumière dramaturgiquement indifférente (*A nos amours* de Pialat, en intérieur et en lumière artificielle) : comparez aux éclairs orageux des scènes de dispute dans le cinéma classique.

Ceci posé, se tenir du côté d'une vérité documentaire (refuser l'artifice théâtral) ne veut pas dire qu'on ne fait rien, qu'on n'intervient pas : on est le plus souvent amené à apporter de la lumière, ne serait-ce que pour les intérieurs clos et les extérieurs-nuit, mais aussi en extérieur-jour. Cependant, on peut fort bien façonner cette lumière apportée en veillant à son véritable réalisme, c'est-à-dire à ce qu'elle ne dégage pas une signification précise, massive. Ainsi, quand Godard et Coutard, durant la Nouvelle Vague, baignent les intérieurs d'un éclairage ambiant uniforme (par réflexion des projecteurs sur les murs et plafonds), ils sont plus que réalistes (un strict réalisme appel-

2. Néanmoins, le cinéaste classique peut toujours rechercher dans la nature ou dans la civilisation — l'éclairage des villes (lieux publics ou même habitats privés) n'étant pas toujours insignifiant, pouvant comporter une certaine dose de symbolique — des états de lumière métaphoriquement signifiants. On y reviendra.

lerait plutôt un clair-obscur dégradé à partir des fenêtres et sources existantes, comme chez Rohmer-Almendros) : ils neutralisent la signification des éclairages, et c'est cela qui compte, cela qui rend compte du réel, de son absence de sens. On peut fabriquer de toutes pièces un éclairage « documentarisé », à la signification neutralisée, à la signifiance obtuse, de par son « indifférence » à la scène, à l'action qu'il baigne : *Un condamné à mort s'est échappé* et même *Pickpocket* ont été pour l'essentiel tournés en studio, *L'Argent* y aurait été réalisé que ça n'y changerait rien ; *Thérèse* de Cavalier, entièrement réalisé en studio, en est une belle illustration récente (3).

L'essentiel n'est donc pas que la lumière soit donnée ou apportée, mais bien qu'elle se refuse, dans ces exemples, à abonder vers un sens massif. Thérèse peut mourir, l'éclairage est le même que quand elle dansait, elle peut s'avérer sainte, elle n'irradie ni plus ni moins qu'avant : la lumière résiste à la dramatisation ou métaphorisation, à la subjectivisation ou psychologisation (ce en quoi elle est foncièrement réaliste). Yvon, dans *L'Argent,* peut être pris dans un trafic interdit, jeté en prison, perdre compagne et enfant, sortir de prison pour décapiter à la hache une famille innocente : une irrémédiable tragédie se déroule sans que la lumière soit dramatisée (ce en quoi elle est foncièrement réaliste). Sinon en une unique métaphore, instantanée, à la volée, lorsque la hache frappant la vieille femme fauche dans son élan la lampe de chevet : à peine une métaphore, d'être si peu cultivée et tant fondée dans le réel.

De même chez Rohmer, où la lumière n'a pas de signification massive, ni globale ni ponctuelle. Tout au plus la saison dans laquelle se situe l'action n'est-elle pas indifférente au propos : signifiance bien légère. De même chez Straub-Huillet, où la lumière du monde vit sa vie, du sens surgissant ou non, librement, accidentellement, de sa confrontation, harmonieuse ou dissonante, à un texte : signifiance ouverte, fluctuante sinon béante, de la lumière (nature) face au sens exact du texte (culture).

Il suffit : on voit qu'en principe ce cinéma, cette lumière consistent à délivrer des sensations sans imposer du sens, alors que dans la lumière classique les sensations vont toujours avec du sens.

Arrêtons-nous néanmoins un instant aux sur- et sous-expositions qu'on croise d'Antonioni (*L'Avventura*) à Pasolini (*Accattone*), de Godard (*Le Petit*

3. Dreyer, déjà, avait conçu en studio une lumière souvent « documentarisée », veillant en tout cas toujours à ce que la métaphore (lumineuse) semble fondée dans le réel, paraisse en émaner.

soldat) à Garrel (partout) : elles sont riches d'enseignements. Qu'y mesure-t-on ?

D'abord et enfin que la seule signification de la lumière qu'on puisse rencontrer dans un film moderne est, comme par hasard, celle d'un « pas de sens » du monde, l'expression d'une tache aveugle. Figure qui renvoie à l'obtusité du monde, au mystère du réel, aveuglant la conscience (4). Encore la seule métaphore possible — par quoi l'absence de sens rencontrée est amplifiée en béance de sens — ne peut-elle être qu'inscrite dans des images documentaires, fondée dans la nature ou civilisation. Au point qu'on ne saurait dire si le trop de lumière éblouissant *L'Avventura* ou *Accatone* est donné par le soleil italien ou voulu par le cinéaste (les deux, bien sûr). Elle reste un effet naturel, donné par le monde.

De plus, c'est l'effet lumineux le plus naturel au cinéma, inhérent à l'acte même de cinématographier, que la sur- ou sous-exposition. Celui qui ne relève pas d'une fabrication sur le plan de l'éclairage. Le plus immédiat, fort simple et peu coûteux : des termes qui valent pour toute la conception moderne de la lumière.

Ainsi, la modernité ne connaît-elle de métaphores qu'écrasées sur le réel, bridées par lui et son insignifiance (alors que le classicisme est l'art de cultiver des métaphores affranchies de lui, d'elle).

On peut déjà mesurer, à travers tous les exemples donnés, que l'attitude moderne consiste donc à ne pas utiliser les puissantes ressources signifiantes du langage photographique, ou sous réserve expresse : limitation à l'expression du non sens rencontré. Très exactement, le cinéma moderne se joue entre une lumière qui ne signifie pas (telle qu'en elle-même) — *absence* de sens — et une lumière qui signifie le vide de sens (par amplification) — *béance* de sens. Ce qu'on vérifiera à tous autres égards...

Du classicisme

La plupart des films jouent au contraire de la puissance expressive de la lumière, l'un des signifiants majeurs du langage cinématographique. Généra-

---

4. Autre soupçon de métaphore possible dans la modernité : lorsque la lumière indiquerait la révélation. A l'autre bout de la chaîne, le lien révélé entre l'homme et le monde.

lement, on cherche à faire parler la lumière, on la théâtralise ; le meilleur moyen étant de composer à sa guise avec des moyens d'éclairage artificiel la lumière voulue, au moment et au lieu voulus, allant dans le sens voulu (ce qui n'empêchera pas de nouvelles interventions signifiantes après tournage, au développement, au montage, à l'étalonnage).

Les opérateurs classiques ne disent évidemment rien d'autre. Léon Shamroy déclare : « *Un opérateur doit dramatiser* » ; Henri Alekan : « *Ce n'est pas la vérité de la lumière que je cherche, c'est la révélation des sentiments* » ; Arthur Miller : « *Mon principe de base était de faire que ça ressemble à la vie réelle, et là-dessus d'outrer modérément les effets visuels* » ; Gordon Willis : « *Philisophiquement, j'appelle ce type de travail* réalité romantisée. *Vous ne pouvez pas être littéral, vous avez à reconstruire ce que vous avez sous les yeux en vue d'une certaine visée* » ; Vittorio Storaro : « *J'essaye d'écrire l'histoire du film avec la lumière. J'essaye d'en trouver l'idée maîtresse et comment elle peut être représentée de manière symbolique, émotionnelle, psychologique, réalistement et physiquement* » ; Giuseppe Rotunno : « *L'important, c'est l'histoire et son atmosphère, sa saveur, son odeur. Le réalisme, c'est une chose. La vérité, pour moi, c'est tout à fait différent. La vérité intérieure, personnelle du cinéaste, c'est çà la vérité* » (5).

Cette théâtralisation peut avoir deux modes — réaliste ou irréaliste — comme elle peut avoir deux lieux — monde ou studio. Mode et lieu, deux points qu'il convient de remettre à leur juste place : l'essentiel est et reste la théâtralisation même.

La traditionnelle question du réalisme ou de l'irréalisme d'une lumière n'a pas d'importance : qui s'en soucie, où serait le problème de l'irréalisme ? Où finit le réalisme, où commence l'irréalisme ? Personne ne saurait le dire et personne n'en a rien à faire. A preuve : la lumière est-elle réaliste ou irréaliste dans *L'Aurore, Faust* ou *Nosferatu* de Murnau ? Dans *Loulou* de Pabst ?

---

5. L. Shamroy : *Cahiers du cinéma*, n° 147, septembre 1963. H. Alekan : *Cinématographe*, n° 68, juin 1981. A. Miller : cité par C. Higham in *Hollywood Cameramen*, Londres, Thames and Hudson, B.F.I., 1970. G. Willis et V. Storaro : cités par D. Schaeffer et L. Salvato, in *Masters of Light : Conversations with Contemporary Cinematographers*, Berkeley, Los Angeles, Londres, University of California Press, 1984. G. Rotunno : *Cahiers du cinéma*, n° 355, janvier 1984. On remarquera l'intelligence de la formule de Rotunno. Au demeurant, tel moderne traquant ou forçant une *vérité du réel* plutôt qu'une *vraisemblance réaliste* pourrait fort bien reconnaître toute l'importance de la « *vérité intérieure, personnelle du cinéaste* », étant entendu que la subjectivité de l'artiste moderne reste toujours asservie au « pas de sens » rencontré, ne peut que le relayer.

Dans *La Nuit du chasseur* ou *Les Contrebandiers de Moonfleet* ? Chez Welles, Fellini, ou Tarkovski ? Et à la fin d'*Ordet*, lors de la résurrection ? Et dans *Boy Meets Girl* ?

De toute façon, l'irréalisme réside dans l'acte théâtral même, dans le fait de faire parler la lumière qui, dans le monde, est muette. En réalité, vous pouvez mourir, le ciel ne s'assombrira pas ; vous pouvez être héros ou sainte, vous n'irradierez pas. Il y a un artifice irréaliste dès lors que la lumière est dramatisée ou métaphorisée, subjectivisée ou psychologisée. Peu importe alors que cette lumière soit plus ou moins réaliste ou vraisemblable (semblable à quoi : à la réalité ou au rêve, et peut-on séparer celle-là de celui-ci ?). A partir du moment où, théâtralisée, elle fait sens, elle est de ce fait même étrangère à la lumière du monde, même si elle en respecte l'apparence.

Réalisme, mot fourre-tout qu'il faudrait bannir, qu'il ne faudrait entendre qu'au sens étymologique et bazinien : une lumière qui rend compte de l'absence de sens du monde, de l'ambiguïté opaque du réel (ce qui peut aller loin de la copie conforme de la réalité). Lumière moderne donc, jamais classique, quel que soit le souci de réalisme de celle-ci.

Oui, pour nous — étant entendu qu'il y a toujours irréalisme en tout art, soit-il comme le cinéma doué de réalisme ; étant entendu que la notion de réalisme est toute relative, qu'il y en a autant d'acceptions que d'esthétiques —, l'affaire est réglée, suivant une définition radicale du terme : le geste classique est du côté de l'irréalisme, qui rompt avec l'insignifiance rencontrée ; le geste moderne est du côté du réalisme, qui respecte l'insignifiance rencontrée.

Cela dit, on entend très souvent établir une distinction entre une lumière dite réaliste dont la théâtralisation ne contredit pas les lois essentielles du monde, peu ou prou exagérées, et une lumière dite irréaliste dont la théâtralisation se détache de ces lois, peu ou prou déniées. Mais une telle distinction est-elle judicieuse ?

En vérité, la lumière n'est pas plus réaliste dans *Le Procès* où Welles exacerbe les lois de la nature que dans *La Belle et la Bête* où Cocteau s'en détache. L'un ne « triche » pas plus que l'autre : tous deux « trichent » en théâtralisant la lumière, sur des registres différents (que l'on ne peut pas même taxer de plus ou moins oniriques : le réalisme peut être parfaitement onirique).

En vérité, le réalisme de la lumière théâtralisée consiste dans le fait de rendre plausibles (sinon vraisemblables) les effets lumineux, plus ou moins légitimés par des sources lumineuses elles-mêmes plus ou moins légitimes (fondées dans la réalité et fondées dans l'image). Par exemple, on veut éclairer l'acteur alors qu'il fait nuit : on veille à légitimer l'effet en cadrant à un moment quelconque un possible réverbère ; et généralement, à partir de là, on triche allègrement. Par exemple encore, un grand ventilateur aperçu au plafond « légitimera » un manège d'ombres tournantes, une enseigne lumineuse supposée hors champ « justifiera » un clignotement dans la pièce, etc. Mais personne n'est dupe, ou plutôt tout le monde se laisse duper, la fameuse croyance du spectateur ne demandant qu'à être emportée : il s'agit de faire accepter l'effet comme plausible (réalisme conventionnel) alors même qu'il ne devrait pas y avoir d'effet (véritable réalisme), que son existence même procède d'une théâtralisation arbitraire. Et qu'importe alors que l'effet apparaisse plus ou moins artificiel, fabriqué et exagéré : il est par définition un artefact arbitraire.

De fait, nous avons affaire à un ample éventail de distorsions possibles, encore réalistes ou déjà irréalistes, peu importe. Au demeurant, le cinéma s'en tient très largement à un réalisme de bon aloi mais qu'importe. Mais ce qui compte, c'est la théâtralisation signifiante. Nous n'avons somme toute affaire à rien d'autre qu'à des modes de celle-ci. Elle peut être discrète comme chez Dreyer, feutrée comme chez Visconti, habile comme chez Carné ; elle peut être affichée comme chez Lang, outrée comme chez Welles, exacerbée comme chez Pabst ; elle peut être libérée comme chez Fellini, débridée comme chez Cocteau, forcenée comme chez Corman, échevelée comme chez Bergman ou Ruiz... finalement, où est la limite ? On ne voit (classiquement) ce que c'est que le réalisme et l'irréalisme qu'aux deux extrêmes d'un seul et même processus de théâtralisation.

De même que le mode que prend cette théâtralisation importe finalement peu, le lieu où elle s'opère n'est pas primordial : l'artifice résidant en cette théâtralisation même, il n'y a pas de différence fondamentale entre recomposer la lumière au sein du monde et la composer de toutes pièces en studio.

L'artifice théâtral (faire « parler » la lumière) n'a jamais eu comme lieu unique le studio. La moindre intervention — allumer un projecteur, placer un filtre ou sous-exposer pour surdévelopper — peut suffire à théâtraliser la lumière, à charger l'image d'un sens évident, obvie. Et l'on peut même, sans intervenir en aucune façon, rechercher dans le monde (nature ou civilisation) des états de lumière qui feront sens dans le film. Sans même aller jusqu'à des états bien particuliers (coucher de soleil, clair de lune, orage, brume ; tel éclairage urbain, public ou privé, chargé d'une certaine symbolique), toute

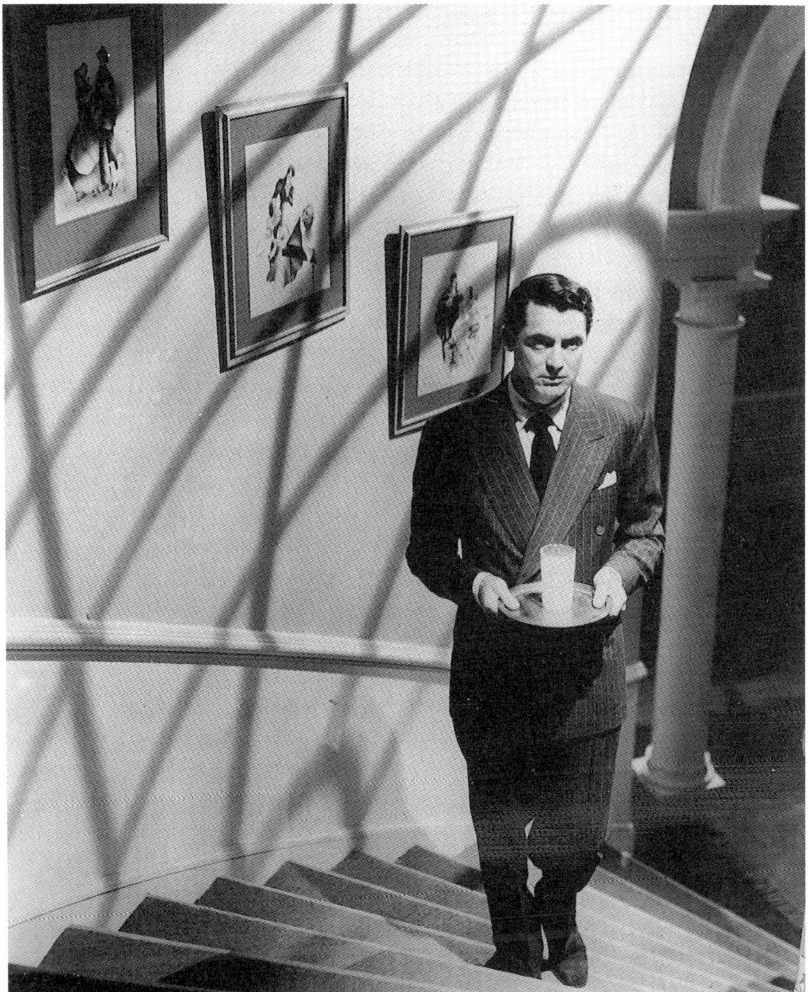

Lumière classique ; foncièrement métaphorique, comme en cette explicite allégorie : le supposé criminel évolue au sein d'une toile d'araignée dessinée par l'ombre d'une verrière (*Soupçons*, Hitchcock).

lumière peut devenir pleinement signifiante à la vision du film. Mais va-t-on, généralement, guetter un rayon de soleil ou un orage, ou même rechercher tel éclairage urbain, pour dramatiser telle scène ? Non, bien sûr : on va les fabriquer à la demande, en en contrôlant précisément les paramètres. Classiquement, on éclairera : on produira de la lumière *pour mieux la diriger dans le sens voulu.*

Alors, recomposée dans le monde ou composée en studio, peu importe somme toute, c'est essentiellement la même démarche et quasiment le même résultat. *A fortiori* aujourd'hui où l'on dispose de tous les moyens adéquats pour une intervention au sein même du monde, dès lors aisément « transformable en studio » : on a toujours pu intervenir sur la lumière dans le monde même, mais c'était avec des moyens d'autant moins adéquats et moins commodes qu'on remonte dans le temps (pellicules peu sensibles à divers titres, projecteurs moins pratiques à divers égards) (6). S'isoler en studio s'impose beaucoup moins de nos jours : on peut désormais aisément réaliser et contrôler dans le monde même l'éclairage voulu ; le cinéma (classique, dominant) a dorénavant le monde entier pour studio. En somme, le débat est caduc, mais le studio nous livre historiquement la vérité de l'éclairage classique : la nécessité d'une lumière qui fasse sens, alors que celle du monde s'y refuse, ou tout au moins y résiste.

Telle a bien été la raison de l'enfermement du cinéma classique en studio : échapper à la lumière existante dans la nature ou la civilisation, à ses caprices et à son ambiguïté (opacité) ou ambivalence (diversité) de sens. En studio, on peut recréer *ex nihilo* les lumières voulues, en partant du néant, du noir, et les contrôler de part en part, au millimètre près. On peut de A à Z fabriquer, organiser et maîtriser son monde — décors et éclairages. On peut, *in vitro*, dans ce cocon artificiel bien à l'abri du monde réel, de ses aléas, accidents et aspérités (de lumière, aussi bien), dérouler un pur projet (lumineux), jamais confronté au réel vrai. On y évitera des passages nuageux inopportuns, on y évitera des éclairages urbains indésirables, etc. : on y évitera toute échappée ou résistance au sens prévu et programmé.

Se mettre en studio pour mieux signifier, sans avoir pour cela à « tordre » le réel dans le sens voulu : en témoigne l'histoire même du studio, véritablement né dans l'Allemagne expressionniste. Il s'agit bien, dès l'origine, de s'isoler du monde pour faire signifier fortement êtres et choses — acteurs,

6. Cf. Chapitre II.

décors, éclairages —, alors que le monde, lui, ne connaît pas une telle évidence de sens. Il s'agit bien par principe de pouvoir, comme sous serre, cultiver à loisir le sens, produit et contrôlé au plus près par l'instance énonciatrice (fabricatrice des éclairages).

A l'abri de la réalité et de sa masse « informe » de sensations obtuses, ainsi que l'exprime tel chef-opérateur friand de studio (Philippe Rousselot) lorsqu'il déclare : « *Dans la réalité, tout est le signe ou la trace de quelque chose, il y a une masse d'informations sans beauté ni sens..* » Propos qui a sa part de vérité, qui se discute cependant sur le fond, mais qu'on retiendra ici comme très révélateur de l'essence même du studio (7).

« *Sans beauté...* ». Certes, le studio apparaît d'abord et enfin comme le lieu où l'on se rend par souci esthétique, le lieu où l'on peut contrôler au plus près la beauté des choses (lumières, couleurs, décors, et jusqu'à la patine du mobilier, des revêtements muraux, des voilages, etc.). De Sternberg à Visconti, d'Ophuls au Fellini de *Casanova* (pour ne citer qu'eux !), l'histoire du cinéma témoigne heureusement de cette motivation fondamentalement esthétique. Loin de nous l'idée de nier cette quête de sensations que le monde réel ne garantit pas ou plus (plus : on pense aux films historiques, l'une des raisons notoires d'opérer en studio). Il est bien entendu qu'ici réside une bonne raison d'être du studio. Hélas ! la beauté ne commence pas aux portes du studio, qui finira même historiquement comme lieu de prédilection d'une certaine laideur.

« ... *ni sens* ». Voilà la vérité classique : les sensations doivent aller avec du sens, pas sans lui, jamais contre lui ; l'émotion doit être en même temps signification (et réciproquement, idéalement). Ce n'est pas seulement la beauté qu'il s'agit de mieux gérer grâce au studio, c'est, *bel* et *bien*, le sens. Termes ici indissociables : art classique de la signification émouvante, de la beauté du sens.

Manière et matière

On vient de fonder en principe deux lumières opposées. Opposition qui se traduit, en pratique, de façon claire et nette.

---

7. Philippe Rousselot incarne bien l'actuel retour au studio (qu'il éclaire *La Lune dans le caniveau* ou *Thérèse*). On discutera plus loin son propos. Cf. *Cahiers du cinéma*, n° 395-396, mai 1987.

Le cinéma classique aura par définition tendance à éclairer, et abondamment : meilleure façon d'apporter ce sens qui n'est pas donné par le monde. A éclairer de façon bien signifiante : lumières et ombres, soigneusement organisées, dessineront un sens dramatique ou métaphorique évident. A éclairer de façon sélective, élective, pour que le sens voulu émerge distinctement, pour que la lecture de l'image, ainsi guidée, soit sans équivoque. D'où un éclairage généralement directionnel, structuré, architecturé, hiérarchisé (8). Allant de ce fait à l'encontre du réalisme lumineux, devant à tout le moins composer avec lui.

Le cinéma moderne aura par définition tendance à ne pas éclairer, ou au minimum (car c'est nécessaire) : meilleure façon de ne pas apporter du sens qui n'émanerait pas librement du monde même. A éclairer (puisque c'est nécessaire) de façon « insignifiante », sans que lumières et ombres vivant leur vie naturelle, ne dessinent un sens dramatique ou métaphorique évident. A éclairer (puisque c'est nécessaire) de façon égalitaire, sans privilégier ceci ou cela, et donc aucun sens, sans guider la lecture de l'image, ouverte. D'où un éclairage généralement ambiant, astructuré, en aplats, non hiérarchisé, respectant ainsi le réalisme lumineux, ne s'opposant en aucun cas à lui (si la réalité donne ou appelle un éclairage directionnel, il le sera). Deux démarches radicalement opposées, donc.

Sur le principe, on peut retenir le distinguo de Godard (9). D'un côté un *art de l'éclairage* — apporté, construit, acquis. De l'autre un *art de la lumière* — rencontrée, prélevée, innée. Au fond c'est cela : art du langage ou art de l'ontologie. Etant entendu que cinématographier implique presque toujours d'éclairer. Etant d'autre part entendu que cet « art de la lumière » peut aussi être langagier, signifiant (une inévidence du monde).

Sur la forme, on peut retenir le distinguo d'Almendros (10). Une « *esthétique des ombres* », classique, et une « *esthétique sans ombres* », moderne ; au sens, bien entendu, d'ombres « marquées », engendrées par l'instance énonciatrice. (« *Créer de l'ombre* », disait Murnau, posant ainsi la loi, plus tard édulcorée, de l'éclairage classique.) Mais c'est distinguer les deux photographies par une de leurs conséquences visuelles, même si elle est notoire.

---

8. Le plus souvent : un effet principal, une ambiance, un contre-jour, sans parler des divers éclairages « à effet » se greffant sur cette base (cf. chap. II).

9. Ce distinguo, fondamental, me semble avoir été formulé pour la première fois lors de la genèse de *Passion*. Cf. *Cahiers du cinéma*, n° 316, octobre 1980.

10. Nestor Almendros, en introduction de *Un homme à la caméra*, Paris, Hatier, 1980.

Et comme une image sans ombres marquées efface une nette interprétation, nous sommes ramenés à notre propre distinguo : une lumière classique sursignifiante et une lumière moderne infrasignifiante.

Cela dit, la structure de l'éclairage est loin d'être la seule dimension de la lumière au cinéma — d'ailleurs le niveau d'exposition de la pellicule, puis de son développement, est à lui seul tout aussi signifiant. Ce qu'on vient de pointer quant à son organisation spatiale (architecturation, voire hiérarchisation) se vérifiera de même quant à sa gestion temporelle (progression, voire montage) : on pressent qu'elle ira dans le cinéma classique vers un sens massif, alors qu'elle ira dans le cinéma moderne vers le « pas de sens » originellement rencontré (continuum lumineux indifférencié, ou disjonctions de blocs lumineux hétérogènes).

Mais c'est sur la *matière* qu'on veut d'abord mettre l'accent. Légitimement, puisque la lumière est la matière première et dernière de l'image cinématographique, de la prise à la projection : c'est dire toute l'importance de sa matérialité. Cette matérialité de la lumière, sa substance et sa texture, sa qualité (qui peut muer ou se maintenir au fil du film : ceci fait partie de sa gestion temporelle, à la fois physique et chimique) est aussi importante, sinon plus, que son organisation spatiale. Le sens (via les sensations) procède au moins autant de la substance que de l'agencement.

Manière et donc matière exacerbée comme celle de l'expressionnisme ou de Lang, de la série B ou de Welles ; manière et donc matière nuancée comme chez Dreyer ou Mizoguchi, Ophuls ou Visconti : l'art lumineux classique réside en vérité dans la convergence vers un plein sens — ainsi aussi apporté, instauré — de l'indissoluble couple (y compris chez les baroquisants, qui multiplient manières et matières) (11).

Par exemple dans tel film de Lang (*J'ai le droit de vivre*, etc.), la mécanique spatiale des éclairages ira avec leur texture quasi métallique vers l'illustration visuelle de son cher sujet : la société comme engrenage fatal. Ou encore Hitchcock, dans *Les Enchaînés*, instaure non seulement une atmosphère tamisée d'espionnage, mais joue également, à l'instar de son sujet, d'une lumière tour à tour glacée ou brûlante, par réflexion sur divers matériaux. Par exemple (moins proprement classique), dans *L'Atalante* de Vigo, l'aspect rudimentaire du dispositif d'éclairage (un projecteur, droit sur

11. Pour ne pas rendre le propos d'emblée trop complexe, on abordera la tendance baroquisante du classicisme un peu plus loin.

l'acteur) va avec le côté charbonneux de l'image (noir mat dépouillé), ceci et cela exprimant quelque chose du petit peuple pauvre ici imagé. A l'opposé, les comédies hollywoodiennes « dorées sur tranche » n'appellent pas seulement une image très claire (*high key*), donc un abondant éclairage joyeusement dédramatisé, elles appellent, de même, un velouté des images (*soft focus*, assuré par des lentilles satinées, des tulles devant l'objectif, etc.) qui concourent au confortable bien-être du mode de vie américain qu'on veut rendre à l'écran. Plus près de nous, *Tucker* de Coppola, épinglant le cliché de la réussite individuelle, joue d'un éclairage non seulement abondant mais surtout clinquant.

Classiquement, la matière lumineuse participe d'un sens obvie donné au monde. Ce qui n'empêche bien entendu pas qu'elle véhicule aussi, plus ou moins, des sensations obtuses *excédant*, comblant et dépassant (sinon échappant à) tout sens programmé. Comme les noirs mats de *L'Atalante*. Ou comme dans le *Faust* de Murnau, notamment quand s'affrontent l'Archange de blancheur et le Démon de noirceur : je comprends la figure obvie (le blanc-Bien contre le noir-Mal) mais, quelle que soit la volonté de faire pâte picturale, je bute sur la matière obtuse (densité de ce blanc plâtreux, opacité de ce noir bitumineux). Ici, la sensation d'obtusité tient aussi à une matière primitive disparue (avec l'orthochromatique des débuts) ; elle est d'autant plus poignante, car elle nous renvoie à une plaie contemporaine : la standardisation, aggravant la plaie ancienne de l'art classique, l'académisation (12).

L'académisme, qui a sans doute toujours existé, est allé comme on sait en proliférant avec le parlant, à l'âge d'or des studios. Et il se porte encore bien. Or, c'est un dévoiement de l'art classique, un appauvrissement des possibilités offertes par le langage cinématographique et donc lumineux. Il se traduit en effet, lumineusement parlant, par une image en tous points surabondamment éclairée, au point qu'elle n'a plus ni vrais contrastes ni vraies nuances. Pourtant, l'expressivité photographique suppose de travailler ceux-là ou celles-ci, sinon le sens ne peut plus véritablement venir de la lumière. Autrement dit, l'art lumineux classique digne de ce nom suppose de rompre avec l'académisme.

12. Matière primitive disparue : gardons-nous d'en faire trop vite une vertu de la seule pellicule orthochromatique (dont on ne voit souvent que des copies plusieurs fois contretypées) ; encore relève-t-elle d'une démarche du cinéaste – dans *Faust* exemplairement.

La standardisation est venue se greffer là-dessus, aggravant le risque de pompiérisme. Du moins l'image d'antan, d'être en noir et blanc, retirait au monde de son évidence colorée, lui rendait un peu de mystère. Puis l'image en couleurs a perdu de sa diversité de matière, et avec elle une part de sa magie (que ce soit la pleine pâte du Technicolor ou le lavis de l'Agfacolor, etc.). Aujourd'hui, les pellicules couleur ont des caractéristiques assez proches, si bien qu'il y a une uniformisation de matière reçue en amont. Autrement dit, il n'y a d'art photographique classique digne de ce nom qu'en un bras de fer avec la standardisation (13).

Néanmoins, même si l'imagerie dominante (la grosse production) reste académique, il ne faut pas trop se plaindre à l'issue d'une décennie marquée par une rethéâtralisation diverse (multiforme, inégale) : ici et là, le souci revient de la manière et donc de la matière ; notamment, mais pas seulement, chez les plus maniéristes (Coppola, de *Rusty James* à *Coup de cœur*, Wenders, de *L'Etat des choses* aux *Ailes du désir*, Jarmusch, de *Stranger than Paradise* à *Mystery Train*, Carax, de *Boy Meets Girl* à *Mauvais sang*).

13. Sur l'académisation, et sur la standardisation des pellicules, voir chap. II.

2. Il faut intervenir ! Comment, en quel sens ?

Filmer implique presque toujours un apport de lumière. D'abord pour des raisons de sensibilité de pellicules. Si la lumière solaire suffit à impressionner la moins sensible des pellicules, on ne va pas tourner tous les films en plein jour et en plein air : on voudra des vues dans la pénombre ou l'obscurité des intérieurs, de soir ou de nuit en extérieurs. Il faut donc généralement apporter de la lumière, d'autant plus que la pellicule est peu sensible (et de toute façon beaucoup moins sensible que l'œil humain). Gagner en sensibilité ou rapidité de pellicule sera l'un des éléments déterminants de la lumière au cinéma.

Aujourd'hui, on dispose de pellicules 400 Asa que la lueur d'une allumette dans une nuit noire impressionne. Mais imaginez la quantité de lumière qu'il fallait jusqu'à la fin des années trente pour impressionner des pellicules noir et blanc qui titraient de 10 à 20 Asa, ne titraient encore que 80 Asa dans les années quarante, n'atteignaient les 250 Asa que dans les années cinquante, les 400 Asa que dans les années soixante-dix. Et les pellicules couleurs relançaient le problème : moins de 10 Asa jusqu'aux années cinquante où elles passent à 20 Asa, puis à 50 Asa dans les années soixante, 100 Asa dans les années soixante-dix, 250 Asa (pour opérer en lumière apportée) et 400 Asa (pour opérer en lumière existante ou « disponible ») seulement avec cette décennie (14).

Cependant, on voit bien que le gain de sensibilité n'est pas une affaire esthétiquement neutre. Généralement (et en tout cas classiquement), il permettra de façonner la lumière, les éclairages, en ayant quantitativement moins d'énergie électrique à consommer. Néanmoins, il autorisera aussi (progressivement) à se libérer de l'éclairage, à éclairer au minimum, voire pas du tout, ce qui caractérisera l'attitude moderne.

S'ajoute l'étendue du champ qu'on veut voir à l'image, sa profondeur (et sa largeur, compte tenu de l'échelle du plan et du format de l'image, sans parler des mouvements d'appareil et changements d'axe jouant sur l'étendue totale de l'espace à éclairer). Plus on veut de profondeur de champ, plus il faut de lumière (pour une même sensibilité de pellicule). Si elle n'est pas donnée par le monde, nature ou civilisation, elle sera apportée.

Cependant, la profondeur de champ n'est pas davantage une affaire esthétiquement neutre. Ira-t-on vers la relative platitude de la scène théâtrale, ou

14. Chiffres valables pour une pellicule 35 millimètres.

vers une certaine profondeur plus proche de la vision naturelle humaine ? Mais dès lors jusqu'où jouera-t-on du montage interne qui, cultivé, devient un effet d'écriture (15) ?

S'ajoutent les contrastes, c'est-à-dire les écarts entre les zones les plus claires et les plus sombres du champ cadré ; généralement habité et parcouru par des personnes, quand il n'est pas lui-même mobile, et à supposer que la lumière ne varie pas au fil du plan. Si l'on ne veut pas (mais on peut le vouloir) un écart trop grand, voire même avec des zones brûlées et/ou des zones bouchées, il faut éclairer pour déboucher les zones jugées trop obscures, trop denses, compenser les contrastes. Ainsi, même un grand soleil qui engendrerait un contraste élevé entre des plages ensoleillées et des plages ombrées du champ peut amener à éclairer (en pratique, on place généralement le soleil en contre-jour et on apporte un éclairage d'appoint de face, pour compenser). Pour la même raison, on peut devoir éclairer un personnage placé à contre-jour, de ce fait rendu peu lisible, bouché, par le fort contraste entre le fond lumineux et lui. Mais, le plus souvent, c'est l'écart ou contraste entre l'avant-plan, très éclairé parce que s'y tiennent généralement les acteurs, et l'arrière-plan qu'il faut compenser par un nouvel éclairage : *la lumière appelle la lumière*. Pratiquement, le contraste est donc surtout le rapport entre l'éclairement des protagonistes (corps, visages) et celui des fonds (décors) ; c'est-à-dire, classiquement, le rapport entre lumière principale et ambiance.

Cependant, le contraste est un enjeu esthétique. Le grand cinéma classique y cultivera des effets d'écriture signifiants, langagiers ; tandis que le cinéma le plus conventionnel ou standard veillera à ce que les contrastes ne menacent pas le confort visuel du spectateur, la facile et totale lisibilité des images : on maintiendra constant le rapport entre lumière principale et ambiance, déterminant classiquement le contraste, en assurant une continuité lumineuse des fonds, en éclairant environ deux fois plus les visages que les fonds. La modernité n'hésitera pas à mettre en péril ce confort, respectant les écarts lumineux donnés par le monde même, non sans interroger aussi ainsi, images brûlées ou bouchées, le lien entre l'homme et le monde (de *L'Avventura* à Garrel), ce qui ne doit pas pour autant devenir un effet gratuit « sur le dos » du réel.

S'ajoute, dans la foulée des questions de contraste, l'équilibrage des intérieurs avec les extérieurs (quantitativement, ici). Passer d'un extérieur en

15. Sur la profondeur du champ (technique et esthétique), cf. chap. III.

plein jour à un intérieur dont on veut respecter ou rendre la relative obscurité, implique un considérable écart de luminosité, que l'on tempère en jouant sur l'ouverture du diaphragme (ou encore en filmant l'extérieur avec un filtre neutre gris plus ou moins soutenu).

Nouvel enjeu esthétique que cet équilibre. Là encore, le cinéma le plus traditionnel ou conventionnel, par souci de confort visuel et de « bonne » lisibilité, veillera à réduire ces écarts, notamment en sur-éclairant les intérieurs de façon très artificielle. Tandis qu'une démarche réaliste, et donc moderne, évitera de (trop) gommer ces écarts qui font partie de la réalité lumineuse du monde, à cet égard accidentée. Mais, là encore, cultiver ceci c'est dès lors faire acte d'écriture.

A propos d'écarts lumineux : la lumière naturelle, solaire, ne cesse de varier d'un instant à l'autre ; si un nuage passe ou s'écarte pendant la prise (et d'une prise à l'autre, d'un plan à l'autre au fil du tournage), il entraîne une variation de lumière comme de couleurs, plus foncées ou plus claires. Faut-il s'abriter de ces caprices de la nature ou au contraire les respecter ? Le cinéaste classique, redoutant ces écarts incontrôlés qu'il appelle « fausses teintes », coupe la prise ou prend le parti d'éclairer contre nature (si ce n'est à l'abri d'elle, dans les murs du studio). Le cinéaste moderne enregistre au contraire ces vraies teintes, ces écarts vrais, puisqu'ils sont dans la nature.

Enfin, opérer en couleurs pose des problèmes spécifiques — en posait *a fortiori*, vu, d'une part, le peu de sensibilité des premières pellicules couleurs, vu, d'autre part, la qualité colorimétrique des lampes (jusqu'aux récents HMI). En effet, toute lumière a une température de couleur, un spectre colorimétrique : elle est plutôt bleue (colorimétriquement froide) ou plutôt rouge (colorimétriquement chaude). Ainsi, la lumière du jour est bleutée, froide (tandis qu'au coucher du soleil elle est rougeoyante, chaude). Or, il n'existe que depuis quelques années des projecteurs (HMI) qui émettent une lumière dont la température de couleur équivaut à celle du jour. Jusqu'alors (et encore aujourd'hui, on va voir pourquoi) on utilisait des projecteurs qui sont des lampes à incandescence : un élément, en tungstène puis en quartz, fournit de la lumière du fait de chauffer. Ces lampes émettent une lumière chaude, colorimétriquement orangée, à la différence de celle du jour. Et les pellicules sont conçues, « équilibrées », pour cette lumière chaude, « artificielle ».

Si on filme une scène où la lumière du jour n'intervient pas — en intérieur clos, en studio, ou de nuit —, on éclaire sans problème avec ces lampes à incandescence (tungstènes traditionnels et quartz contemporains), sans avoir à corriger colorimétriquement leur lumière, donc sans utiliser pour cela de gélatines (appellation des filtres colorés allant devant les lampes, le terme de filtres étant réservé à ceux qui vont devant l'objectif). Si en revanche la scène implique la lumière du jour — extérieurs diurnes et intérieurs ouverts au jour —, il faut (il fallait, en tout cas, avant les récents HMI) équilibrer colorimétriquement la lumière des lampes incandescentes, « orangée », avec celle du jour, « bleutée ». Pour les extérieurs jour, il faut (fallait) mettre devant ces lampes des gélatines bleues qui absorbent 40 % de leur puissance d'éclairement (près de la moitié !) et, la pellicule étant équilibrée pour une lumière artificielle chaude, placer devant la caméra un filtre orangé (le 85) qui lui aussi « mange » de la luminosité (perte de deux tiers de diaphragme). Pour les intérieurs ouverts au jour, deux solutions : soit opérer comme en extérieur en corrigeant ces lampes par des gélatines bleues, soit corriger la lumière naturelle qui pénètre en installant sur les fenêtres et autres ouvertures au jour un film-filtre orangé (CTO) (16). Du moins en allait-il ainsi jusqu'à ces dernières années où apparurent les HMI, qui permettent d'éclairer en extérieurs et intérieurs ouverts sans ces importantes corrections-là.

La couleur implique donc une recréation spécifique de la lumière. Outre le fait que l'équilibrage colorimétrique par filtrage se paye en quantité de lumière ainsi « mangée », retenons que les pellicules, liées à l'incandescence et à sa température de couleur, imposent toujours d'altérer colorimétriquement la lumière naturelle, solaire, tout comme les éclairages existant dans la rue (par le simple fait de devoir placer un filtre 85 orangé devant l'objectif).

A son tour, l'intersection couleur-lumière n'est pas une affaire esthétiquement neutre. La qualité colorimétrique de la lumière est aussi l'un des aspects du clivage entre l'artificialité lumineuse du studio et la vérité lumineuse du monde. Ainsi (bien avant les HMI) des modernes comme Rohmer — citons *La Collectionneuse* (1966) — ou Straub-Huillet auront-ils à cœur d'opérer en couleurs sans projecteurs, en seule lumière naturelle, ce qui (d'autant que les pellicules couleurs ne titraient que 50 Asa) supposait de tourner de jour avec un bon ensoleillement.

Sensibilité de pellicule, profondeur de champ, contrastes, températures de couleur, équilibrage de ceux-là et de celles-ci : autant d'impératifs tech-

16. Bien entendu, on peut toujours éviter la confrontation avec la lumière naturelle en clôturant un intérieur par des bâches noires, en éclairant dès lors comme dans le cas de figure précédent. Mais on perd alors en vérité : qualité de lumière artificielle au lieu de solaire.

TEMPÉRATURE DE COULEUR

Toute lumière, selon son spectre, a une température de couleur. Attention : une lumière colorimétriquement chaude (orangée) a une température de couleur basse, une lumière colorimétriquement froide (bleutée) a une température de couleur élevée. Par exemple, celle du soleil est plus élevée à son zénith — lumière plus froide ou bleutée — qu'à son coucher — lumière plus chaude ou orangée.

Au cinéma, certaines lampes (à incandescence) donnent une lumière colorimétriquement chaude, d'autres (certains arcs et les HMI) donnent une lumière colorimétriquement froide, plus ou moins proche de celle du jour. D'où la nécessité d'équilibrer colorimétriquement, par des gélatines colorées, ces lampes entre elles et avec la lumière du jour dès qu'elle intervient. Cependant que les pellicules elles-mêmes sont équilibrées en lumière « artificielle » chaude : en somme, réglées sur la lumière des lampes à incandescence du studio classique.

La température de couleur s'exprime en (degrés) *Kelvin*, qu'on convertit en *mired* pour évaluer le filtrage voulu : on recherchera par exemple un filtrage de + 45 mired (qui « réchauffe ») ou de — 74 mired (qui « refroidit »).

On la mesure et contrôle grâce à un thermicolorimètre, outil indispensable au directeur de la photo et au chef électricien. (Par ailleurs, on peut aussi faire des tests de rendu des couleurs, effectués par des diapositives ou par Polaroïd).

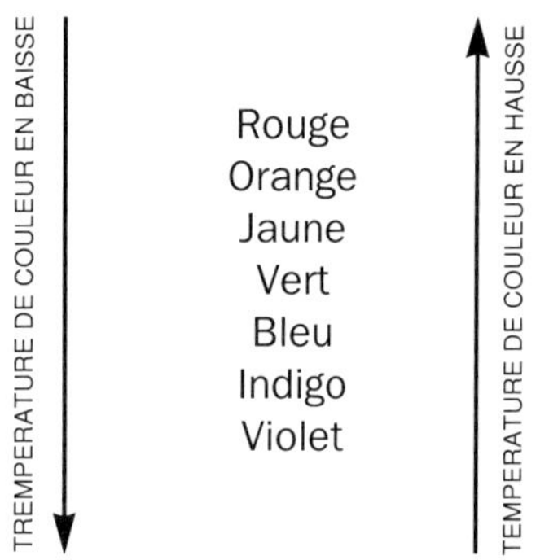

ÉQUILIBRAGE

Ce terme recouvre deux opérations essentielles.

• Equilibrer les *intensités* des différents projecteurs, c'est-à-dire doser les contrastes. Classiquement, cela revient à instaurer un rapport entre l'effet principal ou attaque, l'ambiance et le contre-jour ; rapport du type 3:2:1 ou 3:2:2. Traditionnellement, les visages doivent être environ deux fois plus lumineux que les fonds.

• En couleurs, équilibrer les différentes *températures de couleur* des projecteurs. Par un système de gélatines colorées, on corrige les deux composantes : la balance bleu/rouge (gélatines bleues pour « refroidir » ou orangées pour « réchauffer ») et la balance vert/magenta (le magenta étant la résultante de la balance bleu/rouge).

Les équilibrer entre eux : on sait que les divers types de lampes n'émettent pas une lumière de même température de couleur ; on sait qu'en vieillissant une lampe se réchauffe colorimétriquement. Et, souvent, les équilibrer avec la lumière solaire, elle-même colorimétriquement variable au fil du jour. (Même les HMI émettent une lumière jour plus ou moins chaude, avec de grands écarts entre eux, qu'on est amené à corriger avec des gélatines).

N.B. : équilibrer *les intérieurs avec les extérieurs* est surtout une affaire d'intensité lumineuse, mais aussi de température de couleur. Normalement, on tourne d'abord les extérieurs, pour cette bonne raison que le temps qu'il fait dehors détermine l'éclairage des intérieurs : la quantité et la qualité de lumière qui pénètre par les huisseries. De la lumière du jour pénétrant à l'intérieur, il faut aussi équilibrer colorimétriquement la lumière du jour (gélatines devant les projecteurs ou filtres sur les fenêtres).

niques qui amènent à éclairer et éclairer encore. Techniques, ces impératifs recoupent cependant pleinement des choix esthétiques, comme on l'a souligné. Cela dit, le grand clivage esthétique se situe ailleurs et, précisément, ne relève d'aucun déterminisme technique. En effet, si l'on est presque toujours obligé d'éclairer, rien de technique n'intervient en amont dans le choix, toujours ouvert, entre un éclairage sursignifiant et un éclairage infrasignifiant.

Conclusion de ce rapide tour d'horizon ? Le cinéma implique quasi nécessairement une manipulation de la lumière, une intervention (recréation, sinon totale création). Certes. Mais laquelle, comment, jusqu'où, et surtout en quel sens ?

3. Les trois lumières. Classique et baroque, moderne.

On a dégagé deux démarches, deux lumières. Cependant, le vaste ensemble classique peut se décomposer en deux branches d'une même espèce rhétorique : l'une proprement classique, de l'unicité de sens ; l'autre, peu ou prou baroque, de la diversité de sens.

Il y aurait ainsi trois catégories de cinéma, quant à la lumière comme à bien d'autres égards. Classique : *sur-signifiant*, privilégiant le sens obvie, serait-ce au détriment des sens obtus. Baroque : *multi-signifiant*, cultivant le foisonnement de sens obvies et obtus. Moderne : *infra-signifiant*, tournant le dos au sens obvie pour ne libérer que du sens obtus (17).

Classique

Le premier impératif auquel obéit la photographie classique, la voie royale pour doter la lumière d'un vaste sens métaphorique ou symbolique, est la dramatisation. Laquelle ne commence véritablement que vingt ans après la naissance du cinématographe, singulièrement avec l'école allemande de la *Stimmung*, chez les expressionnistes (Leni, Wegener, Wiene) comme chez Murnau (*L'Aurore, Faust, Nosferatu*), Lang (les *Mabuse*, *M. le maudit*, *Metropolis,* etc.) ou Pabst (*Loulou*, etc.). Cependant qu'une vive dramatisation se retrouve chez bien des cinéastes du muet (Sjöström ou Stroheim, Borzage ou Vidor, Gance ou Epstein...) (18).

Il y a là, dans cette image pré ou proto-classique, une puissance de manière et de matière qui ira généralement en s'émoussant (quoique par sa densité de matières inquiétant le sens, et par sa liberté ou diversité de manières affolant le sens, l'image expressionniste apparaisse en vérité comme la source commune au classique et au baroque). Néanmoins, les grands réalisateurs et opérateurs allemands s'étant exilés pour Hollywood, l'expressionnisme marquera profondément le cinéma américain, notamment dans ses films de genres

---

17. Classique, baroque, moderne : appellations sur-connotées, mais qui reçoivent ici une acception spécifique ; terminologie qui présente bien des inconvénients, mais qui après tout a l'avantage de parler au sens commun.
18. Mais pas pour autant dans tout le muet, tant s'en faut. Ceci, c'est-à-dire la sur-expressivité alors fréquente, de même que l'importance esthétique à accorder à l'expressionnisme, sera discuté plus loin.

hautement dramatiques (noirs et épouvante) où l'on peut lire à l'état nu (voire rudimentaire, dans les séries B), la vérité de l'éclairage classique. Ainsi exemplairement chez Lang (dans presque toute son œuvre), chez Hitchcock (ne citons que *Soupçons* ou *Psychose*), chez Welles (ne citons que *La Soif du mal*). Ou encore chez Aldrich ou J. Tourneur, Siodmak ou Preminger, Huston ou Fuller...

Soulignons que si elle ne lésine pas sur la dramatisation, c'est-à-dire une métaphorisation globale de la lumière, la photographie classique ne lésine pas non plus sur les métaphores allégoriques ou symboliques ponctuelles, appuyées, qu'elle cultive (19). Notamment en magnifiant l'ombre du personnage redoutable (*Nosferatu*, *Ivan le terrible*, etc.) ; mais on en rencontre bien d'autres exemples flagrants. Le moins que l'on puisse dire est qu'il s'agit bien, du général au particulier, d'imposer au spectateur un sens massif, et un seul, auquel il ne puisse échapper.

Cela dit, il ne faut pas résumer trop facilement le style classique en une « attaque » (un effet lumineux principal) arbitraire, directionnelle, et marquée, même si c'est là un signe éminent et frappant de classicisme. Le sens dramatique voulu par le récit guide l'éclairage : tout dépend donc du genre. Si thrillers et films d'épouvante appellent une forte dramatisation et donc des attaques violentes, les mélodrames appellent des effets plus discrets (sans parler des comédies, dont le sens le plus obvie exige une dédramatisation de l'éclairage) (20). On voit bien, dans les grands mélodrames hollywoodiens, cette nuanciation des effets, à laquelle participe la sophistication des éclairages liée aux moyens considérables engagés par les studios (de Cukor à Mankiewicz, etc. ; d'*Ecrit sur du vent* à *Pandora*, etc.). Mais, d'être plus subtile et raffinée que dans les genres expressionnisants, la dramatisation métaphorique n'en est ni moindre ni moins efficace. Des effets moins appuyés suffisent amplement à instaurer un climat signifiant ; comme par exemple une image crépusculaire *low key* (citons *Sunset Boulevard* et *Thérè-*

---

19. Le classicisme cultive toujours de telles allégories ponctuelles. Ainsi la toile d'araignée géante, ombre portée de la verrière, dans *Soupçons* d'Hitchcock (cf. supra) ; le T de dessinateur brandi face à la panthère, dont l'ombre figure un crucifix repoussant la bête satanique dans *La Féline* de Tourneur ; les X dessinés par les décors et éclairages, entourant l'homme à abattre, dans *Scarface* d'Hawks, etc. Sans parler de l'ombre de tel personnage « partant » ou « revenant », figure qui hante l'œuvre de Ford (cf. Patrice Rollet, « La ligne d'ombre », *Cahiers du cinéma*, numéro hors-série John Ford, Ed. Cahiers du cinéma).

20. Encore que Lubitsch signe avec *La Poupée* (1919) une comédie aux éclairages expressionnistes, specimen rare.

se Desqueyroux) ou un éclairage tamisé (citons *The Private Affairs of Bel Ami*) signalent assez l'avenir condamné du personnage, à moins que les mêmes effets participent d'une atmosphère de complot, de double jeu (*Gilda* de Charles Vidor) (21).

Evidemment et heureusement, devant le film, le sens passe au travers de sensations (il s'impose *via* elles) : cette lumière essentiellement préoccupée d'installer une atmosphère, une ambiance ou tonalité, apparaît relever d'un beau souci esthétique, poétique : certes, mais ceci n'est pas autre chose que son inféodation au sens dramaturgique du récit (à la psychologie des scènes et personnages), et sans relâche. Pour ne prendre qu'un exemple bien connu — mais c'était déjà vrai pour celle de *L'Aurore* de Murnau et le sera en tout art classique — à aucun moment la fameuse atmosphère lumineuse de *Quai des brumes* ne cesse de re-marquer le sens voulu (installer un climat « bout du monde fatidique », élire le couple lors de la rencontre, s'assombrir pour la scène du meurtre, etc.). Jusque dans le raffinement le plus subtil, comme chez Mizoguchi, Ophuls ou Visconti, la lumière classique reste au service du sens dramatique.

Cependant, intervient le second impératif classique, la hiérarchisation. En n'oubliant pas que le premier objet d'élection lumineuse qu'il s'agit d'abord et enfin de mettre en valeur, c'est l'acteur ! Hiérarchisation qui a bien entendu toujours existé, puisque la dramatisation même procède d'élections lumineuses, d'une direction précise du regard entre clartés et obscurités. En quelque sorte, elle est le mode de la dramatisation. Car, pratiquement, en quoi consiste celle-ci ? « *Attirer l'attention sur des zones spécifiques, donner de l'importance à certaines choses et en estomper d'autres* », répond un manuel récent (22). Ce qu'exprimait déjà pleinement Poudovkine (l'école soviétique étant classique, tendue vers un sens massif) : « *Grâce à la composition de l'éclairage, on peut gommer certaines choses, donner de l'importance à d'autres et faire ressortir avec force le travail expressif de l'acteur* » (23). Ce que confirme, historiquement à mi-chemin, le grand opérateur hollywoodien Lee Garmes : « *J'aimais éclairer plus fort les détails significatifs et j'ai pu le faire malgré nombre de réalisateurs différents* » (24).

---

21. On pourrait poursuivre longuement la liste de tels effets discrets. Signalons-en un autre : marquer l'opposition entre deux protagonistes en tenant l'un dans la clarté et l'autre dans l'obscurité (ainsi, par exemple, du couple Hudson/Taylor dans *Giant* de Stevens).
22. Gerald Millerson, *Méthode d'éclairage pour le film et la T.V.*, Paris, Éd. Dujarric, 1987.
23. Cité par Barthélémy Amengual, *Vsevolod Poudovkine*, Lyon, Serdoc, 1968.
24. Cité par Charles Higham, *Hollywood Cameramen*, *op. cit.*

Ainsi, la dramatisation ne va pas sans la hiérarchisation ; ainsi, à nouveau on décèle au sein même d'une lumière soucieuse de soulever des sensations (émotions) une démarche qui vise à l'organisation hiérarchisée du sens : sous la poésie, la rationalité, le classicisme ne connaissant de beauté que sensée.

Mais l'on verra qu'au fil de l'âge classique, notamment dans le star-system hollywoodien, la hiérarchisation s'exacerbera : s'instaurera une redoutable pyramide entre les acteurs, au sein des décors, et entre ceux-là et ceux-ci, les acteurs étant éclairés séparément, voire à l'encontre du reste du « monde ». Paradoxe : initialement au service du sens dramatique, la hiérarchisation ira jusqu'à le contredire, quand elle ne virera pas au non-sens, à l'aberration : premier symptôme de l'académisation. Néanmoins, avec la sortie généralisée du studio (et sans doute grâce au passage de la modernité) un minimum de réalisme s'imposera, certaines outrances hiérarchiques propres à l'univers du studio ne seront plus possibles.

En revanche, le troisième impératif classique, la lisibilité, ne cesse de poser problème. Car, avec l'académisation, on glisse dans une obsession de confortable lisibilité de l'image, en tous points et à tous moments. Sur-éclairer abusivement, partout et toujours, va contre la dramatisation dont la logique même appelle des contrastes ou des nuances, et une progression dramaturgique de l'éclairage. Paradoxe : la photographie, forme et substance, n'est plus guère signifiante, jeu et dialogue prenant en charge tout le sens : second symptôme de l'académisation.

Mais laissons cela. L'essentiel est ici de mesurer à quel point ladite trinité se trouve inscrite dans la composition type de l'éclairage le plus classique : une lumière principale ou attaque assure la dramatisation ; de l'effet principal aux effets secondaires et tertiaires, une pyramide d'éclairages assure la hiérarchisation ; une lumière d'ambiance pour déboucher les fonds et un contre-jour pour en détacher les acteurs assurent la lisibilité.

Bref, la lumière classique est foncièrement codée ou codique, essentiellement langagière, étant ici au service d'une *unicité* de sens : la lumière obéit à une démarche logique dans laquelle tout converge parfaitement vers le sens voulu et vers lui seul, le cinéaste nous donnant à voir un monde rationnellement organisé en ce sens. La grandeur de l'art classique — dont Lang constitue sans doute au cinéma le modèle absolu — réside en cela même. Et c'est bien aussi pourquoi cette esthétique, cette lumière dominent très largement l'histoire du cinéma. Quelles que soient les très importantes différences entre eux, le fait d'asservir la lumière au sens obvie est bien ce qui réunit des cinéastes aussi divers que Lang et Carné, Pabst et Melville, Hitchcock et Capra, Vidor et Huston, Aldrich et Mankiewicz...

Façon de dire aussi, s'il le faut, que cette lumière toujours intelligible, parfois même intelligente, sait avoir ses beautés propres, sa poésie à elle : la convergence parfaite, la fusion du sens et de la sensation, du message et de l'émotion. Façon de dire encore que le grand art classique n'empêche nullement les spécificités, les diversités de styles.

Mais il n'est que temps d'évoquer la tendance baroque du classicisme. Car enfin, il ne faudrait pas croire que l'art classique a sombré corps et biens dans l'académisme ! D'abord, il y a toujours eu des cinéastes pour maintenir un classicisme digne de ce nom (on vient d'en citer certains). Mais encore et surtout, on peut considérer qu'il y a eu, face à la menace endémique d'académisation, une sorte de ligne de résistance peu ou prou baroquisante à la dégénérescence de l'art classique. Ligne sur laquelle campent bon nombre de cinéastes, et non des moindres.

Si l'on en traite ici à part, ce n'est donc nullement pour les soustraire au classicisme, dont ils seraient bien plutôt les fleurons (et les rénovateurs, sinon les sauveurs) : un Sternberg ou un Welles, un Ophuls ou un Visconti figurent bel et bien au panthéon de l'art lumineux classique.

Baroque

Cette catégorie, ou plutôt cette mouvance au sein même du classicisme, se caractérise par une volonté non seulement d'exacerber, mais de dépasser, transgresser, transcender le code. Les baroques s'élèveront contre la tempérance dans l'expressivité photographique, pour sauvegarder une intensité des manières et matières qui était là à l'origine ; ils lutteront contre la sclérose du code, pour l'enrichissement et l'assouplissement, la diversification et la complexification du langage lumineux. Le baroque consiste en somme à travers le code et jusqu'au-delà de lui à explorer *toutes les formes et tous les états* possibles de la lumière.

Considérons donc pour l'instant que le baroque est une érotisation lumineuse maximale, non sans deviner en même temps que celle-ci une sublimation de la lumière, tantôt mystique, tantôt mystificatrice.

La prolifération, de manières et de matières, caractérise ce cinéma. Il peut donc y avoir plus ou moins de baroque possible chez tout classique. Il y en avait d'ailleurs singulièrement chez les protoclassiques, de par la richesse des agencements et des substances lumineuses : dans l'expressionnisme ou dans le *Faust* de Murnau. Rex Ingram apparaît baroquisant de par la débauche de ses décors et éclairages. Stroheim flirte ici et là avec le baroque, mais reste cependant d'un solide réalisme, d'un vigoureux naturalisme, ne cultivant la profusion que par touches (25). Disons qu'il y a chez lui une science du détail (« *qui tue* ») réaliste et/ou baroque (pas seulement lumineux).

Le premier cinéaste pleinement baroque serait bien plutôt Sternberg, dont on peut lire la filmographie comme une exploration quasi systématique de la lumière sous toutes ses formes et dans tous ses états (il n'a pas seulement pratiqué la fameuse *north light* tombant du haut de l'écran !), sous toutes ses coutures et sous tous les cieux : érotisme-exotisme lumineux. La lumière devient chez Sternberg le sujet premier du film, de l'œuvre entière : peut-être décide-t-elle même de son engagement sur tel scénario, qui lui permet de réaliser une lumière en tout cas magnificente, foisonnante (arabisante, hispanisante, orientalisante, etc.).

Et sans doute le propos déjà cité de Lee Garmes s'applique-t-il tout particulièrement à Sternberg (dont il éclaira plusieurs films) : « *éclairer plus fort les détails significatifs* ». Au-delà du fétichisme proprement sternbergien (chevelure, yeux, bouche : chaque partie du visage féminin a son éclairage), ce qui caractérise son cinéma comme baroque, c'est bien la prolifération du détail : enchevêtrements des éclairages, décors et costumes, et, au sein même des éclairages, enchevêtrements de reflets, de clairs-obscurs, de miroitements ; la lumière, ciselée comme de la dentelle, frémissant sur les matériaux les plus divers, de l'eau à la fumée, du cheveu au tissu, de la peau au verre, etc. (déjà dans *Les Damnés de l'océan* ou *L'Ange bleu*, *a fortiori* dans *Shanghaï Express*, *Agent X 27*, *La Femme et le pantin*, et jusqu'à *Anathan*). Cependant que les états lumineux ne cessent de se multiplier au fil du film (exemplairement dans *Shanghaï Express)* (26). D'où une richesse de sensations obtuses, comblant *et excédant* le projet signifiant ; cet excédent étant la signature même du baroque.

---

25. Par exemple dans *Folies de femmes*, la scène centrale dans le refuge et la scène finale chez la jeune vierge : scènes thématiquement érotiques et formellement érogènes. William Daniels, son opérateur sur trois films, aura d'ailleurs cette phrase (que Lee Garmes, opérateur de Sternberg, pourrait signer) : « *Je pense que l'opérateur doit être un inventeur de détails.* » Cité par Charles Higham, *Hollywood Cameramen*, *op. cit.*

26. Ceci sera développé plus avant dans le cadre des fonctions chronographique et atmosphérique, au chapitre III.

Ce n'est plus dès lors une lumière *massivement* asservie au sens obvie, quoique non plus libérée de lui, restant bien entendu dramatique, métaphorique et élective (par exemple, la *north light* est aussi façon d'élire la star, et pas seulement d'érotiser la femme). C'est bien plutôt une lumière jouisseuse, prenant plaisir à la prolifération de ses formes et états. Luxuriance de la lumière, matières et manières : luxuriance de sens, obtus et obvies. (Sans pour autant réduire le baroque au gothique plus ou moins flamboyant : si toute la lumière gothique est baroque, toute lumière baroque n'est pas nécessairement gothique.)

Ce qu'entérine Bergman, pensant assurément à sa première période baroquisante (il ira vers l'épure modernisante), qui écrit : « *La lumière douce, dangereuse, la lumière comme dans un rêve, la lumière vivante, morte, nette, brumeuse, brûlante, violente, nue, soudaine, sombre, printanière, la lumière droite, oblique, sensuelle, contraignante, délimitante, vénéneuse, calmante, sereine. La lumière»* (27). Voici donc une lumière théâtralement *multisensée.* Ce en quoi on peut considérer comme plus ou moins baroques Cocteau, Welles, Ophuls, Bergman (première période), Tarkovski, Fellini, Fassbinder (deuxième période), Schroeter, Has, Ruiz. Non sans déceler une petite tendance baroquisante chez un Visconti ou un Oliveira, par exemple.

Mais, depuis Sternberg, la Seconde Guerre Mondiale est passée par là, et avec elle un profond trauma de la représentation (qui s'en trouve comme survoltée côté baroques, électrocutée côté modernes) : dès lors on ne peut ignorer que *multisenser* la lumière est volontiers un moyen d'exprimer un insensé du monde (28). Ainsi chez Bergman (de *La Prison* à *Persona*, via *La Nuit des forains*, etc.) et Tarkovski (*L'Enfance d'Ivan*, *Le Miroir*, *Stalker*, etc.) ; ainsi encore chez Fellini, Has ou Ruiz, l'absurde n'étant qu'une figure de l'insensé. Avec plus ou moins de gravité, sur un mode franchement mystique (Tarkovski) ou carrément mystificateur (Ruiz), ces cinéastes ont pu faire dire à la lumière (comme à tout le reste) que le monde et l'existence n'ont pas de sens. Par sa métaphorisation, par sa théâtralisation (et jusque dans l'artifice ou procédé déclaré, chez Fellini ou *a fortiori* chez Ruiz). C'est ainsi que la voie Méliès fait écho à la voie Lumière : l'*insensé* qu'expriment théâtralement ces baroques est le pendant ou le répondant du *non sensé* qu'impriment

27. Ingmar Bergman, *Laterna magica*, Gallimard, 1987.

28. C'est déjà le cas dans *Le Sang d'un poète* de Cocteau en 1931, ce qui ne retire rien à notre propos. Par ailleurs, il y aura un peu de ça chez Welles, quoique de façon plus classique.

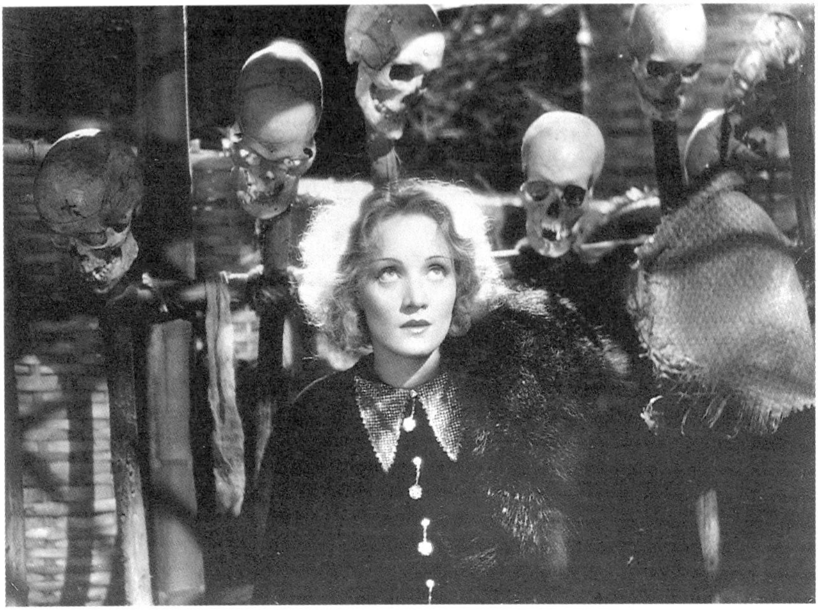

Lumière baroque. Décors et éclairages : foisonnement de sensations excédant le sens, chez Sternberg (*Shanghaï-Express*).

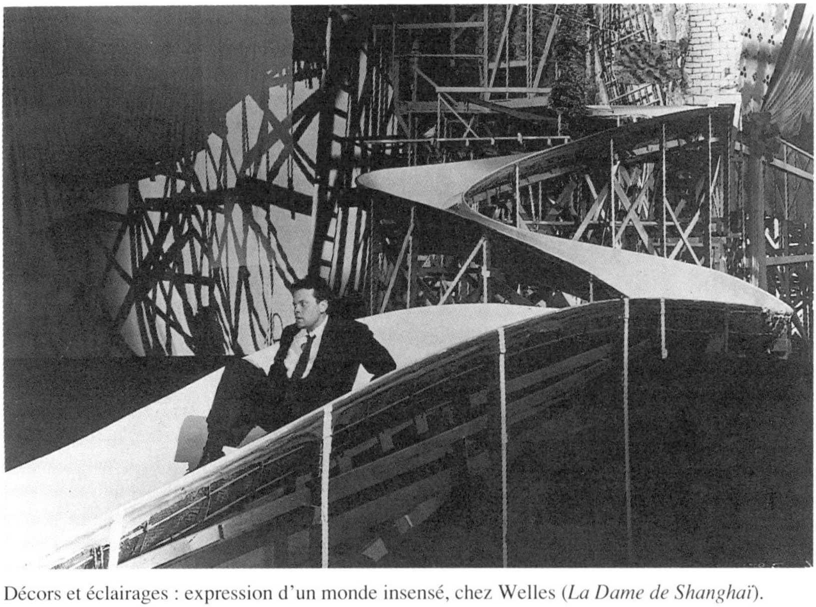

Décors et éclairages : expression d'un monde insensé, chez Welles (*La Dame de Shanghaï*).

documentairement les modernes (29). Bien qu'il y ait... un monde... entre l'un et l'autre, les deux extrêmes opposés se répondent. L'éloquence (lumineuse, aussi bien) réinvente le mutisme : tout au bout de la parole on peut dire le silence, tout au bout du langage on peut dire l'indicible. Ici, la magie du cinéma que cultivent les baroques n'ignore pas le mystère du monde que recueillent les modernes, elle en est la reproduction théâtrale (au lieu de l'enregistrement littéral). Voire la prolongation, comme exemplairement chez Tarkovski.

Mais ceci ne doit pas tromper ; ceci reste une vision du monde instaurée, dont on le charge. Baroque et classique sont bien tous deux du côté du sens apporté.

Multisensée, serait-ce jusque dans l'expression d'un insensé, la lumière baroque est et reste sœur ou cousine de la lumière classique. Au point d'ailleurs que la délimitation apparaît très souple, très perméable : à partir d'où la quantité de manières et matières lumineuses se transforme-t-elle en qualité ? On peut trouver des traces, passages ou éléments baroquisants dans nombre d'œuvres classiques (30).

Réciproquement, tendance plus ou moins marquée du classicisme, le baroque doit être compris comme un large éventail, d'un Ophuls à un Ruiz, d'un Sternberg à un Tarkovski, d'un Cocteau à un Fellini. Mais on voit bien qu'il relève en tout cas d'une sorte de gourmandise, d'appétit et de jouissance gustative envers la lumière dans toute sa théâtralité, en ses états et formes innombrables ; de même qu'il n'ignorera pas la luxuriance des couleurs (31).

---

29. Evoquons ici le cas singulier d'*Alphaville* de Godard. Film quasi baroquisant en ce qu'il exprime un insensé du monde. Mais à partir des lumières du monde même. Mais ici survolter la représentation est aussi façon de l'électrocuter, de la faire disjoncter. Un film qui atteste néanmoins qu'il n'y a jamais eu pour Godard d'exclusion entre une vision métaphorique du monde comme insensé et une vision littérale du monde comme non sensé.

30. Surtout dès lors qu'il s'agit de porter à l'image un univers un tant soit peu fabuleux, féerique ou onirique. Pointons ici (on en reparlera) les nombreux éléments baroques ou *kitsch* dans l'image principalement classique de *La Nuit du chasseur* de Laughton (brillance de tels avant-plans, étoilements, ombre chinoise, etc.).

31. Quoique leur lumière soit proprement classique, de grands coloristes comme Minnelli, Cukor ou Sirk affichent en cela un certain goût baroquisant.

Moderne

Cinéma de la dénotation, de la littéralité, de la présentation, et non plus de la connotation, de la métaphore, de la représentation. Cinéma du *tel*, et donc de la lumière *telle*. Pour autant, une même volonté de *tel* peut impliquer des attitudes quant à la lumière apparemment assez dissemblables.

L'une des attitudes possibles est de rendre l'hétérogénéité des lumières existantes dans le monde, notamment dans la civilisation (plus que dans la nature) : puisque la réalité connaît des aspérités, des accidents, des sautes ou ruptures de lumière (par exemple, le passage d'un café éclairé au néon à une rue sombre), on respecte cette hétérogénéité. C'est la voie de Godard dans un film sur deux (*Le Petit soldat*, *Vivre sa vie*), celle de Pialat, Cassavetes, Eustache, Garrel, Wenders, ou des premiers Akerman. A ce propos : peut-on dire qu'un souci formaliste s'est développé chez les deux ou trois derniers cités, avec la dernière génération moderne donc, au fil des années soixante-dix et quatre-vingt ? Sans doute, si l'on prend par exemple Wenders, on peut voir qu'après *Alice dans les villes* ou *L'Ami américain*, l'image naturaliste-réaliste, brute-telle, hétérogène-polysémique héritée de la Nouvelle Vague commence à se doubler d'une recherche de stylisation photographique (au demeurant, toute l'œuvre de Wenders oscille entre ces deux pôles, tend à les conjuguer, parfois superbement comme dans *L'Etat des choses*). Mais qui a dit que l'image Nouvelle Vague la plus documentairement brute était dépourvue de style ? Il n'est que de revoir *Le Petit soldat*, ou *Lola* de Demy, pour mesurer combien le style relâché de Coutard (avec des « fromages » et « charbons » condamnés par le classicisme) pouvait être du grand art !

L'autre attitude perçoit au contraire la lumière du monde comme un continuum homogène, relativement indifférencié, neutre. D'une neutralité qui, surtout, s'oppose résolument à la théâtralisation classique ; de même que s'y oppose à sa façon l'autre voie évoquée, du réalisme brut. C'est la voie Bresson, Tati, Pasolini, d'une lumière en aplats (mais non plate), plutôt grise chez Bresson, blanche chez Pasolini, et brillante chez Tati (qui épingle par là aussi le clinquant « plastoc » du monde contemporain) (32). Une attitude qu'a aussi adoptée Godard (*A bout de souffle*, *Les Carabiniers*, *Une femme est une femme*) et quelques autres au début de la Nouvelle Vague, à la fois par souci de neutralité, par volonté de rupture avec l'éclairage architecturé, hié-

32. Encore peut-on distinguer, chez Bresson, la neutralité opaque de *Pickpocket*, pour un monde impénétrable, et la neutralité glacée de *L'Argent*, pour un monde indifférent.

rarchisé du studio académisé, et par désir de libérer les déplacements de l'acteur et de la caméra, en éclairant partout de façon égale.

Comme quoi l'on peut être sensible, dans le monde, aussi bien à sa diversité qu'à son uniformité (de lumière, ici). Comme quoi on peut percevoir et rendre son « pas de sens » soit dans *l'hétérogénéité* qui empêche un sens de consister, soit dans *l'homogénéité* qui neutralise tout sens : rendre compte plutôt de *l'ambiguïté* ou plutôt de *l'opacité* du monde.

Au demeurant, la lumière proprement naturelle, solaire, réunit en quelque sorte ces deux attitudes, puisqu'il y a dans la nature un continuum lumineux à l'hétérogénéité assez nuancée, une sorte de permanence d'ensemble plutôt neutre mais émaillée d'accidents variables ou de variations accidentelles, que le moderne enregistre, ne cherche ni à éviter ni à gommer (33). En somme, la voie Rossellini – Rohmer – Straub serait médiane, ou plutôt centrale, le geste moderne inaugural, rossellinien (mais Renoir ou Ozu avaient pu s'en approcher), étant de revenir comme au cinéma des opérateurs Lumière tourné vers le monde et sa lumière, de revenir à avant les codes.

Un seul et même geste en vérité que d'enregistrer le réel et ses lumières existantes brutes, franches, telles (hétérogénéité), que de récuser des éclairages théâtraux en les neutralisant (homogénéité), que d'explorer les nuances discrètes de la lumière naturelle (homo-hétérogénéité) (34). Au demeurant, ces trois attitudes sont souvent conjuguées ou déclinées au fil d'une œuvre. Comme chez Godard notamment. Ou Depardon, associant l'esprit bressonien, la veine documentaire, et la sensibilité aux variations subtiles de la lumière naturelle.

A l'opposé de la lumière classique, la lumière moderne laisse aux êtres et aux choses la possibilité d'exister à égalité. Ce qui ne veut pas dire que la lumière moderne soit fade, quelconque, mais bien plutôt franche, sobre : le « *ni enflure, ni surcharge* » de Bresson s'applique à tout le cinéma moderne, vaut pour sa lumière comme pour quelque autre aspect. Autant l'image classico-baroque se caractérise par une lumière à effets, habillée, maquillée, sophistiquée, autant l'image moderne se caractérise par une lumière sans

33. Cf. chapitre IV, sur la pratique du tournage et de l'étalonnage.

34. R. Coutard sera par excellence l'homme du brut-franc nu des lumières urbaines, notamment avec Godard ; N. Almendros sera par excellence l'homme des beautés subtiles, raffinées de la lumière naturelle, notamment avec Rohmer (sans doute apporte-t-il cette sensibilité à Truffaut, des *Mistons* à *L'Enfant sauvage*, des *Deux Anglaises* à *Adèle H*).

effets, dépouillée, nature, simple. Ce qui ne veut pas dire que la lumière soit de peu d'intérêt ou d'importance dans le cinéma moderne, alors que le cinéma classique la cultive, que le cinéma baroque lui voue un culte. Mais bien plutôt qu'au lieu de s'en servir comme un puissant signifiant, l'un des instruments notoires du langage cinématographique, on attend au contraire d'elle qu'elle soit la moins langagière, la plus ontologique possible.

Ici, ni sens ni beauté fabriqués, apportés et cultivés. Ce que Bresson, « l'intégriste » du cinéma moderne, exprime ainsi : « *M'appliquer à des images insignifiantes (non signifiantes)* ». Ou encore : « *Pas de la belle photo, pas de belles images, mais des images, de la photo nécessaires* », attendu que « *la beauté de ton film ne sera pas dans les images (cartepostalisme) mais dans l'ineffable qu'elles dégageront* » (35).

Ici, au contraire, du sens virtuel et de la beauté naturelle, rencontrés, prélevés dans le monde et livrés tels, bruts, en quelque sorte sauvages (même en cas de reproduction artificielle, serait-ce en studio). En somme, du sensoriel, maintenu en l'état (de nature).

Cependant, il faut bien s'entendre sur le « tel ». L'une des tendances modernes consiste à enregistrer ou à recopier l'insignifiance lumineuse spontanément donnée par le monde : ce que font Rohmer, Straub-Huillet, Pialat, Depardon. Si l'on veut, quoique cela suppose toute une démarche, se tenir au plus près de la stricte *réalité* (capture douce de l'insignifiance). L'autre tendance est de traquer cette insignifiance, d'exprimer l'inévidence du monde, en quelque sorte de la forcer (capture dure). D'accéder ainsi, au-delà de la réalité même, à ce qu'il convient d'appeler le *réel* : l'impression de manque au contact de celle-ci, la béance entre soi et elle (réel : trou qui dépasse entre la réalité et nous, sur quoi nous butons). Ce rendu de la résistance du monde, ambiguïté ou opacité, c'est à quoi parviennent exemplairement les luminosités comme subliminales du *Petit soldat* (Godard) ou de *Quatre nuits d'un rêveur* (Bresson), mais c'est aussi bien, blancheur insondable ou griseur impénétrable, ce à quoi touchent le Rossellini d'*Allemagne année zéro*, le Bresson de *Pickpocket* ou du *Journal*, le Pasolini d'*Accattone*, l'Antonioni de *L'Avventura*, le Wenders de *Faux-mouvements*, le Garrel de *Liberté, la nuit*. Lumière qui cogne à la porte de la conscience, frappée, troublée, sans dire ce qu'il faudrait en penser. Trace lumineuse d'une vérité enfouie du monde.

35. Robert Bresson, *Notes sur le cinématographe*, Gallimard, 1975.

Mais il ne faut pas dissocier à l'excès une lumière amplifiant l'insignifiance rencontrée (ce que fait Bresson en insistant sur l'opacité homogène, la matité ; *a fortiori* Godard en insistant sur l'ambivalence hétérogène) et une lumière se contentant de ne pas faire sens (ou si peu). Pas de fossé entre Garrel et Rohmer, pas même entre Godard et Rohmer, quelle que puisse être l'importance des interventions langagières que ceux-là s'autorisent (de la simple surexposition au montage travaillant les ruptures lumineuses : deux expressions de l'inévidence du monde, du hiatus entre l'homme et lui).

Au demeurant, l'essentiel est qu'ici comme là il ne s'agit plus d'une lumière instaurant du sens sur le dos du monde, procédant d'une *conception acquise* de celui-ci, mais procédant au contraire d'une rencontre avec lui, d'un rendu sensitif du contact avec lui, d'une *perception expérimentale* de son insignifiance, ici comme là respectée. Au contraire d'une lumière par l'intelligence guidée, par laquelle notre intelligence est rassasiée.

Nous voici au cœur de la modernité. Comme le dit si bien Bresson, il y avait, classiquement, « *des films contrôlés par l'intelligence, n'allant pas plus loin* » ; il va s'agir au contraire de « *ne pas tourner pour illustrer une thèse* », de « *sentir avant de comprendre* ». Ou, selon Godard en écho, de « *voir avant de savoir* ».

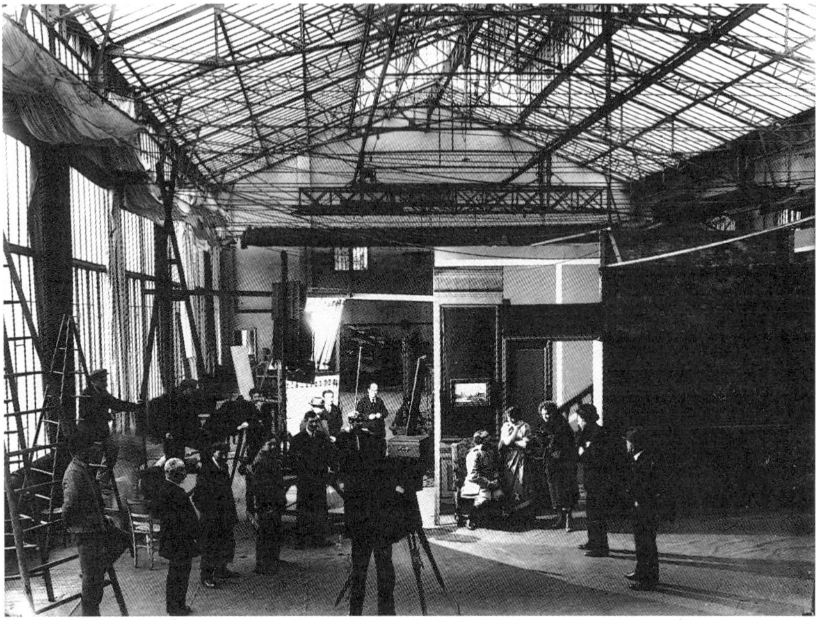

Studio des origines : verrières, vélums et lampes-tubes au mercure (Pathé-Vincennes, sans date). Eclairage ambiant, égal.

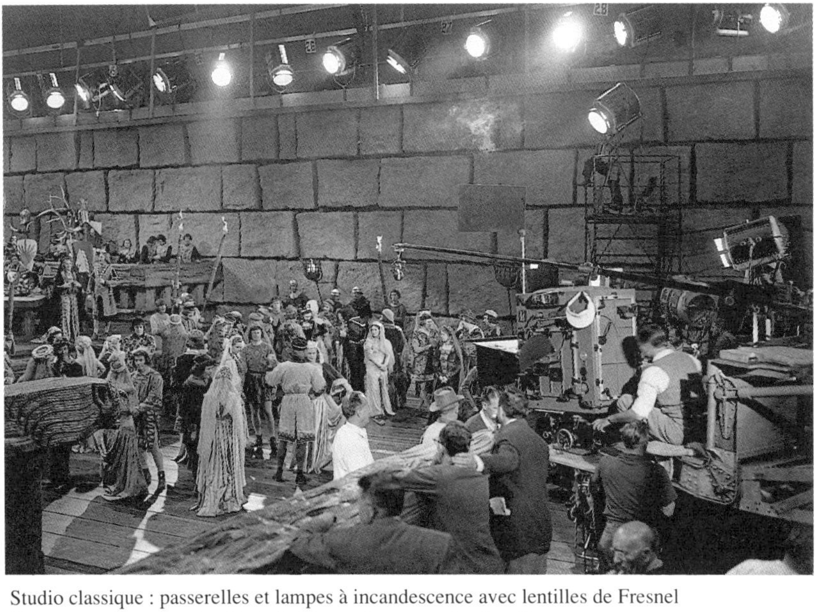

Studio classique : passerelles et lampes à incandescence avec lentilles de Fresnel (Paramount-Hollywood, 1948). Eclairage directionnel, sélectif.

II. AU FIL DES STYLES

Tout ceci étant posé, il nous manque de l'histoire. Non pas que les cinémas classique, baroque et moderne se succèdent ! Classique et baroque sont toujours allés de pair ; et, au moins depuis la dernière guerre mondiale, co-existent à côté du cinéma moderne. Au demeurant, si la rupture est nette entre classique et baroque d'une part, moderne de l'autre, on a pu voir des auteurs (et non des moindres) évoluer dans les deux sens. Dreyer, Mizoguchi, Bergman, vers la modernité, de par un processus d'épure. Fassbinder, Oshima, Oliveira, ou Resnais vers un classicisme plus ou moins baroque, de par un processus de surcharge (et sans doute toute la dite post-modernité contemporaine en vérité maniériste, de Jarmusch à Carax). Cependant, quelques auteurs majeurs se tiennent à la frontière de la signification claire et de la neutralité, opacité ou matité de sens (au moins quant à la lumière), tels Vigo ou Bunuel, quoique leurs conceptions de la lumière restent plutôt classiques ; tels Renoir ou Ozu, de par leur naturalisme en quelque sorte pré-moderne.

Bien plutôt, on assiste à une vaste histoire du code ou langage lumineux, recoupant bien entendu les deux pôles classico-baroque et moderne. Avant d'en venir à celle-ci, brossons celle des grands styles photographiques, marquons les principales ruptures esthétiques, tout en suivant l'évolution pratique et technique.

1. La période pré-classique (de 1895 aux années vingt)

Le cinéma des pionniers
L'avant-guerre

Bien entendu, dès son apparition, le cinématographe marche sur ses deux jambes — réalisme et irréalisme, vraisemblance et artifice. Mais, n'en déplaise à Méliès, Linder ou Porter, le geste inaugural du cinéma apparaît principalement comme un geste de sortie hors des murs du théâtre, ou plutôt : de sortie du théâtre hors de ses murs, en une démarche d'esprit naturaliste-réaliste, de Lumière à Feuillade, de Chaplin à Griffith, de Sjöström à Stroheim.

Le cinéma se tourne *a priori* massivement vers le monde réel et sa lumière, ne jouant guère alors d'artifices et de codes lumineux pourtant largement élaborés en peinture et au théâtre (le code se réduit au marquage conventionnel de la nuit par une teinte bleutée de la pellicule, et parfois du jour par une teinte orangée). Ceci est important : rien n'empêche de faire en 1895 une image fortement théâtralisée, comme le sera bientôt celle de l'expressionnisme allemand. Si la lumière au cinéma n'est d'emblée pas ou peu codée, si elle est d'abord si peu langagière, c'est bien le fait d'une fascination première, toute légitime, pour la vraisemblance réaliste du nouveau cinématographe.

Il y a là une sorte de vaste motivation idéologique, le cinéma parachevant la quête de réalisme déjà achevée par la photographie.

Cependant, ceci n'est pas séparable des conditions matérielles. Les premières pellicules, orthochromatiques, sont très peu sensibles (6-8 Asa initialement, jusqu'à environ 20 Asa), elles requièrent énormément de lumière : on tournera donc avec une lumière solaire optimale. Au cœur de la journée, les jours ensoleillés. En plein air, soit en extérieurs réels, soit dans des décors ouverts à tous vents largement exposés à la lumière solaire... et jusque sur les toits d'immeubles, pour gagner en luminosité. Ou dans de premiers studios à verrières (en guise de toiture et souvent de murs, excepté derrière le plateau, d'où leur surnom de « maisons de verre ») parfois orientables selon l'axe du soleil (ainsi celui d'Edison), avec la possibilité de doser un tant soit peu la lumière grâce à un système de vélums (toiles blanches et noires coulissant le long des verrières) (1). Lumière solaire dans tous les cas, capricieuse et peu

1. On utilisait aussi des panneaux d'étoffe blanche ou noire, sur chevalets mobiles, pour moduler l'éclairement de telle zone du plateau.

maniable. C'est d'ailleurs à la poursuite du soleil que le cinéma américain émigre bientôt de la côte est, peu ensoleillée, vers la côte californienne... où s'édifiera Hollywood (à partir de 1908).

Mais, très bientôt, on a les moyens d'éclairer en lumière apportée. Ainsi, dès le début du siècle (1907 à Philadelphie, Lubin Company ; 1910 à Paris, Pathé ; vers 1912 à Hollywood) les premiers vrais studios, encore à verrières, s'équipent en moyens d'éclairage artificiel, servant d'abord à renforcer la lumière solaire (on garde les verrières des studios) avant que de la remplacer (on occultera les verrières). La pellicule orthochromatique étant quasiment insensible aux tons chauds (orangés-rouges), on ne peut pas éclairer par des lampes à incandescence, avec un filament qui chauffe, qui rougeoie : on doit recourir à des lampes qui émettent une lumière froide (bleue-verte). On utilise donc des lampes à vapeur de mercure et des lampes à arc.

Les *lampes à vapeur de mercure* (Cooper-Hewitt) en forme de tubes, couramment employées en batteries ou rampes regroupant de nombreux tubes et disposées tout autour du plateau assurant ainsi une lumière assez puissante (nécessairement, vu le peu de sensibilité de la pellicule) mais ambiante, non directionnelle, douce et uniforme, ne permettent de toute façon pas un sculpté des éclairages. Avantage : elles chauffent peu et ne fument pas. Inconvénient : on ne peut moduler leur intensité lumineuse. Mais surtout, émettant une lumière bleue-verte sans rayonnements rouges, elles disparaîtront avec l'arrivée de la pellicule panchromatique puis de la couleur (2).

Les *lampes à arc* sont des projecteurs à charbons qui, selon le type de charbons employé (lampes à l'air libre avec charbons haute intensité ou lampes en vases clos à charbons homogènes : flamme blanche ou jaune), émettent une lumière froide ou chaude. Ce pour quoi elles perdureront, quelle que soit la pellicule : leur couleur bleue-violette, très actinique, comporte en fait toutes les couleurs du spectre. Découverts dès 1808, servant couramment au théâtre, les arcs (Kliegl, Jupiter, Bardon) seront très tôt utilisés au cinéma. Mais, avant l'expressionnisme allemand (qui les équipera de miroirs à facettes), on ne s'en sert guère dans le sens d'un sculpté des éclairages, qu'autoriserait pourtant leur lumière puissante, directionnelle et dure, génératrice d'effets d'ombres et de contrastes. Au contraire, on dispose des arcs en batteries tout autour du plateau : de face, sur les côtés, et en « plafonniers » (de 20 à 100

2. Sternberg nous apprend qu'à l'origine ces lampes étaient « *faibles et vacillantes* » mais que bientôt « *leur éclat se stabilisa, leur puissance décupla* ». Josef von Sternberg, « Plus de lumière », *Cahiers du cinéma*, n° 63, octobre 1956.

lampes de 25 A ou quelques 150 A, disposées en couronne, suspendues au-dessus du plateau), ce qui interdit tout sculpté. Preuve que la préoccupation majeure reste d'impressionner suffisamment et en tous points la pellicule si peu sensible ; et que le référent demeure la luminosité ambiante du jour.

Cependant, les arcs présentent quelques inconvénients pratiques majeurs : ils ne peuvent fonctionner en courant alternatif, sinon leur flux est irrégulier, d'où la nécessité de générateurs en courant continu (coût élevé) ; ils dégagent une forte chaleur, surtout en batteries, qui gêne les acteurs et n'arrange par leurs traits (malmenant l'important maquillage qu'implique par ailleurs la pellicule orthochromatique).

Jusque vers 1915, la théâtralisation des éclairages demeure fort limitée, même si Griffith (et Billy Bitzer) recherchent très tôt des effets signifiants (3). Mais dès cette date, dans la foulée de l'électrification des studios, elle ne connaîtra plus de restriction. Partout dès lors on dramatise-théâtralise la lumière, sur le nouveau comme sur l'ancien continent. Mais c'est bien entendu vers l'expressionnisme allemand qu'il convient maintenant de tourner le regard...

L'expressionnisme allemand
De la guerre à la décennie trente

Là encore, cette école, à laquelle on rattache ici celle du *Kammerspiel*, ne peut s'appréhender qu'à travers la rencontre d'une certaine superstructure idéologique et d'une certaine infrastructure matérielle. Il ne fait pas de doute que le cinéma hérite ici de toute la tradition romantique allemande, disons goethéenne, d'une « lumière vivante ». Tradition littéraire, picturale et théâtrale : l'influence sur le cinéma des réalisations scéniques de Max Reinhardt, lui-même marqué par les conceptions d'Adolphe Appia (et d'Edward G. Craig), est de notoriété publique (4). Tradition romantique d'une lumière habitée ou hantée qu'exacerbe encore le contexte historique : ce n'est pas un hasard si l'expressionnisme est contemporain de la Première Guerre Mondia-

---

3. Dès 1909 : l'âtre à la fin de *Drunkard's Reformation* signifiant la paix retrouvée du foyer, ou l'éclairage nimbé soulignant l'angélisme de l'héroïne de *Pippa Passes* (comme le remarque Jacques Aumont dans *L'Œil interminable : cinéma et peinture*, Paris, Librairie Séguier, 1989). Mais il ne s'agit encore que de métaphores ponctuelles. Griffith travaillera toujours plus avant la dramatisation lumineuse, qui culminera dans *Les Deux orphelines* (1922).

4. Lotte Eisner l'a abondamment souligné dans tous ses écrits, notamment dans *L'Écran démo-*

le, mais n'appartient cependant qu'à l'Allemagne. La lumière expressionniste reflète donc bien une certaine idéologie, à un certain moment historique, dans une certaine culture nationale (avec un rayonnement puissant, notamment sur les demi-frères autrichiens et les cousins scandinaves).

Idéologiquement déjà, elle repose sur une théâtralisation forcenée des éclairages. A quoi vient s'ajouter une contrainte pratique triviale : l'Allemagne n'a pas assez régulièrement l'ensoleillement nécessaire à la sensibilité très basse de la pellicule orthochromatique, il faut donc recourir à des éclairages électriques. C'est au théâtre que le cinéma emprunte alors tout : son jeu d'acteur outrancier, sa scène et ses décors anguleux, ses éclairages puissamment évocateurs.

C'est-à-dire ses moyens d'éclairage : les fameux arcs (Kliegl), venus du théâtre, équipés de miroirs à facettes (en métal ou en verre) qui permettent de concentrer ou élargir leur faisceau, d'où la possibilité d'une puissante lumière directionnelle, dure, produisant ou creusant des ombres, signature de l'image expressionniste. (Ce n'est que plus tard qu'on fabriquera des lentilles de Fresnel capables d'équiper des arcs.) Arcs qui, bien sûr, côtoient des lampes à mercure, pour un éclairage ambiant.

C'est-à-dire aussi ses codes, conventions et inventions lumineuses. L'expressivité de la lumière au cinéma vient directement de la scène théâtrale, matrice du plateau de tournage, qui la copie. Même si l'on sait l'influence considérable qu'aura la peinture sur l'expressionnisme en général, sur le *Faust* de Murnau (1926) en particulier comme l'a souligné Rohmer, c'est une peinture déjà revisitée par le théâtre (le propre du cinéma étant de pouvoir, à sa façon, travailler la matière lumineuse, la « pâte » de l'image, comme dans le *Faust*). Même si l'architecture — c'est aussi l'époque du Bauhaus — aura une influence notoire sur le cinéma, ses décors et ses éclairages, c'est une architecture déjà revisitée par le théâtre, ou plutôt, fusionnée à lui.

Plus fondamentalement, le cinéma, sa lumière, englobe et dépasse architecture, peinture et théâtre, les transcende. Rudolph Kurtz, critique contemporain de l'expressionnisme, souligne que le rôle de la lumière cinématographiée va bien au-delà de la composition de l'espace, voit en elle la seule « force formante » qui soit, de par sa « différenciabilité » de nature, dévelop-

---

niaque : *Les influences de Max Reinhardt et de l'expressionnisme* (1952), Paris, Éd. Le Terrain vague, 1965, rééd. en 1981. Peter Baxter y revient de près dans « On the History and Ideology of Film Lighting », *Screen*, vol. 16, n° 3, automne 1975.

pe l'idée d'une action directe et spécifique de la lumière. Ce en quoi il déborde la conception théâtrale (Appia, Reinhardt) et prolonge les positions du Bauhaus (Moholy-Nagy) (5).

C'est bien au théâtre que naît alors véritablement le studio, qui en est essentiellement la reproduction. C'est bien ainsi et ici que se développe le code, autour de la notion de *Stimmung* (atmosphère) lumineuse, englobant les expressionnistes proprement dits (Leni, Wegener, Wiene) et des cinéastes tels que Murnau, Lang, Pabst, qui donneront au code ses lettres de noblesse internationales, s'exilant face à la montée du nazisme vers Hollywood, ainsi que des chefs-opérateurs non moins prestigieux (Karl Freund, Eugen Schüfftan, Fritz Arno Wagner) qui marqueront profondément le cinéma américain et international, héritant alors massivement de l'expressivité photographique, entrant dès lors dans sa période proprement classique (6). Cependant que, déjà, des auteurs d'abord peu ou prou irradiés par l'expressionnisme — Dreyer, Sternberg, Stroheim — revisitent le code lumineux, dépassent ou transcendent à leurs façons cet héritage...

Cela dit, le fait que le cinéma soit muet poussait à exacerber les modes d'expression purement visuels, de la mimique de l'acteur aux décors et éclairages. La photographie ou photogénie occupe une place d'autant plus importante que l'on a encore assez peu d'autres moyens d'expression cinématographique. Mais ce n'est pas un hasard si les Allemands privilégient la lumière, sa hantise et ses jeux, cependant que la caméra reste fixe et frontale ; alors que les Soviétiques privilégient le montage, libèrent la caméra (changements d'axes et d'échelles), la lumière jouant néanmoins dans l'école soviétique un rôle important dans la dynamique du montage.

Si bien que les années vingt nous restent comme celles d'une véritable genèse du code, brûlant en Allemagne, palpitant en URSS.

---

5. Rudolph Kurtz, *Expressionismus und Film*, 1926. *Expressionnisme et cinéma*, 1986, Grenoble, Presses Universitaires de Grenoble.

6. Carl Hoffmann demeure en Allemagne. Eugen Schüfftan (ou Shuftan), qui tournera beaucoup en France, sera le maître d'Henri Alekan.

L'élan soviétique
De la révolution à la décennie trente

La lumière apparaît ici moins puissamment signifiante que dans l'expressionnisme allemand, et pourtant elle l'est, autrement. On peut même dire que, du fait de participer à l'organicité du montage, la lumière relève nettement de l'idéologique, et non seulement d'un beau souci plastique, dynamique-rythmique, musical.

Ainsi notamment chez Eisenstein. Son montage recherche explicitement l'unicité dialectique de deux termes opposés (rapprochés et dépassés) ; en l'occurrence, pour ce qui nous intéresse ici, celle du noir et du blanc : il alterne volontiers une image sombre et une image claire, tout comme un plan large et un plan rapproché, des lignes de force tirant vers la droite et d'autres vers la gauche, etc. En tant qu'application ou illustration visuelle de la dialectique, le montage eisensteinien, et donc le rôle qu'y joue la lumière, participe d'un vaste sens obvie et d'un forçage convergent dans ce sens, vigoureusement et magistralement imposé au spectateur (on dira par ailleurs à quel point ce montage sait être émouvant, plus « pathétique » encore que ne le pensait Eisenstein : c'est le sens qu'il véhicule, et non les sensations, qui nous intéresse ici) (7).

Comme pour l'expressionnisme allemand et son romantisme lumineux, le lien est ici flagrant entre une certaine idéologie et une certaine conception du cinéma. Très grossièrement, on peut dire qu'au matérialisme correspond un réalisme quasi documentaire de l'image (de la lumière, donc) et à la dialectique une certaine visée du montage (lumineux aussi bien).

Cependant, il me semble qu'un Thermidor aura bientôt lieu, les innovations révolutionnaires sur le montage dialectique reculant dès lors au profit d'une sur-signification plus classique du cinéma en général, de la lumière en particulier. L'évolution de Koulechov ou Poudovkine en témoigne, et même Eisenstein n'échappe pas à ce phénomène d'entropie (auquel seul Vertov résiste). Au lendemain de la révolution, les recherches novatrices sur le montage prédominent chez Eisenstein : *La Grève*, *Potemkine*, *Octobre*, ou encore

---

7. Ce qui n'empêche pas telles images de véhiculer des éléments obtus, comme l'a illustré Barthes lui-même sur des photogrammes d'Eisenstein ; retenant, précisément, pour mieux cerner l'obtus, un cinéaste du fort sens obvie : « *Il choisit le sens, l'impose, l'assomme (si la signification est débordée, elle n'est pas pour cela niée, brouillée) ; le sens eisensteinien foudroie l'ambiguïté* », Roland Barthes, « Le troisième sens », *Cahiers du cinéma*, n° 222, juillet 1970.

La Ligne générale (de 1925 à 1929). Puis quand il retrouve plus tard l'URSS désormais stabilisée-stalinisée, il y met comme un bémol, quoique les poursuivant habilement sous cape, et l'on peut sentir dès lors comme une classicisation croissante de son œuvre finale. Ainsi, *A. Nevski* (1938) apparaît bien comme un sommet (c'est-à-dire aussi qu'Eisenstein n'ira pas plus loin) quant à la plastique, à la rythmique musicale des images, véritable composition tonale en noir-blanc-gris. Cependant, cette œuvre d'absolue maîtrise ou maturité est aussi celle où apparaît une utilisation classique de la lumière : à la terreur blanche des tenues teutonnes, blancheur d'autant plus terrifiante qu'uniforme et hypocrite, s'oppose la chaleureuse diversité des gris nuancés des tenues russes ; de même que les éclairages contribuent à donner aux Teutons des visages patibulaires (forts contrastes, angularités), aux Russes des visages humains (demi-teintes, arrondis), et à leur sauveur suprême un visage impérial quasi icônisé. Enfin *Ivan le Terrible* (1942-46), quoique témoignant toujours d'un beau souci de rythmique plastique et particulièrement lumineuse, apparaît bien comme le plus classiquement expressionnisant (au sens le plus large du terme) de l'auteur : utilisation conventionnelle du code basique, les « mauvais » en noir et les « bons » en blanc ; ombre magnifiée du despote, etc.

Ainsi donc, machine sur-signifiante, fût-ce au service de la bonne cause, le cinéma soviétique et sa lumière auraient généralement suivi le cours de l'histoire : de la révolution à la restauration (certes, on ne peut trop abusivement résumer le cinéma soviétique au cas singulier d'Eisenstein. Mais il s'agit pour nous de pointer une avancée formelle, pour mieux s'interroger *in fine* sur son éventuelle incidence dans l'histoire de l'art).

Le muet et l'expressivité

Le cinéma muet ne peut être réduit aux écoles allemande et soviétique. Deux formes de sur-expressivité, soulignons-le, que celle-ci soit notamment lumineuse ou passe surtout par le montage. Deux événements cependant minoritaires dans la production des années vingt, quoique esthétiquement majeurs.

Comédies, burlesques, aventures, bluettes sentimentales, etc. : le gros de la production muette (y compris allemande) était loin de mettre en œuvre une puissante dramatisation lumineuse. L'expressionnisme allemand lui-même fut en vérité une nébuleuse, à laquelle on ne peut attribuer proprement qu'une vingtaine de films, les œuvres de Murnau, Lang ou Pabst ne s'y rattachant qu'indirectement. Néanmoins, la griffe expressionnisante marquera profondément l'art lumineux classique. Pas seulement à cause de l'exil des Allemands. Ce rayonnement a une raison esthétique fondamentale : il est comme celui d'un phare, d'une pointe avancée, d'un modèle radical d'expressivité lumineuse absolue. Qu'il fut un phénomène minoritaire n'empêche nullement l'expressionnisme de constituer la matrice et d'incarner au plus haut point le principe de tout l'art photographique classique. Principe d'expressivité.

Au demeurant, si l'on avait tort de fantasmer un cinéma muet largement expressionniste ou expressionnisant, il reste qu'une forte dramatisation lumineuse est bien ce qui rapproche de Murnau, Lang et Pabst, Stroheim ou Sternberg, Borzage ou Vidor, Sjöström ou Gance, Epstein et bien d'autres encore, du luxuriant Rex Ingram jusqu'au sobre Dreyer des débuts, sans oublier les principaux réalisateurs soviétiques. Ainsi le muet nous apparaît-il comme une période souvent marquée par une intense expressivité lumineuse (sur-expressivité, vue par notre regard actuel), du moins remarquable en cela.

Et d'ailleurs si l'on suit, du muet au parlant, la filmographie de tel ou tel auteur, on constate quasi systématiquement une tempérance dans l'intensité dramatique de la photographie — non pas moins expressive, mais moins violemment expressive. (On en reparlera quant à Sternberg ou Dreyer, mais ceci vaut très généralement. Même chez Lang, qui maintiendra une forte expressivité : des *Araignées* à *Fury* ou même à *Man Hunt*, on voit bien que l'image n'est plus aussi vivement dramatisée.)

2. La période classique (Des année trente aux année cinquante)

La panchro, la couleur, l'incandescence, les Fresnel, et le son

Plusieurs événements majeurs marquent l'aube des années trente : l'arrivée groupée de la pellicule panchromatique, de la couleur, des lampes à incandescence, des lentilles de Fresnel, et du son. Toutes choses qui vont contribuer à désexpressionniser l'image ; la technique rejoignant ainsi la tendance globale du cinéma le plus classique vers une certaine vraisemblance réaliste des effets lumineux, dès lors mesurés (sinon dans les genres les plus dramatiques et chez les baroquisants).

La panchro est d'une sensibilité élargie à toute la gamme chromatique, alors que l'ortho n'était sensible qu'aux violets-bleus, les verts-jaunes et surtout les orangés-rouges n'impressionnant que peu (verts-jaunes) ou pas (orangés-rouges) cette pellicule : la verdure, la terre ou le sable y apparaissent gris sombre, les lèvres noires (ce qui poussait donc au maquillage des acteurs), etc. L'usage de la panchro se généralise à partir de 1925 (*Moana* de Flaherty marque son lancement). Désormais, toutes les nuances de noir, de blanc et de gris sont possibles (signalons qu'on peindra parfois les décors en tons dégradés rouges-orangés, de façon à obtenir à l'image une palette de gris nuancés). Pour le meilleur : l'image gagne en réalisme, son rendu s'affine considérablement, ce qui permet notamment un naturalisme plus fidèle, sensible et vrai (dès *Moana).* Pour le meilleur encore : un gain de finesse de matière, possiblement au service d'une matérialité finement obtuse de la lumière. Ainsi *La Passion de Jeanne d'Arc* (1928) n'aurait pu avoir ces blancs et gris clairs doux en aplats si Dreyer n'avait eu la possibilité de tourner sur panchro. Mais aussi, réciproquement et inversement, pour le moins bon, un rendu possiblement pompier du monde, voire le pire, la richesse de la palette chromatique (noirs-blancs-gris puis couleurs) favorisant un embonpoint de l'image, une photographie cossue et dodue.

La panchro noir et blanc ne titre initialement qu'environ 10 Asa, seulement 20 dans les années trente, 80 dans les années quarante, n'atteignant les 250 Asa que dans les années cinquante. Autrement dit, dans la période qui nous intéresse ici, elle requiert encore considérablement de lumière ; ce qui n'est pas en soi une raison de s'enfermer en studio, mais y contribue (le bond que fait la sensibilité dans les années cinquante n'est pas séparable de la sortie du studio qui s'amorce alors, sans qu'elle soit réductible à cette seule donnée technique). Et comme les lampes n'ont alors qu'un faible rendement (consomment beaucoup d'électricité pour produire tel éclairement), les studios possèdent leurs propres centrales électriques, l'énergie requise étant considérable (8).

Cependant, la panchro se met en couleurs. Dès 1935 apparaît la couleur « tripack », le fameux procédé Technicolor, qui dominera jusqu'à l'aube des années cinquante : *Senso* est encore tourné en Technicolor. Pellicule aux couleurs opaques, très peu sensible (8 Asa), requérant donc énormément de lumière, de puissance d'éclairages (pas moins de 70 arcs pour l'ouverture de *Senso*, à la Fenice). Mais cette opacité de couleurs ou densité de matière fait aussi sa beauté sans égale (minnellienne, par excellence) et toujours inégalée. De plus, avec le Technicolor, l'image se trouve décomposée au stade du laboratoire en trois pellicules distinctes — une par couleur de base : rouge, vert, bleu –, ce qui permet, au développement et à l'étalonnage, d'en modifier largement le contraste, la densité, le chromatisme, en agissant séparément sur chacune des trois couleurs de base. Ce que ne permet plus la couleur monopack, laquelle s'impose à l'aube des années cinquante, via le procédé Eastmancolor notamment (9). On perd en opacité, mais on gagne en sensibilité, qui ne reste cependant que de 20 Asa dans les années cinquante, nécessitant d'éclairer abondamment. Et surtout, cette pellicule monopack corrige automatiquement le rendu des couleurs, par masque incorporé : elle est, à cet égard, plus fidèle à la réalité colorée.

Peu de sensibilité, *a fortiori*, en couleurs : beaucoup de lumière requise. Où les impératifs techniques rejoignent les motivations esthétiques : dramatiser, hiérarchiser et assurer une lisibilité optimale suppose également d'éclairer en abondance. Tout ceci amenant une image de studio traditionnel à la lumière généralement riche, opulente (voire grasse).

Opérer avec la panchro couleurs, condamne les anciennes lampes à vapeur de mercure et leur lumière froide bleue-verte, mais pas les arcs qui selon leurs charbons peuvent fournir une lumière froide ou chaude. En revanche, cela autorise les lampes incandescentes et leur lumière chaude qu'interdisait l'ortho

---

8. En 1934, la UFA berlinoise consommait jusqu'à 2500 kW par jour. Selon A. Kossowsky, *ABC de la technique cinématographique*, Paris, Éd. Etienne Chiron, 1934. Dans les années quarante en France (soumise à restrictions), une production moyenne requérait jusqu'à 600 kW par jour. Selon Philippe Agostini, *Cinématographe*, n° 68, juin 1981.
9. Cf. chap. IV, sur l'étalonnage.

(mais qui existaient depuis Edison). Se développe donc une gamme de *lampes à incandescence au tungstène*, de puissances diverses, qui fournissent un éclairage soit ambiant, placées devant un réflecteur ou installées dans un « plat à barbe » (grand réflecteur polyédrique), soit directionnel et même ponctuel, équipées de lentilles de Fresnel à convergence variable du centre vers les bords (ce qui est souvent le cas : on les appelle couramment des Fresnel ou, du nom du fabricant, des Cremer). Elles deviennent l'équipement de base du studio traditionnel, avec les arcs, eux aussi désormais équipables en lentilles de Fresnel : on dispose dès lors d'arcs à faisceau variable équipés d'une lentille, et d'arcs installés dans un grand diffuseur ou réflecteur (tels les *sunlights*). Notons que la lentille convergente a été inventée par Fresnel avant la naissance du cinématographe, mais on n'a su que plus tard en fabriquer de grand diamètre (le plus gros des arcs, le brut de 225 Ampères, fait 60 centimètres de diamètre) et capables de résister à la forte chaleur des projecteurs (10).

Arcs et tungstènes, lentilles permettant de concevoir un éclairage parfaitement sélectif, électif : un outillage adéquat pour la lumière très construite du cinéma classique (toujours grand amateur de Fresnel). Mais ces matériels sont lourds à manipuler, encombrants, chauffent notablement, et consomment énormément d'électricité (aux rendements lumineux très moyens, donc).

De plus, les lampes à incandescence règnent maintenant (avec les arcs), or nous savons qu'elles émettent une lumière colorimétriquement chaude, à la différence de celle du jour : opérer en couleurs hors studio (ou intérieurs clos, aveugles ou aveuglés) implique d'équilibrer avec la lumière du jour, en filtrant, et donc en absorbant beaucoup de la puissance d'éclairement de ces projecteurs, qu'il faut augmenter d'autant (consommation accrue, chaleur accrue).

Enfin, le son n'est pas sans conséquence sur l'image. Glissons sur ses implications pratiques : insonorisation nécessaire des lampes à arc (les autres étant silencieuses), perte de mobilité de la caméra (longtemps très alourdie par son caisson insonorisant) et du coup des éclairages eux-mêmes, présence de la perche et du perchman qui limitent le cadre et entravent l'éclairage. Mais les conséquences du son auront une toute autre ampleur.

Globalement, le cinéma parlant tempérera en intensité l'expressivité photographique, allant vers des effets plus mesurés que dans sa période muette (encore que cela dépende des genres, mais l'on peut tenir que cette tempé-

---

10. On doit à Cremer d'avoir adapté aux projecteurs de cinéma ces lentilles de Fresnel, qui équipaient d'abord les fanaux ferroviaires et maritimes.

rance vaut même pour les genres à haute intensité dramatique, épouvante ou policier). Conséquence première, de grande importance : le son contribue à désexpressionniser l'image, autorise la photographie la plus classique, aux atmosphères dès lors moins outrées, plus nuancées ou raffinées.

Conséquence seconde, autrement fâcheuse : désormais parlant, le cinéma n'évitera pas une certaine dérive académisante, jusqu'au point où le langage parlé prend le pas sur le langage cinématographique et donc photographique, lumineux.

Aussi doit-on garder à l'esprit cette multiple révolution technique et ses conséquences esthétiques, positives et négatives, à travers tout ce qui suit.

Hollywood. L'âge d'or classique
Des années trente aux années cinquante

A la hiérarchisation classique des éclairages entre la sphère des acteurs, l'aire du jeu, et les décors censés représenter le monde, le star-system mettra comme un point d'orgue suprême, instaurant une hiérarchie entre acteurs, de la star au dernier des figurants (est-ce un hasard si la société américaine, fondée sur la réussite individuelle, inventera le star-system et sera le haut lieu de l'élection lumineuse ?) (11). Le triple impératif classique — dramatisation, hiérarchisation, lisibilité — qu'incarne exemplairement l'image hollywoodienne, ne va dès lors pas sans tensions entre ses termes.

C'est en effet à ce triple impératif qu'obéissent les principaux systèmes d'éclairage hollywoodiens. Ainsi l'éclairage *trois points* : dramatisation par une attaque marquée, hiérarchisation entre l'attaque centrée sur l'acteur, le contre-jour pour lui donner du relief et/ou l'éclairage latéral pour le sculpter davantage, l'ambiance enfin pour assurer la lisibilité du fond, déboucher les zones d'ombres générées par les autres éclairages : symptôme à la fois d'une obsession de lisibilité et d'un certain mépris pour l'éclairage du décor, relégué à jouer les utilités... cet éclairage du décor (voire même cet éclairage-décor) qui était si important à l'aube expressionniste du cinéma classique (12). Les acteurs se tenant le plus souvent à l'avant-plan, celui-ci se

11. Election lumineuse déjà produite par la peinture en d'autres temps et lieux.

12. « *Les Allemands, au contraire des Américains, ne privilégiaient jamais les acteurs au détriment du décor* », remarque Michel Kelber, qui opéra aussi bien pour Pabst que pour Siodmak. *Cinématographe*, n° 68, juin 1981.

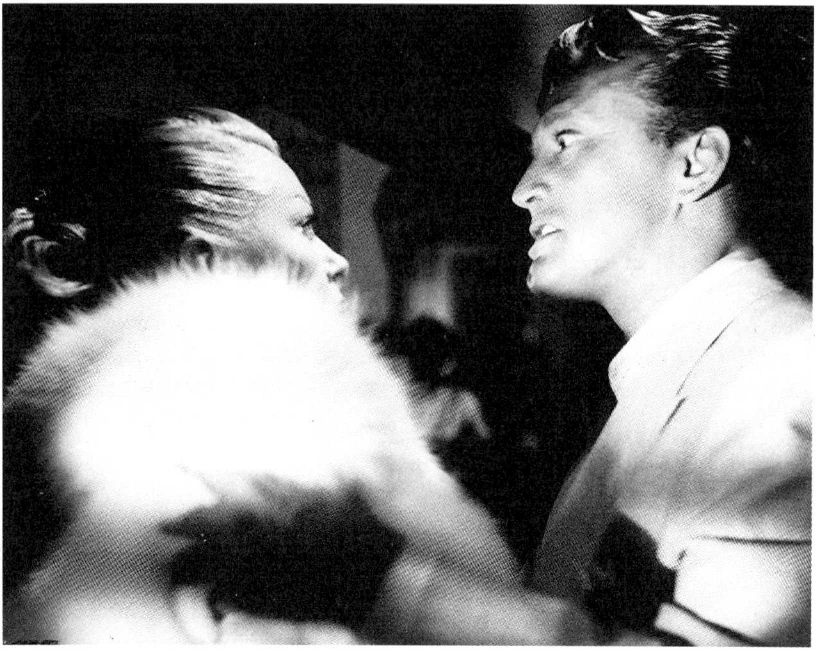

La dramatisation, notamment dans les plans serrés sur les visages, peut entrer en contradiction avec la logique d'ensemble de l'éclairage (*Les Ensorcelés*, Minnelli, 1952).

Photogénie classique : sophistication (Greta Garbo).
Photogénie moderne : sobriété (Anna Karina).

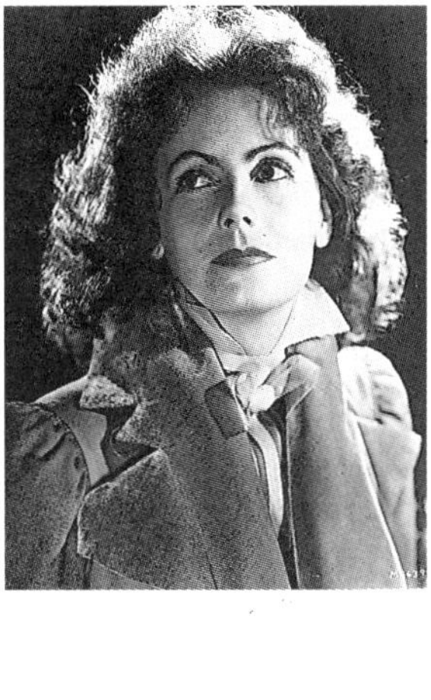

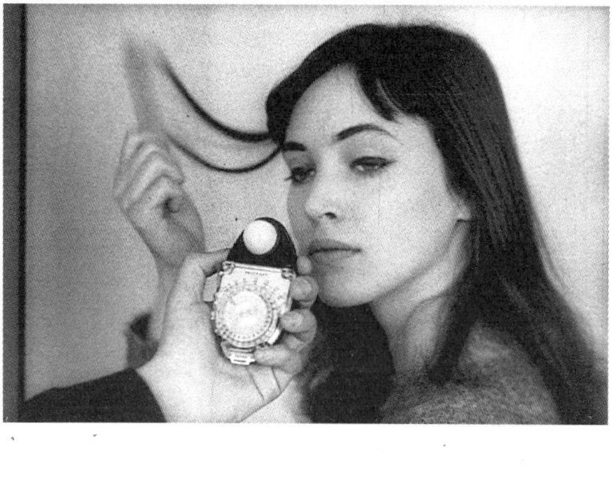

trouvera donc deux fois plus éclairé que les fonds ! (Le rapport-type entre l'attaque, l'ambiance et le contre-jour étant : 3-2-1. Soit 3+1 sur les acteurs, 2 sur les fonds.)

Ainsi encore la *core-light,* lumière à la fois dramatisante et hiérarchisante, organisée autour d'un noyau centré sur les acteurs, l'aire du jeu au cœur de laquelle figure logiquement la star, et laissant donc le reste du cadre, champ ou décor alentour à l'arrière-plan.

Mais la *north-light* (excellemment sternbergienne) n'échappe pas à la règle : elle n'est pas qu'érotisante (mise en valeur de la chevelure et du visage) et esthétisante (référence à Rembrandt et à sa lumière zénithale), elle est aussi idéologisante, principalement réservée à la star qu'elle élit entre tout et tous (Dietrich, en l'occurrence).

Le triple impératif dramatisation-hiérarchisation-lisibilité n'est pas toujours facile à respecter. La dramatisation et la hiérarchisation impliquent de mettre en valeur ceci et d'estomper cela : elles peuvent aller contre la lisibilité. (Elles y allaient sans hésitation dans l'expressionnisme : le classicisme les tempèrent au nom de la lisibilité.) Mais entre la dramaturgie lumineuse et la volonté de hiérarchiser, il peut y avoir aussi des tensions. Tout ceci implique souvent d'étranges contradictions dans l'éclairage.

A commencer par le fait que l'éclairage des acteurs n'obéit pas ou plus à la logique d'éclairage des décors alentour : ils sont tous deux dramatisés, mais les acteurs priment sur les décors (13). Une hiérarchie allant parfois jusqu'à l'incohérence. Cas de figure annexes mais flagrants : pour que l'acteur reste bien lisible, on l'éclaire même s'il se tient dans une zone d'ombre, ou l'on gomme l'ombre que devrait jeter sur lui un autre acteur à ses côtés, etc. Ce qui amène à des démultiplications arbitraires de sources (pour effacer une ombre) et renforce encore l'artificialité de l'éclairage. La mise en lumière des corps passe devant (littéralement, les acteurs se tenant le plus souvent à l'avant-plan) celle des décors, l'une et l'autre ne coïncidant plus toujours.

Mais cette contradiction apparaît plus flagrante encore dans les plans rapprochés de visage, éclairés de façon spécifique, souvent en total contresens par rapport à l'éclairage global perçu dans les plans plus larges : l'éclairage du gros plan n'est pas moins dramatisé, il l'est souvent autrement, car celui-ci prime (hiérarchie du regard) sur les autres plans, imposant

13. N'en citons qu'un exemple, flagrant : *Jules César* de Mankiewicz.

son propre traitement lumineux (14). Le visage l'emporte sur le paysage, l'homme prime sur le monde.

Visages. C'est sans doute dans la photogénie classique de l'acteur, *a fortiori* de la star (surtout féminine), que se noue au plus haut point le triple enjeu dégagé. La photogénie n'est pas qu'une démarche purement esthétique : il s'agit bien d'élire le visage de l'acteur, surtout star (hiérarchisation), tout en le rendant expressif (dramatisation), mais sans l'abîmer ou le défigurer... alors que la dramatisation peut l'exiger, y pousse même logiquement. (Voyez comment l'expressionnisme n'hésitait pas à dramatiser violemment l'éclairage des visages, de Faust chez Murnau à Loulou chez Pabst.)

Cependant que la photogénie proprement classique commence contemporainement chez Griffith autour de Lilian Gish : aux Etats-Unis, autour de la première star (volontiers auréolée par une *back-light*). Elle ira très loin, les opérateurs gardant comme un secret telles trames ou tulles utilisées pour diffuser ou adoucir l'éclairage sur le visage de la star (dont il faut parfois respecter le bon profil) ; elle ira jusqu'à se doter d'un éclairagiste référentiel — Lee Garmes pour Dietrich — ou attitré — William Daniels pour Garbo. Au demeurant, les producteurs surveillaient de très près le traitement photographique des stars, comme le confirme Sternberg lui-même (15).

Or, l'aura lumineuse entourant la star n'est pas qu'un beau souci : c'est un fait d'élection, un acte hiérarchisant. Avec les contradictions qu'il implique souvent, la star recevant son propre éclairage, brillant au sommet de la pyramide des acteurs, elle-même construite par-dessus le sol des décors (16). Tant et si bien qu'un gros plan de star, fin du fin, échappe à la limite à toute autre loi d'éclairage que la hiérarchisation, culminant ici, sous cette beauté. Non qu'il s'agisse de nier la beauté de tel sfumato auréolant un visage ou de tel effet glamoureux l'érotisant, mais juste d'en mesurer les attendus et conséquences. Ainsi, le star-system a de profondes incidences sur l'éclairage, qui vont toutes dans le sens d'une composition arbitrairement contre-

---

14. N'en citons qu'un exemple, flagrant : *Les Ensorcelés* de Minnelli.

15. Il s'en prend en effet à l'un des prétendus experts des majors (superviseur ou producteur associé) qui voulait lui imposer tel cadrage et éclairage du visage de la star, lui déclarant que c'était « *le style photo de la compagnie* ». J. von Sternberg, « Plus de lumière » (II), *Cahiers du cinéma*, n° 64, novembre 1956.

16. Ce qui ne pose pas de problème à un Sternberg, qui participe même chez lui d'une abstraction fondamentale de la lumière, tendant à se libérer d'excessives contraintes dramaturgiques et spatiales, trop concrètes ou terrestres.

nature de la lumière, d'une démultiplication d'effets et contre-effets factices. Ce en quoi il ne fait qu'aggraver le non réalisme de l'éclairage inscrit dans la logique même du studio. Car enfin, il ne faudrait pas réduire abusivement le système du studio au star-system et à ses conséquences photographiques.

Stars ou pas, la pratique du studio (pas seulement hollywoodien) est d'éclairer d'abord le décor, d'où une étroite collaboration entre le décorateur et le directeur de la photo, puis ensuite de concevoir un éclairage spécifique autour des comédiens, lequel entre souvent en contradiction logique avec l'éclairage global du plateau (ceci est flagrant dans les scènes de nuit ou d'intérieurs sombres, où les acteurs sont toujours bien éclairés).

Stars ou pas, le studio implique du factice, en termes de quantité comme de qualité(s) de lumière(s) aussi bien qu'en terme de logique d'éclairage (emplacements de sources, intensité et directionnalité des rayons — il n'est pas rare de deviner à l'image que la lumière vient des passerelles). Et ceci jusqu'à des effets parfois foncièrement contre-nature (double ombre d'un personnage, etc.) (17). Sans parler de bien d'autres artifices patents, notamment au carrefour décor-éclairage, comme dans les découvertes et transparences visiblement fabriquées.

Tous arbitraires et artifices que l'univers à tous égards clos — on veut parler ici du corporatisme et des habitudes de métier, vivaces chez les opérateurs et leurs adjoints — du grand studio classique tend à reproduire infiniment, en un phénomène de vase clos, quelles que soient la diversité des genres et la multiplicité des styles (ainsi, notamment : un opérateur formé dans le studio classique aura toujours tendance à éclairer abondamment, à multiplier les sources et effets).

En revanche, le cinéma moderne rompra non seulement avec la hiérarchisation des éclairages et ses effets arbitraires, mais aussi (puisque c'est lié) avec cette photogénie factice, imposant une autre photogénie, naturelle sinon sauvage (voir notamment tels plans de visage féminin chez Godard, du *Petit soldat* à *Passion*, ou chez Garrel, de *Marie pour mémoire* à *Liberté, la nuit*).

Sur les visages comme partout ailleurs, deux conceptions de la beauté s'opposent : une beauté classique, apprêtée et maquillée, « *faisant dans la dentelle* » (selon l'expression d'Almendros) ; une beauté moderne, brute et

17. Nonobstant, aller au plus simple et au plus vite (à la fois par volonté et par nécessité) peut entraîner de tels effets irréalistes : on note ainsi des ombres doubles dans *Voyage en Italie* de Rossellini.

L'ÉCLAIRAGE *TROIS POINTS*

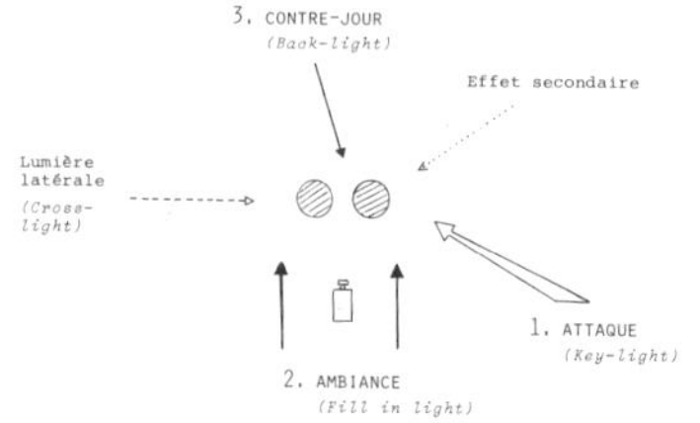

1. Une lumière principale, attaque ou effet (*key light*), en général à 45 degrés par rapport à l'axe de la caméra.

2. Une lumière d'ambiance (*fill in light*), de face (derrière la caméra), compensant les contrastes, débouchant les ombres.

3. Une lumière de derrière ou contre-jour (*back-light*), détachant les acteurs du fond ; que peut remplacer ou compléter une (des) lumière(s) latérale(s) (*cross-light*) : ce sont les décrochages.

(Artifice supplémentaire, le contre-jour est cependant lié au fait qu'en noir et blanc les corps, visages, chevelures des acteurs ont besoin d'être distingués du décor pour ne pas fondre dans une masse grise.)

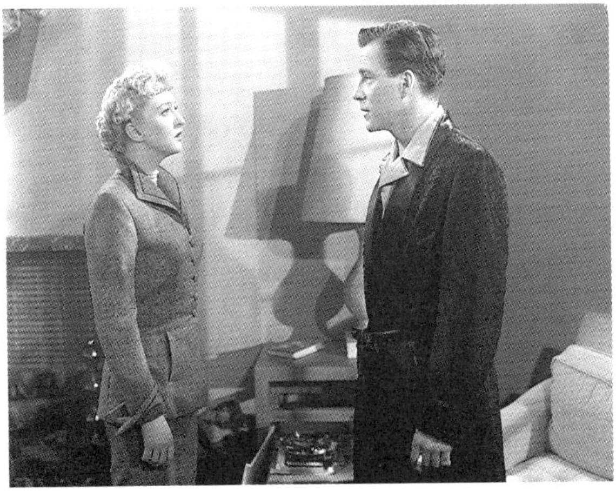

Un exemple d'éclairage « trois points » classique (*Eve*, Mankiewicz).

LA CORE-LIGHT

Eclairage classique, organisé en noyau : la source principale ou attaque, est située au centre du champ, au milieu des acteurs, qui sont comme irradiés par cet éclairage fortement hiérarchisant et dramatisant à la fois.

Ainsi la *core-light* caractérise-t-elle de nombreux thrillers hollywoodiens, pour les scènes d'intérieur à l'atmosphère de complot.

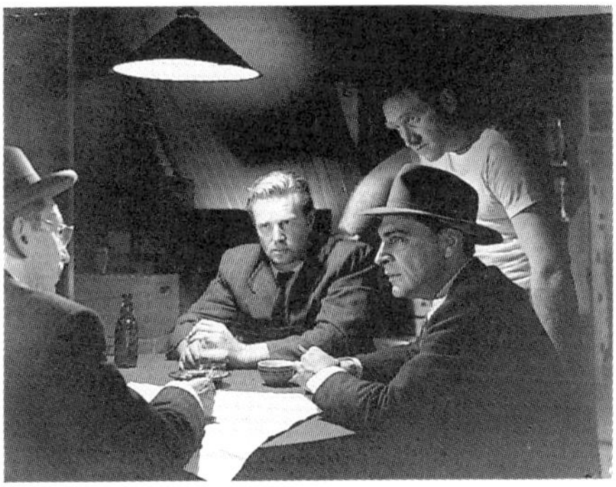

Core-light dans *Quand la ville dort / Asphalt Jungle* d'Huston.

LA NORTH LIGHT

Eclairage classico-baroque, l'attaque ou le contre-jour tombant verticalement du haut de l'écran. Cette lumière zénithale « à la Rembrandt », élisant et érotisant l'actrice, reste comme la fameuse signature du trio Sternberg – Lee Garmes – Marlène Dietrich.

Bien entendu, d'autres auront recours à la *north light*. Notamment pour sa forte connotation céleste ou divine, et sa puissance esthétisante.

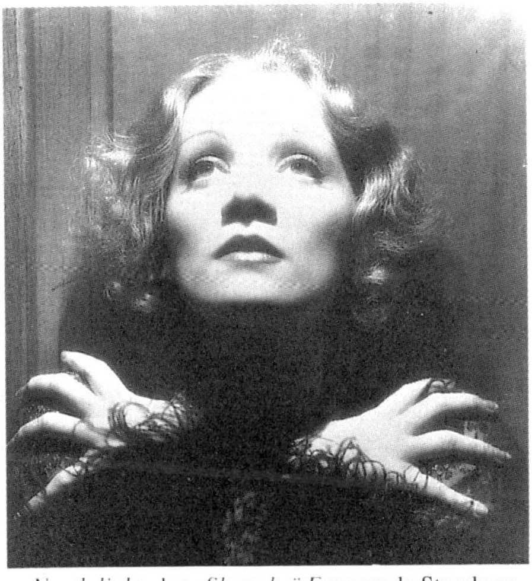

North light dans *Shanghaï-Express* de Sternberg.

franche, en tout cas simple et sobre, nature (18). Sur les visages des êtres comme partout ailleurs, Hollywood a poussé la beauté classique (où les sensations ne vont jamais sans le sens) jusqu'à son extrême sophistication ; terme entendu ici dans ses deux acceptions : extrême raffinement, extrême artificialité. La modernité balayera cette sophistication des éclairages, lui opposant une lumière moins raffinée (ou alors autrement : le monde aussi, nature et civilisation, a ses beautés subtiles) mais plus chargée de vérité.

L'académisation

Elle n'est que l'aggravation de ce qui vient d'être souligné, allant jusqu'au point d'auto-reniement du langage photographique. Sans doute faut-il pourtant distinguer deux conséquences de l'académisation, quoique toutes deux liées à une même obsession de lisibilité.

Lisibilité : il faut que les acteurs soient toujours bien visibles (de même qu'audibles), là même où le décor impliquerait de l'ombre. On en arrive ainsi à de flagrantes contradictions, l'éclairage de l'acteur primant toujours sur celui du décor. Schize lumineuse entre l'homme et le monde (ou son simulacre) : le studio classique académisé tourne définitivement le dos au réel, le monde ignorant une telle hiérarchisation de la lumière (aujourd'hui reconnue comme telle par certains opérateurs d'alors) (19). Aberration que viendra balayer le cinéma moderne, remettant l'homme dans la lumière du monde, sans privilégier celui-là sur celui-ci.

Encore n'est-ce pas là le syndrome le plus redoutable de l'académisation ; encore peut-on rester soucieux d'assurer un certain relief à l'image, de sculpter les décors (par des ombres portées), d'en détacher les acteurs (par un contre-jour), quelles que soient les incohérences lumineuses ainsi produites. Hélas! l'obsession de la lisibilité du cinéma académisé l'amènera même jusqu'à la platitude lumineuse (il y aura ainsi, au sein de la fameuse « qualité

---

18. Souvent, l'éclairage spécifique des visages se réduit, chez les modernes, à une simple lumière face : une petite lampe, sur la caméra et dans son axe, assurant une lisibilité minimale des visages.

19. Michel Kelber, grand opérateur du studio français des années trente à cinquante, souligne rétrospectivement que l'on concevait pour le décor « *un éclairage indépendant, différent de celui porté sur les acteurs* » : « *Souvent la lumière naturelle (*de logique réaliste*), réservée aux décors, était bloquée par un volet ou un nègre (*panneau opaque*), et l'acteur avait droit à sa propre lumière personnelle* », *Cinématographe*, n° 68, juin 1981.

française », deux tendances : celle du relief, incarnée par Henri Alekan, et celle du fondu, incarnée par Roger Hubert).

Lisibilité : on débarrasse l'image, suréclairée, de toute zone (ou moment) jugée douteuse, indéchiffrable ; on chasse donc toute vraie obscurité, où le regard pourrait se noyer. Ce faisant, on émascule la dramatisation. Comment concilier en effet ce « pas l'ombre d'un doute »... avec une « esthétique des ombres » ? (20). Et ceci, qui n'est pas évité dans le cas du relief, culmine dans la photographie grisailleuse d'un Roger Hubert pour un Delannoy, dite « pelure d'oignon » (feuilleté de gris), caractéristique de l'époque.

Mais comment ne pas voir (et entendre) dans l'académisation la conséquence même de la dérive du cinéma, devenu parlant, vers le « verbeux-théâtreux », le (mauvais) théâtre (mal) filmé ? Dans ce cinéma, les dialogues véhiculent l'essentiel du sens (d'où l'importance de ses scénaristes-dialoguistes spécialisés en bons mots). Conséquemment, le langage cinématographique est réduit au rôle de pauvre appendice du langage verbal : on n'utilise plus que poussivement les vastes possibilités signifiantes propres au cinéma (montage, montage interne en profondeur de champ, variations d'échelles de plans et d'axes, mouvements de caméra, et... lumière). Aberration : l'art classique est renié par un cinéma académisé qui ne sait même plus être puissamment langagier. (Voyez la singularité d'Ophuls, dernier classique digne de ce nom, dans le cinéma français ambiant des années cinquante).

Constat d'usure du langage photographique que tireront les modernes.

L'appel de la nature

Classicisme n'est pas synonyme de studio. Si le cinéma classique s'est massivement assez vite enfermé dans le studio et l'a finalement payé très cher, il y a cependant toujours eu une sorte de « ligne de résistance » naturaliste : une tendance à sortir des murs du studio, un appel de la nature, comme un besoin vital d'air et de soleil. S'il est devenu minoritaire au fil de l'âge classique, le naturalisme des pionniers ne s'est pas éteint sans descendance. Se dessine ainsi une lignée de cinéastes qui alternent ou conjuguent le studio

---

20. H. Alekan lui-même, amateur de contrastes élevés, formé par l'expressionniste E. Schüfftan, reproche rétroactivement au studio académisé d'avoir, en suréclairant, laminé les contrastes et densités, limité l'expressivité. (Mais ceci vaut aussi pour les nuances). Henri Alekan, *Des lumières et des ombres*, Paris, Éd. Le Sycomore, 1984.

et la nature ; jusque dans leur pratique de l'éclairage. Mais peut-on parler d'une lignée ? Car il y a assurément des naturalismes différents.

On est tenté de les regrouper par pays, par culture, j'allais dire par idéologies nationales. Il y aurait ainsi un naturalisme (et un humanisme) américain, une sorte d'épopée de la nature et de l'homme, écho de ce peuple de conquérants de l'espace, dont on peut suivre le puissant sillon, et pas seulement sous forme de westerns, chez Ford, Hathaway, Hawks, Preminger, Ray, Walsh et bien d'autres. Il y aurait ainsi un naturalisme français, moins lyrique mais plus poétique, moins épique mais plus intuitif, pas nécessairement impressionniste mais en tout cas sensible au fil du temps chrono-atmosphérique (comme au fil de l'eau), ouvert à la rêverie, en quelque sorte bachelardien (par opposition au cartésianisme dominant l'esprit français), avec Antoine, Grémillon, Pagnol, Renoir, Vigo (et non pas Carné ou Clair, qui font du naturalisme de studio). Il y aurait ainsi un naturalisme japonais, plus abstrait et contemplatif, véritable méta-physique de la nature, chez Mizoguchi, Naruse, Ozu, ou encore Kurosawa. Et l'on pourrait continuer ainsi avec l'URSS (naturalisme socialiste : grandeur et puissance du ciel soviétique, mais où l'académisme tempère l'épisme), l'Inde, la Chine, l'Amérique latine, et désormais l'Afrique (notamment avec Cissé, du *Vent* à *La Lumière/Yeelen*.

A chaque fois correspondraient des traits dominants en matière de lumière et de contrastes (noir et blanc ou couleurs). L'imagerie naturaliste américaine serait plus vigoureuse, avec une lumière puissante, des contrastes marqués (Ford, exemplairement) (21). La française serait plus impressionniste, offrant une palette plus nuancée d'atmosphères lumineuses subjectives et suggestives (Grémillon, ou Renoir). La japonaise serait plus éthérée, avec un certain nappage de luminosité, un goût pour les lumières naturelles douces, ambiantes, sinon en aplats du moins nappes sur nappes comme dans le lavis (Mizoguchi, ou Ozu).

Mais ici plus que jamais nous gêne l'idée qu'il y aurait des cinématographies, des écoles nationales. Plus encore que quand il est question du cinéma de studio, puisque ne joue plus ici l'effet d'industrie nationale et corporative du studio. Bonne occasion de rappeler qu'il n'y a que des auteurs, et même que des films singuliers. Qu'il vaudrait donc mieux s'interroger, auteur par auteur et film par film, sur son naturalisme, plus ou moins pur,

---

21. Extérieurs plein soleil ou profonde nuit, ombres appuyées et contre-jours aiguisés, l'image fordienne est « *amplification lyrique de données quotidiennes réalistes* », « *expression des mythologies* » (selon les mots de Luc Moullet, *Cahiers du cinéma*, numéro hors série, Ford, 1990).

plus ou moins dépouillé d'effets artificiels d'éclairage ; mais encore et surtout plus ou moins à la recherche d'états lumineux métaphoriquement signifiants, plus ou moins libéré de l'asservissement au sens obvie. Ainsi, sans doute plus chez Hawks que Walsh, chez Renoir que Grémillon, chez Ozu que Kurosawa, etc.

Encore peut-on conjuguer au sein d'un même film, ne serait-ce qu'en jouant sur intérieurs (studio ou non) et extérieurs, des éclairages codifiés classiquement sur-signifiants et de la lumière naturelle à l'insignifiance obtuse : ainsi chez Kurosawa, ou *a fortiori* chez Melville, qui associent pur classicisme jouant des codes du film noir et épure japonisante de la lumière naturelle, peu ou prou moderne (22).

Toujours est-il qu'il y a, à côté du cinéma de studio, un cinéma naturaliste, divers mais continu, minoritaire mais têtu. Et qu'au-delà du réalisateur ou du film en question — avec plus ou moins d'incidence selon les cas — il rappelle que le cinéma n'est pas condamné à l'emprisonnement dans le studio et ses éclairages de plus en plus conventionnels. Ce qui sera d'importance pour la modernité cinématographique.

22. C'est la raison pour laquelle Henri Decae, son opérateur attitré, sera appelé par Chabrol et Truffaut pour leurs tout premiers films : *Le Beau Serge*, *Les Cousins*, *Les 400 coups*.

3. La table rase moderne et la Nouvelle Vague (de 1945 aux années soixante)

Les totalitarismes, la guerre d'extermination, les camps, la bombe : ce n'est pas un hasard si le cinéma moderne est contemporain de la Seconde Guerre Mondiale. Le lien entre l'homme et le monde ne fait décidément plus évidence, pose problème, fait mystère : le cinéma enregistre objectivement la perte du lien, du sens (« *l'homme sans phrase et l'absence de sens des choses* », disait Bataille). Enfoui, ce lien devient objet de pure croyance ou de foi — c'est la figure de base rossellino-bressonienne : le cinéma, de par son objectivité, est mis en quête du lien enfoui, chargé d'une mission sacrée de révélation (« *le sacré, communion de l'homme blessé et du sans fond des mondes* », disait Bataille). D'où un cinéma radiographiant l'opacité générale du sens, avec soudaine révélation, fulgurante (23).

Ceci, qui serait la fin de l'idéologique, a certes des conséquences majeures sur la conception de la lumière et sa pratique. La première est de respect du réel et de son mystère : fin de la lumière significative. La seconde, étroitement liée à la première, est l'égalité de toutes choses et êtres : fin de la lumière élective.

Cela dit, là encore il y a rencontre(s) entre une volonté éthique-esthétique et des données matérielles. Le cinéma rossellinien tient certes à l'urgence de tourner sa caméra vers la réalité brute de la guerre, il tient aussi à l'embolie des studios de Cinecittà : comme il le rappelle lui-même, Rossellini l'aurait voulu qu'il n'aurait pas pu tourner en studio, ou avec les moyens du studio. Ainsi, à plus petite échelle, la carence de pellicule va déterminer l'image de *Rome, ville ouverte* ; la carence de lampes déterminera l'éclairage de telles scènes de *Stromboli* assuré grâce à des projecteurs de l'U.S. Army, etc. (24).

---

23. La modernité comme résultante du trauma de la dernière guerre : on reconnaît ici la thèse des *Cahiers* (de Daney à Bergala), reformulée par Deleuze, illustrée par Godard dans *Histoire(s) du cinéma*. Apparu avec cette guerre et inscrivant au sein même de la représentation sa propre carence ou faillite, le cinéma moderne est aussi bien qualifiable comme post-moderne. *A fortiori* si l'on entend que le cinéma tout entier est un art moderne (objectivité photographique).
24. D'après Roberto Rossellini, *Fragments d'une autobiographie*, Éd. Ramsay, 1987.

Cependant, chez Bresson, la rupture avec l'éclairage classique de studio n'est que pure volonté, sans que celle-ci rencontre des contraintes matérielles ; et il faudra d'ailleurs quelques films pour que Bresson rompe radicalement, à cet égard aussi, avec le théâtre : on rencontre encore du modelé signifiant dans *Les Anges du péché* et *Les Dames du Bois de Boulogne* (superbement éclairé par Philippe Agostini, formé dans le cadre du studio classique).

En retour, l'image Nouvelle Vague procède bien d'une rencontre entre une volonté éthique-esthétique et des contraintes matérielles, d'abord financières (comme pour Rossellini). Ainsi la démarche de principe de la Nouvelle Vague : ne pas éclairer du tout, ou le moins possible, en veillant à se placer dans des conditions de tournage (lieux, etc.) qui le permettent. Echo tout à la fois d'une rupture avec la surabondance d'éclairages caractéristique du studio classico-académique, d'un parti pris naturaliste-réaliste le plus simple et sobre, et d'un manque de moyens. Ainsi, plus spécifiquement, la « lumière d'aquarium » égale en tous points, que certains (adversaires de la Nouvelle Vague) ont voulu tenir pour (seule) emblématique de la Nouvelle Vague, obéit assurément à une volonté esthétique — réalisme, neutralité de sens, rupture avec l'éclairage structuré du studio, libération des acteurs et de la caméra —, mais elle est aussi la résultante de données triviales : tournage express, sans grands moyens d'éclairage, en appartements relativement étroits aux murs et plafonds inamovibles ; toutes données qui obligeaient quasiment un Coutard ou un Almendros à éclairer au plus vite et au plus simple, par réflexion sur les murs et plafond (25).

Cependant, l'époque était au clair en ce début des années soixante : d'où des murs blancs dans les logements, mais aussi un goût photographique pour une certaine clarté, ambiante et sobre, des images, dont Almendros signale l'origine dans la photographie de mode, les jeunes opérateurs pratiquant dès lors un peu tous un éclairage neutre réfléchi sur des surfaces claires (murs, parapluies, plaques de polystyrène). Ce qui n'empêche pas Almendros d'être rétrospectivement critique envers un tel éclairage : s'il en salue les avantages — simplicité réaliste et liberté de mouvement, fin du « *laborieux treillis de lumière en dentelle* » —, il y voit un « *appauvrissement de l'image* » et

25. Preuve que la volonté esthétique reste première : l'appartement d'*Une femme est une femme* ayant dû être reconstitué en studio, avec plafonds amovibles, Godard a fait garder ceux-ci, qu'il a fait éclairer (avec des floods) comme en site réel. D'après le décorateur Bernard Evein, intervenant au Colloque « Peinture-Cinéma », Quimper, mars 1987.

remarque : « *On croyait que les couleurs suffiraient pour donner une sensation de relief même avec un éclairage plat* » (pourtant, les modernes n'ont pas attendu la couleur pour égaliser leurs éclairages) (26).

Néanmoins, je vois une autre détermination, à l'importance sans doute mésestimée, de l'esthétique Nouvelle Vague (par excellence, godardienne) : la télévision, qui joua au moins comme inconscient collectif de la Nouvelle Vague, selon la pertinente formule de Jean Collet (27).

Si le traumatisme de la Seconde Guerre Mondiale fut, idéologiquement et matériellement, la condition d'existence même d'un cinéma moderne, si dès lors la face du cinéma tout entier est changée, il nous faut penser aussi cette révolution qu'est la télévision, qui prend dès après-guerre son essor aux Etats-Unis, puis envahit l'Europe précisément entre la fin des années cinquante et le début des années soixante : contemporainement à la Nouvelle Vague. L'impact de la télévision sur la Nouvelle Vague sera multiple ; on voudrait le mesurer pleinement.

Il passe d'une part par des voies disons cinéphiliques, à travers l'Atlantique. Car dès l'après-guerre, les Etats-Unis (à Hollywood ou en marge) se mettent à produire de nombreux films « vite faits - pas chers » en direction à la fois des salles et des téléviseurs (âge d'or des séries B, donc). Des moyens limités (équipe, matériel), un temps de tournage réduit : ceci détermine fortement la lumière dans ces films. C'est ainsi que l'on se retrouve parfois, dans la Mecque du cinéma classique de studio, à travailler dans des conditions pratiques voisines de celles de la proche Nouvelle Vague française. On n'a plus guère les moyens d'éclairer de vastes extérieurs, d'où parfois une lumière naturelle neutre ou des lumières existantes brutes, toutes caractéristiques « modernes » ; cependant qu'on éclaire les intérieurs de façon classique mais « à la va-vite », en allant droit à l'essentiel, en faisant fi du léché traditionnel : tels films de Preminger, Ray ou Fuller (pour ne citer qu'eux) portent les marques paradoxales de cette mutation à chaud du système (28). Films qui marqueront bientôt ceux de la Nouvelle Vague, en tout cas de Godard. Mais l'impact de la télévision sur l'image Nouvelle Vague ne s'en tient pas là, même si ce qui vient d'être souligné rejoint ce qui va l'être, le tout contribuant à en finir avec le léché des éclairages du studio classico-académique.

---

26. Nestor Almendros, *Un homme à la caméra*, Hatier, 1980.
27. Jean Collet, « Une affaire de morale », *La Nouvelle Vague 25 ans après*, Éd. du Cerf, 1983.
28. Citons *Carmen Jones* pour Preminger, *La Maison dans l'ombre* pour Ray, *Le Port de la drogue* pour Fuller.

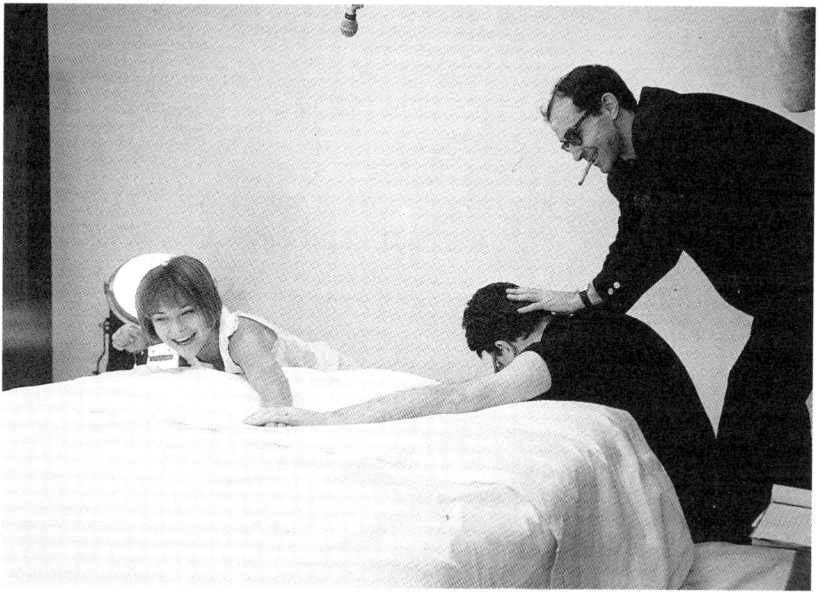

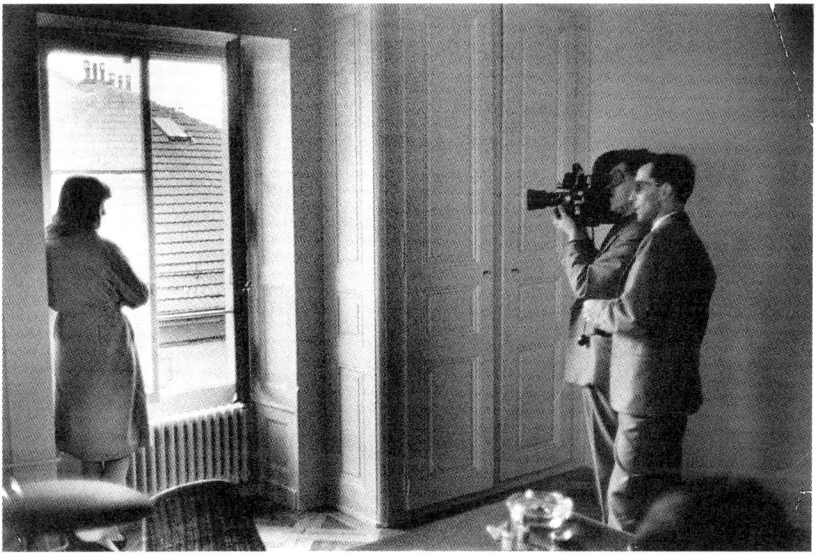

Nouvelle Vague : Godard-Coutard éclairaient au minimum ou n'éclairaient pas du tout (tournages d'*Une femme mariée*, 1961, et du *Petit soldat*, 1960).

C'est qu'en effet (bien au-delà des films américains) voici que face à une image cinématographique coupée du monde, confite dans l'univers artificiellement clos du studio, à la photographie traditionnellement construite et sculptée, apparaît une image télévisuelle en prise directe sur le monde, « live », chargée d'une vérité documentaire. Une image vite faite, d'une simplicité absolue d'éclairage — on éclaire partout et on n'en parle plus —, à la lumière ambiante égale en tous points. Une lumière sous laquelle les êtres et la caméra peuvent bouger librement, pour une image saisissant au vol le mouvement de la vie. En somme, la matrice de cette « lumière d'aquarium » dans laquelle on reprochera à la Nouvelle Vague d'avoir baigné. Où la télévision, en tant que fenêtre ouverte sur le monde, rejoint la démarche rossellinienne, la morale bazinienne, participe d'une sortie du studio et de son esthétique.

Proposition qui n'a rien de théorique. Revenons à la guerre : c'est pendant celle-ci qu'apparaissent aux USA de nouvelles lampes photofloods et photospots, qui vont d'abord servir au reportage documentaire (sur la guerre, etc.). Floods (faisceau large, ambiant) et spots (faisceau étroit, ponctuel) — en vérité une même lampe, la carrosserie faisant d'un flood un spot — appartiennent à la famille des lampes à incandescence au tungstène (29). Mais ce ne sont plus les gros projecteurs de studio peu maniables : ce sont de simples ampoules en verre dépoli, passe-partout, très maniables. Légèrement survoltées, ces lampes n'ont qu'une durée de vie limitée à quelques heures : deux pendant la guerre, six après guerre (moment où elles sont également dotées de réflecteurs) ; deux modifications qui permettent leur utilisation au cinéma.

Ainsi donc, les opérateurs américains s'équipent de floods (ou spots) servant couramment au reportage (cinéma et télévision). Ce sont ces floods (de six heures, équipés de réflecteurs) qu'utilisera Enzo Serafin, sans doute le premier dans le cinéma européen, pour éclairer *Chronique d'un amour* (Antonioni, 1952) et *Voyage en Italie* (Rossellini, 1954) (30). Ce sont ces floods que Godard-Coutard utilisent au début de la Nouvelle Vague, pour éclairer en intérieurs réels, par réflexion. (Alors qu'Almendros-Rohmer utilisent plutôt des miroirs, respectant la qualité de la lumière naturelle, solaire ; mais aussi, parfois, des floods réfléchis, comme pour les intérieurs clos de *Ma nuit chez Maud.*)

---

29. Par ailleurs, on parle de position flood (large), médium (moyenne), et spot (serrée) d'un projecteur quelconque. Mais il s'agit bien ici de lampes spécifiques.

30. Cf. *Positif*, n° 275, janvier 1984 (propos d'Antonioni) et A. Bergala, *Voyage en Italie* de R. Rossellini, Éd. Yellow Now, coll. « Long métrage », 1990 (entretien avec E. Serafin).

Cela dit, la lumière d'aquarium n'a pas pour seule raison d'être sa simplicité d'exécution, ni même la libération de l'acteur et de la caméra (en termes d'éclairage aussi, le film moderne est un reportage sur l'acteur). Elle obéit à un souci de neutralité — ni dramatisation ni élection — et de vérité : le monde ignore généralement les architecturations lumineuses complexes.

Précisément, plutôt que la seule lumière aquarium à quoi l'on a voulu réduire la photographie Nouvelle Vague, ce qui la caractérise est le refus de la classique et fort peu réaliste multiplicité des effets et par là des sources, guère légitimables et guère légitimées à l'image. A cet arbitraire irréaliste, la Nouvelle Vague n'oppose pas que la lumière ambiante, mais tout aussi bien la source unique, légitimée à l'image, et réaliste tant par sa nature que par la quantité, la qualité et la directionnalité de la lumière qu'elle émet ou transmet (une fenêtre, une lampe, un réverbère, une vitrine illuminée, etc.). Lumière ambiante ou source unique : simplicité et vérité. C'est vrai chez Godard (qui, par ailleurs, joue parfois explicitement avec l'arbitraire et l'artifice de l'éclairage : on mesurera plus loin la raison et l'importance de ce jeu). C'est vrai chez Rohmer, qui a toujours le souci de copier ou imiter au plus près la nature, d'en respecter ou reproduire tant la logique des sources que la qualité de lumière. Il n'y a donc pas eu que de la lumière aquarium ; la source unique, par opposition à la construction lumineuse classico-académique, est tout autant une signature Nouvelle Vague, comme le confirme une étude rigoureuse sur le(s) style(s) photographique(s) de la Nouvelle Vague (31). De plus, « l'aquarium » godardien est en vérité plein de poissons lumineux divers, tout un monde hétérogène ; « l'aquarium » rohmérien est en vérité comme le monde, rempli d'eaux lumineuses variées, tropicales ou nordiques, estivales ou hivernales, automnales ou printanières.

Enfin et surtout, tout ceci ne doit pas faire oublier, occulter le geste moderne majeur : on n'éclaire pas ou au minimum (les intérieurs). On tourne de jour en lumière solaire, de nuit là où c'est éclairé, en veillant ici comme là à apporter le moins de lumière possible. Un geste (à la fois éthique et économique) que facilite certes le fait que les pellicules noir et blanc titrent 250 Asa — mais c'est ainsi depuis l'aube des années cinquante ; ceci soit dit pour ceux qui se contentent d'expliquer la Nouvelle Vague par le gain de sensibilité des pellicules (au demeurant, Rossellini n'avait que 80 Asa à sa disposition, après-guerre). Certes, 250 Asa permettent d'opérer avec peu

31. Sharon A. Russel, *Semiotics and Lighting : A Study of Six Modern French Cameramen*, Boston, UMI Research Press, 1973, rééd. en 1984.

d'éclairage en renfort, à condition de veiller, pour les séquences nocturnes, à tourner dans des lieux naturellement bien éclairés — terrasses de café, par excellence (citons *Le Signe du Lion,* 1959) — ou de rapprocher les acteurs des sources existantes, comme on le voit nettement dans *Le Petit soldat* (1960) où une scène se déroule tout contre une vitrine de magasin illuminée (32). Cependant, la couleur (35 millimètres) ne titrait que 50 Asa : réaliser sans apport d'éclairage artificiel un film comme *La Collectionneuse* (1967) supposait un grand soleil méridional et estival (cubain, pourrait-on dire en hommage à Almendros). Et ne parlons pas du 16 millimètres couleurs, qui titrait 16 Asa : « *Il fallait donc dénaturer la lumière en sur-éclairant. Véritable contresens, alors qu'on choisissait justement le 16 millimètres pour son naturel et son réalisme* », signale Almendros à propos de *Paris vu par* (1964) (33). Profitons-en pour rappeler ceci : les floods sont des tungstènes, des lampes à incandescence (de même que les quartz qui apparaîtront bientôt) : opérer en couleurs et désormais hors studio suppose toujours d'équilibrer colorimétriquement la lumière de ces lampes avec celle du jour (en extérieur jour, gélatines bleues devant les lampes ; en intérieurs ouverts au jour, filtre orangé sur les fenêtres). A moins de se passer de projecteurs, ce qui ne peut être qu'un cas limite, la Nouvelle Vague n'est pas plus libérée de ce problème (en couleurs) que les décennies précédentes et que la décennie suivante.

Tout ceci permet de clore ce volet sur la Nouvelle Vague en soulignant que la technique a suivi le mouvement, plutôt qu'entraîné comme on le croit trop souvent. L'élan de rupture avec le studio se traduira rapidement par un allègement des caméras (dont l'explosion du 16 millimètres était le signe avant-coureur) et du matériel de prise de son (Nagra). Mais aussi par la recherche, toujours poursuivie, de pellicules plus sensibles : on passe avec les années soixante-dix à 400 Asa en noir et blanc, 100 Asa en couleurs, les sensibilités doublent donc, ce dont profiteront dès lors les films, qu'ils héritent directement de la Nouvelle Vague (de Cassavetes à Wenders, de Garrel à Akerman), indirectement (Pialat), ou pas du tout. Et encore par la recherche de lampes plus légères et maniables, au meilleur rendement lumineux que les traditionnels tungstènes (et à la durée de vie plus longue que les floods) : ce seront les quartz, à commencer par les soft-lights. Hélas ! Effet pervers de la

---

32. Voir également les exemples pris dans *Paris nous appartient* (Rivette, 1961) et *Le Père Noël a les yeux bleus* (Eustache, 1966) cités au chap. IV.
33. Nestor Almendros, *Un homme à la caméra*, *op. cit.*

Nouvelle Vague et des « bricolages » de Coutard ou Almendros en lumière (soleil ou floods) ambiante indirecte, réfléchie sur des murs, plafonds ou panneaux blancs, les années soixante-dix s'ouvriront sur la prolifération des soft-lights qui fournissent une lumière d'emblée réfléchie, ambiante et douce, et serviront surtout à faire une image dominante qui n'a plus guère à voir avec celle de la Nouvelle Vague : non plus simple mais *soft*, non plus brute mais *clean,* non plus franche mais lisse.

Le cas godardien...

Si le geste inaugural de la modernité (Rossellini, Bresson) est de balayer le code, d'ailleurs sclérosé, le geste premier de Godard sera de parachever la table rase en un jouissif jeu de massacre : de dynamiter tous les codes, de les mimer pour les miner, de les survolter pour les faire disjoncter. Tel est le beau souci de ce cinéaste : pour accéder à la pure et simple présentation du monde, veiller à saper la représentation. A ne rien laisser debout du code. Ou, si l'on préfère : aller après le code pour mieux se retrouver avant le code, se retourner contre lui, se débarrasser de lui. Ou encore, mieux : ranimer, rejouer comme pour la première et la dernière fois le(s) code(s). L'œuvre initiale de Godard est ainsi marquée, quant à la lumière, par ce double mouvement complémentaire, perceptible d'un film à l'autre et jusqu'au sein du même film : d'une main, opérer en lumière telle, sans codes, réaliser la présentation ; de l'autre main, emballer les codes pour mieux les éreinter, faire subir un électrochoc à la représentation. Le beau joujou du langage, cet enfant terrible le brocarde, le malmène, n'a de cesse de le démonter, comme pour mieux accéder à ce qui n'est pas lui. Façon, aussi bien, d'en finir avec un art de l'éclairage, au profit d'un art de la lumière (avant que d'œuvrer, plus tard, à porter celui-ci au niveau de celui-là). Pour commencer, Godard subvertit donc volontiers les manières classiques en un feu d'artifices déclarés qui a tout d'un feu de joie : ainsi notamment dans *Alphaville*, détournant les codes du fantastique et du thriller vers l'expression d'un monde insensé (re-trouvailles d'effets en tous genres, y compris rencontrés dans le monde même), ainsi encore dans *Pierrot le fou* (colorisations arbitraires, parodie des effets irréalistes de studio dans la séquence du balayage lumineux du pare-brise), ou dans *Une femme est une femme* (subversion ludique des codes de la comédie musicale minnellienne : colorisations par le projecteur du cabaret ou par une enseigne au néon clignotante).

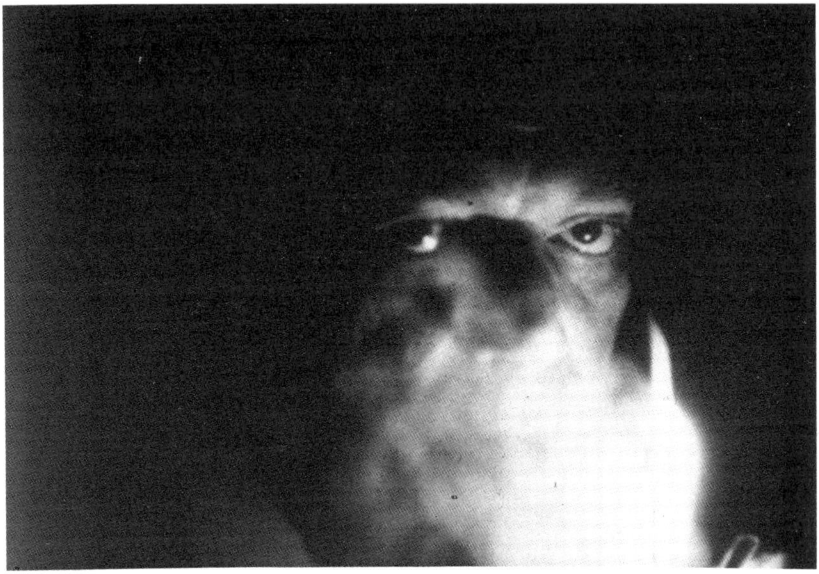

Quand Godard détournait les codes classiques (*Alphaville*).

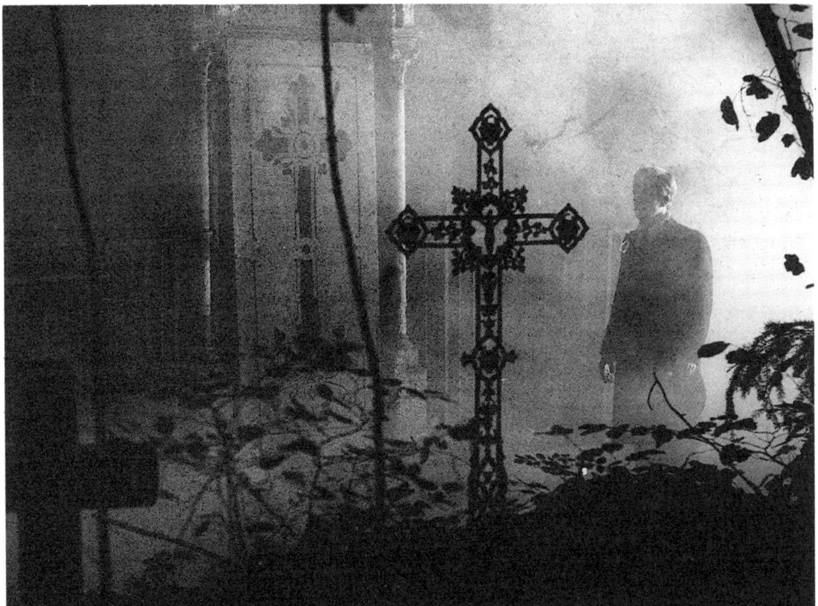

Quand Truffaut franchissait le pas d'une théâtralité arbitraire, débridée (*La Chambre verte*).

... et la voie truffaldienne

C'est à partir de la table rase rossellino-bressonienne que le cinéma moderne pourra aller à la reconquête du théâtre — trop important pour être laissé entre les mains des « *verbeux-théâtreux* », selon le mot de Truffaut qui passe aussitôt à l'acte. C'est-à-dire, en matière de lumières et de couleurs, à la conquête d'une certaine licence par rapport au « degré zéro » du réalisme brut. Mais une théâtralisation de la lumière (et de la couleur) qui ne tourne pas pour autant le dos au réel, ne rompt pas les amarres avec lui, celle-ci restant scrupuleusement naturaliste-réaliste, aussi bien par la logique spatiale de ses sources, fondées dans l'image, que par sa correspondance à ses sources en termes d'angularité, d'intensité et de qualité (au contraire de l'éclairage classique). Une théâtralisation qui, de plus, fonctionne sur une économie des éclairages et des couleurs, un principe de simplicité-sobriété. Non pas un retour aux codes théâtreux (plutôt que théâtraux), mais une redécouverte du théâtre débarrassé, précisément, des conventions ; une redécouverte, comme pour la première fois, d'une possible théâtralité inscrite au sein même du monde, de l'existence (34).

Côté modernes, c'est au fond l'essentiel de ce qui se joue depuis la Nouvelle Vague — et bien sûr pas seulement, pas même d'abord, quant à la lumière. Un retour sur le classicisme, plutôt qu'au classicisme, mené au premier chef et exemplairement par ceux-là mêmes qui firent la Nouvelle Vague, de Truffaut à Rivette, mais aussi (autrement) de Rohmer à Godard. Bouclant ainsi la boucle moderne, que clôturent aujourd'hui les tout derniers héritiers de la modernité cinématographique. Ainsi notamment dans *Les Deux Anglaises et le continent, L'Histoire d'Adèle H., La Chambre verte.*

---

34. A propos de rethéâtralisation soucieuse de respecter un principe naturaliste, remarquons un aspect particulier mais important du processus, chez Rivette : de *Duelle* à *Hurlevent*, le cinéaste retrouve le couple lumière solaire/lunaire. Il renoue donc avec le principe théâtral signifiant premier (jour/nuit, chaud/froid, etc.) donné par la nature même. La bipolarité fondatrice du théâtre (dédoublement de personnalité, jeu de masques) s'appuyant ainsi sur la bipolarité naturelle.

4. Du nivelé au sculpté (des années soixante-dix aux années quatre-vingt)

Les années soixante-dix

Contrairement à ce qu'en laisse voir son imagerie dominante, il s'agit sans doute d'une décennie charnière, où va s'amorcer ici et là, diversement, une certaine re-théâtralisation des éclairages. L'arbre ne doit pas cacher la forêt ; aussi faut-il bien distinguer celui-là de celle-ci.

L'imagerie dominante des années soixante-dix apparaît lisse et propre, claire et nette, image de magazine ou de catalogue, comme placée sous verre ou sous vitrine (35). Outre qu'elle correspond ainsi à un repliement de nos sociétés sur leur confort petit-bourgeois (mode ambiante du clair et *clean*), cette image accuse le coup de la rupture avec le studio et ses éclairages ; enfin, la couleur étant désormais de mise, elle prend dans un premier temps plus d'importance que la lumière, on tend à travailler les coloris plutôt que les éclairages : la dramatisation passera par le choix d'une palette chromatique davantage que par les jeux lumineux. (En revanche, il est abusif de tenir que la couleur — qui ne limite que partiellement les contrastes — refrène en soi la dramatisation : Resnais en donnera la preuve avec *Providence,* aux contrastes marqués.)

La pratique et la technique dominantes de ces années sont à cet égard éloquentes. D'une part, c'est le règne de la pellicule Kodak 5247 (100 Asa), qui impose partout une même image au piqué hyper-réaliste pompier. Terrible nivellement sur un prétendu goût moyen (du public, des cinéastes) entretenu par ce fabricant en position monopolistique : il faudra l'arrivée sur le marché de concurrents étrangers (Fuji, puis Agfa) pour que Kodak offre enfin une gamme variée de pellicules (en sensibilité, contraste et grain)... qui étaient techniquement prêtes, notamment sous forme de pellicules pour la photographie, comme le prouvera leur très rapide adaptation aux besoins particuliers du cinéma, au début des années quatre-vingt. (Années qui profiteront d'une relative diversification des pellicules, notamment quant au rendu des couleurs, plus ou moins « saturées » selon les marques ; mais ce sera très relatif

35. Cf. Alain Bergala, « Petite variation sur le propre et le sale », *Cahiers du cinéma*, n° 325, juin 1981.

et, la concurrence passée, les fabricants semblent se replier maintenant sur des produits égaux, standards.)

D'autre part (mais cela s'ajoute), l'éclairage vise à assurer une image claire, lumineuse en tous points, sans vraies zones d'ombres, jugées indésirables car indéchiffrables. On recherche une lumière à la fois ambiante et brillante, limpide (insipide). Cela va se traduire dans l'utilisation que l'on fait de nouveaux outils d'éclairage. On entre maintenant dans la famille des *lampes à incandescence à quartz*, qui offrent bien des avantages (dits plus loin) pour tourner hors studio, comme c'est désormais habituel ; mais le problème ne tient certes pas à ces outils eux-mêmes, il tient à l'usage qu'on en fait généralement. On arrose ainsi le plateau à grands coups de soft-lights, lampes à quartz de puissances assez moyennes qui fournissent une lumière ambiante, d'emblée réfléchie sur le fond blanc d'un grand boîtier rectangulaire. Alors même que ces lampes à la lumière douce permettent au contraire — Almendros en donne la preuve — de travailler les nuances de tons, les dégradés, le modelé subtil d'une lumière ambiante comme celle qui baigne naturellement les appartements (avec des pans de murs plus clairs que d'autres). Non : il s'agit bien, dans l'imagerie dominante, d'un arrosage visant à la clarté. Ce que confirme l'utilisation alors faite d'autres lampes à quartz nettement plus puissantes (six ou neuf lampes de 650 W dans une même carosserie ou bol, avec réflecteur et lentille incorporée) avec lesquelles on inonde carrément tout le plateau, en éclairage direct ou indirect (via des réflecteurs) : les « mini-brutes ». Dont la lumière assez dure (qu'on peut bien sûr adoucir par diffusion), mais moins crue que celle des arcs, efface les ombres, alors que les arcs en génèrent : les mini-brutes contribuent ainsi à chasser toute obscurité de l'image (36).

Enfin, la pratique alors courante du « flashage » en dit long à cet égard. Le flashage consiste en une brève exposition de la pellicule (soit du négatif, avant ou après la prise, au tournage ; soit du positif, au laboratoire, après tournage) qui a pour effet de diminuer les contrastes et de « déboucher » les zones ombrées (37). En somme, la signature symptomatique des années

36. Existent aussi des « micro-brutes », sortes de mini-brutes compactes de faible intensité (lampes de 250 W).

37. Opération qui n'est bien entendu pas condamnable en soi. Par exemple, dans *Le Dernier tango à Paris* (flashage du positif) elle a servi à adoucir l'image pour obtenir des tons pastels ; dans *Barroco* de Téchiné (flashage du négatif) elle a assuré un voilage blanc de tels plans, un effet d'effacement. Tandis que dans *Le Privé* d'Altman il s'agissait bien d'éclaircir des plans en intérieur jugés trop sombres, d'équilibrer ainsi avec l'extérieur ensoleillé.

soixante-dix, très révélatrice de l'image qu'elles engendrent, affichant une hantise du sombre ou du noir, et plus généralement du « douteux » ou « sale » : il faut que l'image soit propre (limpide) et soignée (lissée), *clean* et *soft*. Tout le contraire des images qui n'ont pas peur d'une matière dense, rugueuse, au grain sale, et d'une manière franche au point de paraître « bâclée », que seuls osent à total contre-courant les héritiers de la Nouvelle Vague : Eustache, Garrel, Pialat, Wenders ou Cassavetes. (Profitons-en pour signaler que *Tout va bien* de Godard est une parodie critique de l'imagerie petite-bourgeoise des années soixante-dix.)

Nivelée dans sa forme et sa substance lumineuse, l'image l'est alors aussi dans sa profondeur. Par mesures d'économie sur l'éclairage, on recourt alors généralement à des objectifs à courtes focales largement ouvert (autour de f : 4), donnant une profondeur de champ « ni-ni », illusoire, relevant de la seule perspective (alors qu'une vraie profondeur implique des objectifs à longues focales et des diaphragmes assez fermés, avec donc des moyens lumineux importants) (38). Ce qui veut dire qu'on ne travaille pas non plus la lumière dans l'épaisseur de l'image, ni dans le sens du relief, ni dans le sens de l'aplat (ce qu'avait fait Godard dans *La Chinoise*, épinglant ses personnages plaqués sur des fonds colorés unis, lesquels évoquent la peinture abstraite moderne).

Ceci étant dit, il n'empêche que c'est bien alors qu'on se dote de moyens d'éclairage adéquats à une intervention hors studio. Les *lampes à quartz* offrent en effet d'énormes avantages sur les traditionnels tungstènes, qu'elles remplacent de plus en plus : elles durent longtemps et vieillissent bien, sans perdre en température de couleur ; elles ont un très bon rendement lumineux (rapport entre puissance et consommation) ; elles sont légères et maniables. Légères et maniables : c'est vrai des soft-lights aux mini-brutes, ça l'est *a fortiori* des mandarines et blondes respectivement de faible et moyenne puissances, petits projecteurs (équipés d'un réflecteur parabolique et dotés d'un réglage de distance lampe-réflecteur) donnant une lumière directionnelle qu'on peut évidemment diffuser ou réfléchir. Avec les mandarines et blondes, en quelque sorte projecteurs de poche adaptables n'importe où, la gamme des

---

38. En 1978, Bruno Nuytten déclarait ainsi : « *Aujourd'hui, on se contente de donner l'illusion de profondeur de champ en utilisant des foyers courts, plutôt qu'en éclairant de manière à fermer le diaphragme, ce qui ne serait pas, sur le plan de la production, rentable. (...) Seule la perspective change. (...) Ce sont les données économiques qui dictent leur loi (absence de lumière)* », *Cahiers du cinéma*, n° 289, juin 1978.

quartz fournit un attirail assez complet permettant d'opérer en sites réels, où se tournent désormais la grosse majorité des films (39).

Il convient d'évoquer également ici, quoi qu'elle soit continue depuis la Nouvelle Vague à nos jours, l'évolution des accessoires permettant de moduler l'éclairage (le circonscrire, le rediriger, le diffuser, le tamiser, le recolorer, etc.). Les outils traditionnels demeurent, bien entendu : volets, drapeaux, mamas, tulles, miroirs, calques, verres dépolis, gélatines, etc. Mais les accessoires se diversifient et s'adaptent au tournage hors studio, non sans recourir à des matériaux nouveaux et légers. Citons par exemple l'emploi comme réflecteurs de plaques de polystyrène (blanc, ou recouvert de papier métallisé argenté ou doré), l'emploi comme diffuseurs d'écrans translucides en plastique (les spuns). Sans parler de l'adaptation du matériel de machinerie, comme les barres-supports « varipoles » permettant de fixer des lampes sous les plafonds en intérieurs réels, en lieu et place des passerelles au-dessus des décors sans plafonds du studio.

Ainsi, quelle que soit l'insipidité de la photographie dominante durant la décennie soixante-dix, le fait d'importance est que, la plupart des films se tournant désormais hors studio, l'on se dote (et se dotera toujours plus jusqu'à nos jours) de moyens d'éclairage nouveaux, adéquats pour façonner la lumière au sein même du monde.

Ce mouvement, bien entendu à la fois esthétique et technique, commence dans les années soixante-dix. Car, à côté de la platitude dominante, cette décennie sera celle d'un début de retour — ou plutôt de retours partiels et variés — vers une certaine théâtralisation lumineuse. Retour(s) d'ailleurs impulsé(s) par une nouvelle génération de cinéastes peu ou prou irradiés par la Nouvelle Vague (fusionnée comme il se doit à une solide cinéphilie classique), mais qui souhaitent regagner en licence poétique, sans pour autant retomber dans les ornières du studio académisé.

Mouvement qui vient surtout et comme naturellement des Etats-Unis, où l'onde de choc Nouvelle Vague rencontre la tradition classique la plus forte, saine et vigoureuse. Bien que marquée par la Nouvelle Vague et le « cinéma dans la rue », qu'elle reprend d'abord à son compte tout en le prolongeant volontiers à l'intérieur même du studio (caractéristique de l'école dite naturaliste américaine, d'opérateurs comme Laszlo Kowacs, Gordon Willis, Vil-

39. De très bon rendement lumineux, les quartz (puis les HMI) autorisent même des lampes autonomes, alimentées par batteries plus ou moins portatives.

mos Zsigmond), apparaît une jeune garde américaine qui retrouvera bientôt une lumière travaillée, construite. Au fond, le retour à une image théâtralisée (hors comme en studio), on le doit surtout, dès ces années soixante-dix, à cette génération américaine qui ne tardera pas à afficher bien haut son maniérisme néo-classique : Cimino, Coppola, De Palma, Leone, ou encore Scorsese (40). C'est principalement des Etats-Unis, bien sûr, et notamment grâce à ces auteurs-locomotives (en quelque sorte précurseurs des années quatre-vingt), que la photographie classique, comme revigorée par un bol d'air frais, remontera la pente, retrouvera de l'élan, au fil des seventies (41).

Cependant, partout ailleurs aussi en cette décennie post-Nouvelle Vague, la rethéâtralisation est sensible chez des auteurs qui avaient d'abord rompu avec l'éclairage classique du studio : notamment Resnais (de *Stavisky* à *Providence*, pour s'en tenir à la décennie soixante-dix), Fassbinder, Oshima, ou Bertolucci. Sans parler de Truffaut et de ses héritiers, de Doillon à Téchiné ; ceci relevant si l'on peut dire d'une autre histoire, celle du déjà vieux cinéma moderne. Né en Italie dans les années cinquante, grandi en France dans les années soixante, et bien qu'il trouve un dernier écho dans l'Allemagne des années soixante-dix (le premier Fassbinder, Thome, Wenders), ce cinéma est désormais parvenu à un carrefour : quitte à s'éloigner toujours plus du moule originel, bien des enfants de la modernité se lancent à alors à la reconquête du théâtre (42).

Mais ceci reste accessoire (très minoritaire) au regard de ce qui se passe plus généralement sous nos yeux depuis cette décennie charnière. Groggy suite aux années soixante (notamment en France), le classicisme lumineux résiste naturellement mieux aux USA (et ailleurs), d'où la nouvelle génération maniériste va bientôt relancer le code, rejouer des codes, au second degré. Le classicisme retrouve un second souffle. C'est qu'il a mué et migré tout à la fois : on opère désormais dans le monde même, où l'on ira vers une

---

40. Retour plus modulé chez Scorsese, qui conjugue une lumière plutôt documentarisée comme celle de *Mean Streets* et plutôt théâtralisée comme celle de *Raging Bull*. Ou, plus tard, peu théâtralisée dans *After Hours* et nettement plus dans *La Couleur de l'argent*.

41. Woody Allen (*Annie Hall*, *Intérieurs*, *Manhattan*) retrouve lui aussi une relative théâtralité lumineuse au sein même du réalisme ; son opérateur Gordon Willis travaillant notamment, en noir et blanc, le niveau d'exposition de l'image, le *feeling* signifiant ainsi donné. (Voir son entretien avec Dennis Schaefer et Larry Salvato, *Masters of Light*, *op. cit.*).

42. On a souvent dit que les Italiens, qui furent les premiers à sortir du studio (Rossellini et De Sica en tête) ont été les premiers à y retourner (Visconti et Fellini en tête). La formule semble exagérée : l'Italie conjugue le retour au studio avec une solide veine réaliste.

distorsion expressive croissante de la lumière, au fil des années soixante-dix et quatre-vingt.

S'ouvre ainsi l'actuelle période de retour au(x) code(s), selon des modes ou allures diverses (fatigué, maniéré, ou dopé).

Les années 80

Une décennie marquée par un retour quasi généralisé au sculpté classique de l'image, non sans fortes inclinaisons maniéristes. Néanmoins, il ne s'agit pas d'un tout homogène, mais au contraire d'un processus divers et inégal : période hybride ou ébullition prometteuse ?

Le plus gros de la production actuelle ne mérite pas d'être qualifié de maniériste, tant elle reste académisante, d'Anneau à Serreau via Chatilez : maintenant qu'est passée (et séchée) la douche de la Nouvelle Vague, les traditions du studio classico-académique reprennent du poil de la bête. Au mieux retrouve-t-on une certaine tradition de qualité française, de Berry à Tavernier (avec une prime pour *Tchao Pantin*). Réservons cependant l'appellation de maniérisme classicisant aux auteurs américains déjà cités — Cimino, Coppola, De Palma, ou même Scorsese — et, en France, quoique de façon plus conventionnelle, à Blier ou Deville (*Le Paltoquet*), ce qui ne rend que plus remarquable la voie haute empruntée par Resnais (*L'Amour à mort*, *Mélo*) (43). A côté de quoi se développe une mouvance plus contemporaine, associant un look branché venu de la pub ou y conduisant, à des conventions plus ou moins heureusement ripolinées : la diagonale Beineix-Besson (au pire, le P. Adlon de *Bagdad Café*). Une sorte de néo-classicisme kitsch, qu'il faut distinguer d'un maniérisme baroquisant : Greenaway, le von Trier d'*Element of crime*, et autres. Et même d'un maniérisme modernisant : les frères Kaurismaki, le von Trier d'*Epidemic*, et autres (*La Salle de bain* de J. Lvoff, *Erreur de jeunesse* de R. Tadic). Car, si la modernité se définit par un refus des manières, pour cette génération elle est devenue aussi une source de manières (aplats, sur- et sous-expositions, ruptures lumineuses, etc.). Il y a bien sûr de cela dans les premiers Jarmusch ou Carax, mais avec une capacité à conjuguer des manières modernisantes et classicisantes, voire baroquisantes, qui mérite qu'on en traite à part.

---

43. Resnais : grand cinéaste classique d'avant-garde, innovant. Mais non pas (ou plus) moderne.

Globalement, les années quatre-vingt sont donc une période néo-classique, mais avec un bouillonnement maniériste (qui va jusqu'à brouiller toutes les cartes). Certes, la recherche d'effets en tous genres paraît souvent gratuite, rien ne légitimant plus l'effet, qui se donne pour lui-même : cinéma de l'image, fier de l'être, sans retenues, assurément libéré de l'éthique moderne, prenant même volontiers ses aises envers la morale classique (pas d'effet sans cause). Cependant, peut-être y a-t-il au sein de ce bouillonnement quelque chose d'important en gésine. Par exemple, de plus en plus de films, tout en respectant encore une logique lumineuse plutôt réaliste (quoique certains arbitraires typiques du studio, qui ne « passaient » plus depuis les années soixante, reviennent à la mode), vont vers l'exacerbation, l'outrance de celle-ci, ainsi vivement ou violemment théâtralisée (44). Et si aucune vraie ou pure tendance ne se dessine en ces temps de métissage absolu, il semble cependant qu'on puisse déceler (écho de quelque angoisse généralement refoulée) une tentation néo-expressionnisante, patente dans toute une sous-production de clips, latente dans quelques films récents (de D. Lynch à A. Parker, mais aussi dans *Mauvais sang* de Carax, voire même dans *Les Ailes du désir* de Wenders) : les années quatre-vingt-dix seront peut-être plus néo-baroques que néo-classiques, renouant par là avec l'image originellement classico-baroque (expressionniste) de ce cinéma langagier, bouclant la boucle...

Il convient en tout cas de s'interroger ici sur l'avenir d'un certain maniérisme innovant : dès lors que le maniérisme comporte sa propre logique ou dynamique intrinsèque à recycler tout le cinéma antérieur, il pourrait dans le meilleur des cas, quand tout s'y retrouve sérieusement rejoué, déboucher sur un nouveau baroque ou post-classicisme baroquisant (car hybride, mais de façon peut-être fructueuse).

Serait-ce vers quoi s'engage désormais Wenders qui n'hésite plus, dans *Les Ailes du désir*, sur un sujet qui s'y prête mais qui a sans doute été voulu aussi pour cela, à associer des images rosselliniennes (les extérieurs en lumière naturelle sur Berlin en ruine) et des images langiennes (les intérieurs en lumières artificielles construites et contrastées, notamment dans la grande bibliothèque (45) ? C'est en tout cas la voie que me semble emprun-

---

44. Assez caractéristique de ces années est ce propos de Ph. Rousselot : « *Lorsque je fais une photo excessive ou particulièrement visible (...) elle n'est jamais en contradiction avec les lois essentielles du monde. Lorsqu'elle est excessive, c'est qu'elle est l'exagération de ces lois* », *Cahiers du cinéma*, n° 395-396, mai 1987.

45. Il faut reconnaître que Rossellini lui-même, dans *La Peur*, joue de quelques effets « expres-

ter Jarmusch, qui travaille (en plans-séquences) des éclairages complexes, qui travaille d'un film à l'autre mais aussi au sein d'un même film (*Down by Law*) des manières et matières diverses : en vérité plus classique baroquisant que moderne, quelle que soit l'apparence post- de ses images (46). Et bien sûr Carax, dont les films rejouent un peu toute l'histoire du cinéma — de *Boy Meets Girl* à *Mauvais sang* on croise entre autres Chaplin, Epstein, Lang, Laughton, Cocteau, Godard : il y a donc là un fait baroque. Le tout avec une certaine capacité de redécouverte prometteuse. Capacité, en tout cas, à conjuguer réalisme et symbolisme naïf ou enfantin, comme en ces étoilements lumineux déjà rencontrés ici et là dans l'histoire du septième art (chez Epstein, Laughton, Cocteau).

Mais j'anticipe ici à mes risques et périls sur les années quatre-vingt-dix : les années quatre-vingt restent bien pour l'essentiel celles d'un néo-classicisme, et même en moyenne bien sage. Au milieu de quoi émergent assurément les images d'un Wenders, Jarmusch ou Carax. Qu'on ne s'y trompe cependant pas : leurs démarches photographiques ne sont pas (ou plus, au moins en ce qui concerne Wenders) modernes, qui brillent par des éclairages construits, des manières élaborées, des matières recherchées (qu'elles se veuillent brutes ou léchées) (47). Qualifier ces auteurs, ou plus généralement ces années, en vérité « néo-classiques » (plus ou moins baroquisantes), comme « post-modernes », prête à contresens. Par définition, la modernité ne saurait avoir de suite, sinon précisément un retour au classicisme : dès lors que le cinéma n'est plus littéral, dénotatif, anti-métaphorique, il n'est plus moderne (48).

Considération qui vaut d'ailleurs aussi bien pour toute une petite constellation d'auteurs (surtout français) — à commencer par les héritiers de Truffaut, de Téchiné à Assayas — peu ou prou « revenus » de la modernité, partis à la

---

sionnisants », quoique fondés dans le réel (éclairage du laboratoire).

46. Ce que confirme un entretien avec Robby Müller, *Cahiers du cinéma*, n°423, septembre 1989.

47. A lui seul, le « come-back » d'Alekan, auprès de grands maniéristes comme Ruiz puis Wenders, en dit long sur le néo-classicisme actuel.

48. Et de toute façon, nous appelons moderne, par simple opposition à classique, un cinéma qui est déjà lui-même, historiquement et esthétiquement, post-moderne, au sens général de ce terme (témoin du trauma de la représentation depuis la dernière guerre). Néanmoins, cette réserve et cette remarque faites, on peut s'entendre sur l'expression « post-moderne », accepter qu'elle désigne finalement assez bien un certain maniérisme actuel (de Wenders à Jarmusch, de Carax à ...).

reconquête d'une certaine théâtralité, y compris lumineuse (pas n'importe laquelle, pas à n'importe quel prix). Aussi scrupuleuse soit-elle, il s'agit bien là d'une démarche vers un certain classicisme (épuré des lourdeurs du studio d'antan, et évitant les excès maniéristes en vogue).

Ce retour au sculpté de l'image (pour le meilleur ou le pire, qu'importe ici) n'est pas allé sans une évolution technique dont tous les paramètres convergent vers la possibilité d'intervenir toujours plus aisément au sein du monde même ; possibilité dont on usera massivement dans le sens de la transformation du monde en un vaste studio.

Les pellicules couleurs n'ont cessé de gagner en sensibilité : le nombre d'Asa qu'elles titrent, qui avait doublé entre la Nouvelle Vague et les années soixante-dix (de 50 à 100), triple et quadruple au début des années quatre-vingt (de 100 à 250 et 400 Asa). Ce qui permet certes d'opérer avec toujours moins d'éclairage apporté, voire sans, de travailler en seule lumière existante même dans un univers nocturne (urbanisé), comme l'atteste *Neige* de Berto-Roger (1981) où W. Lubtchansky inaugure la pellicule couleur 250 Asa. C'est dire qu'avec 400 Asa (et même 500 maintenant) on pourrait exaucer le vœu de la Nouvelle Vague : ne plus éclairer du tout. Mais, bien entendu, ce que vont très largement autoriser les pellicules hyper-sensibles, c'est un façonnage de la lumière, hors studio, avec des moyens d'éclairage consommant beaucoup moins d'électricité, dégageant beaucoup moins de chaleur, enfin beaucoup moins encombrants et lourds que ceux traditionnellement employés en studio. Comme l'exprime Ph. Rousselot : « *L'apparition de pellicules sensibles a joué un rôle énorme. Il est devenu possible d'éclairer avec moins de lumière* », par exemple « *d'éclairer en séquences de nuit d'immenses décors, ce qui était auparavant infaisable* » (49).

Nonobstant, et quoique Kodak vienne de lancer une pellicule 500 Asa, il est intéressant de noter qu'aujourd'hui on préfère opérer avec des pellicules lentes (environ 50 Asa) pour leurs meilleures définition, finesse de grain et saturation de couleur que celles des pellicules rapides : signe éloquent d'un souci de léché photographique.

De même, il faut noter le peu d'engouement pour la pellicule couleur équilibrée en lumière du jour lancée vers 1985, dans la foulée des HMI : signe qu'on éclaire toujours avec de la lumière artificielle chaude, l'incandescence, surtout en intérieurs, ayant encore de beaux jours devant elle, même à l'époque des HMI.

---

49. Ph. Rousselot, *Cahiers du cinéma*, n° 395-396, mai 1987.

De leur côté, les projecteurs ont connu une importante évolution, une petite révolution même. Au milieu de la décennie, apparaît la gamme des HMI (Osram et autres marques), à double titre particulièrement adéquats pour opérer hors studio : une lumière blanche-bleutée froide comme celle du jour (très caractéristique de bien des films contemporains) et un excellent rendement lumineux.

Qualité de lumière jour, froide, puisque ce sont des *lampes à vapeur de mercure* (et halogénures métalliques), sous haute pression dans une ampoule spéciale. Les HMI s'imposent donc en extérieurs et en intérieurs ouverts à la lumière du jour. En effet, les lampes à incandescence, tungstènes traditionnels et quartz contemporains, à la lumière artificielle, chaude, impliquent une gélatine bleutée devant le projecteur ou un filtre orangé CTO sur les fenêtres, pour équilibrer colorimétriquement la lumière artificielle et la lumière naturelle : il y a quelques années encore, on filtrait ainsi. Désormais, on peut éclairer en intérieurs ouverts au jour sans ces corrections colorimétriques qui mangent beaucoup de lumière, grâce aux HMI. Conséquemment, les lampes à incandescence (tungstènes et surtout quartz) ne servent plus que pour les scènes en intérieurs aveugles ou aveuglés, les scènes de nuit, et en studio. Cependant, les HMI peuvent se « matcher » avec ces lampes, s'adjoindre à elles, puisqu'ils peuvent être équilibrés en lumière artificielle chaude par des gélatines orangées (50). Néanmoins, les HMI n'ont pas tous la même température de couleur (les écarts entre lampes sont même importants), et de plus ces lampes vieillissent en se réchauffant colorimétriquement : il faut veiller à ceci et cela, et donc quand même les corriger par des gélatines.

Excellent rendement lumineux, puisque ce sont des lampes en quelque sorte pulsées (cent décharges électriques à la seconde), requérant donc du courant alternatif (51). Grande puissance d'éclairement pour une faible consommation d'électricité, et sans chauffer : à cet égard encore les HMI sont bienvenus pour opérer hors studio (ils peuvent même être aisément autonomes, alimentés par batteries portatives, pour les petites puissances). S'ils sont équipés de lentilles de Fresnel, on parle alors de luxarcs. Les plus puissants d'entre eux rivalisent même avec les arcs, qui nécessitent du courant continu, qui chauffent beaucoup, et surtout qui consomment énormément : un HMI de 65 Ampères consommant 6 Kilowatts a la puissance du

50. De même, le jour déclinant et le soleil rougeoyant, on peut « réchauffer » ainsi leur lumière.
51. Lampes pulsées en courant alternatif : avec les HMI il faut veiller à éviter un scintillement à l'image.

plus gros des arcs, le brut de 225 Ampères consommant 25 Kilowatts. Mais les arcs servent toujours pour leur grande portée (éclairage de vastes décors) et pour leur faculté à générer des ombres (parti pris esthétique).

Par ces deux qualités, les HMI « *permettent donc une intervention beaucoup plus importante en extérieurs, et de faire des choses très difficiles à réaliser auparavant ; par exemple équilibrer les extérieurs avec les intérieurs, ce qui était impossible il y a quinze ans à moins d'utiliser une telle quantité de lumière que la chaleur en faisait fondre le maquillage des acteurs* » (52).

HMI, quartz et tungstènes, arcs encore ; le tout avec des pellicules hypersensibles et des accessoires toujours plus pratiques (par exemple, les films-plastiques diffuseurs ou réflecteurs) : une véritable panoplie qui permet désormais, tous les opérateurs s'y accordent, de faire hors studio ce qu'on veut ou presque (à condition d'en avoir les moyens financiers : le matériel, les hommes, et surtout le temps). Pratiquement, aujourd'hui, les arcs servent surtout en extérieurs et intérieurs ouverts au jour ; les quartz et tungstènes en intérieurs clos, en studio, et de nuit. Une panoplie qui permet en somme, puisque l'on peut tout faire assez aisément, de traiter le monde lui-même comme un vaste studio.

Le monde pour studio...

Voilà bien ce qui caractérise la tendance générale actuelle, plutôt qu'un retour dans les murs mêmes du studio : une sorte d'abolition de l'ancienne et assurément « démodée » querelle entre en et hors studio. Si tendance dominante il y a, elle consiste bien à recréer un éclairage, parfois totalement, en sites réels, quitte à aller contre les lumières existantes, à tout refaçonner de part en part. Un exemple éloquent : si *Mauvais sang* associe des scènes tournées en et hors studio sans que le spectateur y décèle grande différence, c'est que, pour telles scènes de nuit tournées dans la rue, J.Y. Escoffier a fait éteindre toutes les lumières existantes et a recréé entièrement un éclairage à partir du noir, travaillant en extérieur (nuit) réel comme en studio. L'esprit général du film étant au demeurant de lever toute frontière entre réalisme et irréalisme, d'instaurer un univers délibérément fictif bien que plausiblement vraisemblable. Exemple de véritable fusion entre le monde et le studio, où

52. Ph. Rousselot, *Cahiers du cinéma*, n° 395-396, *op. cit.*

l'on s'est départi complètement de la réalité lumineuse pour mieux la recomposer ; cependant que généralement aujourd'hui on part d'elle pour la distordre ou remodeler. (Du moins a-t-on ainsi une base sur laquelle s'appuyer, serait-ce pour mieux s'en détacher : on verra que travailler à partir du noir absolu, en ou hors studio, n'est pas chose aisée.)

Une démarche, quoique ici radicale, assez caractéristique de toute cette tendance actuelle qu'incarne plus particulièrement une nouvelle génération d'opérateurs (J.Y. Escoffier, Ph. Rousselot, D. Lenoir, D. Le Rigoleur) pour qui il n'y a plus de fossé fondamental entre en et hors studio. Mais, au fond, les Almendros, Berta, Lhomme ou Lubtchansky, dont les filmographies s'inscrivent peu ou prou dans la lignée de la Nouvelle Vague, ne demandent depuis un moment que cela : que le principe naturaliste-réaliste, ou tout bonnement de simplicité-sobriété, n'inhibe pas la licence poétique du cinéaste. Ainsi R. Berta s'adressait-il en 78 à sa famille, dans les *Cahiers* : « *Pourquoi est-ce qu'on nous demande toujours de recréer une lumière naturelle, naturaliste ? Pourquoi on ne chercherait pas une lumière de cinéma, qu'on la sente et qu'on la voie ?* » (et de citer en exemples *La Fureur de vivre* de N. Ray et *Senso* de Visconti) (53).

Bonne question. Mais qui relance l'enjeu plus que jamais actuel et capital autour de l'image en général et de la lumière en particulier. Car il faut s'entendre sur l'art et la manière (et Berta est le premier à le savoir). L'art et la manière, oui, tout cinéaste ne rêve naturellement que de cela. Mais quel art, quelle manière, quelle maîtrise, au service de quoi ? Là est toute la question. Car, ce qui mine aujourd'hui le cinéma, c'est la manière pour la manière, le style pour le style, gratuit, vain, l'image qui n'existe plus que pour elle-même, pour son *look* (qui peut être plus ou moins détestable, plus ou moins quelconque, peu importe ici).

Pour nous faire bien comprendre, prenons deux extrêmes opposés. C'est une chose que certains cinéastes, héritant de la modernité une certaine conception et morale du cinéma, sortent du « degré zéro » du réalisme, gagnent en liberté ou licence poétique par rapport au réel brut tel, n'hésitent pas à rethéâtraliser peu ou prou : ainsi la génération Doillon, Jacquot, Téchiné, Thome ou Wenders ; la génération Assayas, Bergala, Laurent, Limosin, Perrin ou Brisseau (54). Ici, l'art et la manière (lumières, couleurs,

53. R. Berta, « Rencontres avec des techniciens » (2), *Cahiers du cinéma*, n° 284, janvier 1978.
54. Rethéâtralisation plus ou moins poussée. Par exemple, Jacquot ou Thome sont bien plus réservés que Doillon ou Téchiné ; Assayas ou Brisseau le sont moins que Bergala ou Limosin.

décors, scénographie, etc.) n'iront jamais jusqu'à nier le réel, ils en seront la théâtralisation, ils en exprimeront la théâtralité. L'art et la manière seront au service de la révélation de cette vérité du monde que d'être théâtral. Au service de cela et asservis par cela : tout (et n'importe quoi) ne sera pas possible.

A l'autre bout, c'est tout autre chose que des cinéastes pour qui les manières sont la fin en soi de l'art, sont la raison d'être d'un cinéma où — ceci est lié à cela — tout est d'emblée artefact, artificiel, factice, sinon toc : Beineix, Besson, Greenaway, mais tant d'autres avec moins de savoir-faire.

La lumière n'est qu'un élément de cet enjeu majeur et pour tout dire unique : recherche-t-on l'image pour elle-même, la belle image, s'admirant en son miroir, jouant de tous les leurres de sa séduction, ou l'image sera-t-elle d'abord et enfin belle d'être juste, vraie... et qu'importe alors éventuellement sa photographie ? Le culte actuel de l'image, de la photographie, de la lumière sophistiquées est un culte *cinécrophile*. Si la belle photographie est ce qui reste d'un mauvais film, la belle image est ce qui reste d'un cinéma mort, ainsi embaumé.

... et la télévision dans la mire

Aujourd'hui, tout film doit compter avec la télévision, qui est d'ailleurs devenue le pivot de la production : d'amont en aval, du financement à la diffusion, le cinéma dépend de la télévision. Ce qui a assurément sur l'image et sa photographie d'importantes conséquences. Mais la télévision détermine l'image cinématographique de deux façons ou à deux niveaux : directement et indirectement.

Directement. Le petit écran supportant très mal des images en trop basse lumière (low key), les zones d'obscurité y étant rapidement peu lisibles, on aura tendance à éclairer davantage ; de même qu'on veillera à déboucher (éclaircir) les images ou zones d'images jugées trop sombres, à l'étalonnage. La télévision « légitimant » ainsi la hantise du noir, du sombre, du « douteux » ou « sale » que continue d'afficher l'imagerie dominante actuelle, plus que jamais sous influence cathodique. Elle n'est assurément pas pour rien dans la fabrication d'images claires, mais peut-être aussi d'images fortement contrastées, les unes et les autres aisément lisibles sur le petit écran (qui aime bien les contrastes élevés), et si caractéristiques de la production contemporaine.

Indirectement. On fabriquera au contraire un objet visant les salles, en tablant sur une qualité d'image que la télévision ne saurait assurer (en attendant la haute définition). On veillera à des effets lumineux *soft,* on soignera la photographie. Là encore, la télévision fournit (paradoxalement) un bon prétexte, cette fois au léché. De même, on ira vers des grands formats (scope, etc.) pour que le spectateur « *en prenne plein les yeux* » (les salles marchant au même pas : les ciné-temples à écrans géants sont déjà là). Au demeurant, ceci va bien avec cela. Ainsi, aux USA, pour obtenir les meilleurs effets photographiques possibles (effets spéciaux notamment, tellement courants qu'ils ne sont plus si spéciaux que ça) on travaille de plus en plus souvent en format large (70 millimètres), quitte à réduire ensuite au format encore standard (35 millimètres). En somme, le spectaculaire est un point de fuite possible, probable, d'une image cinématographique marquée au plus près par la télévision. Spectaculaire on ne peut plus compatible avec une théâtralisation forcenée des éclairages.

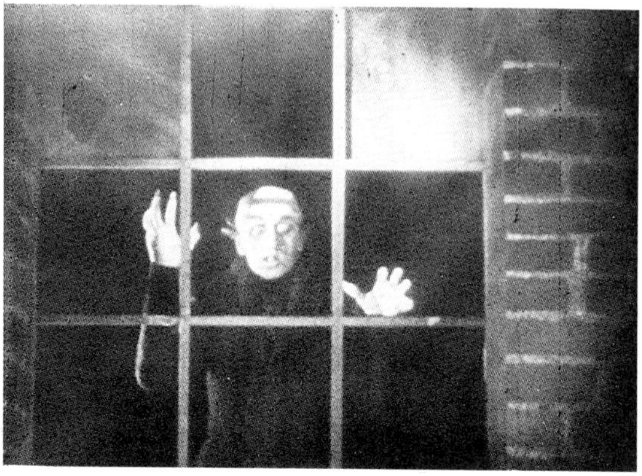

Noirceur et terreur chez Murnau (*Nosferatu*).

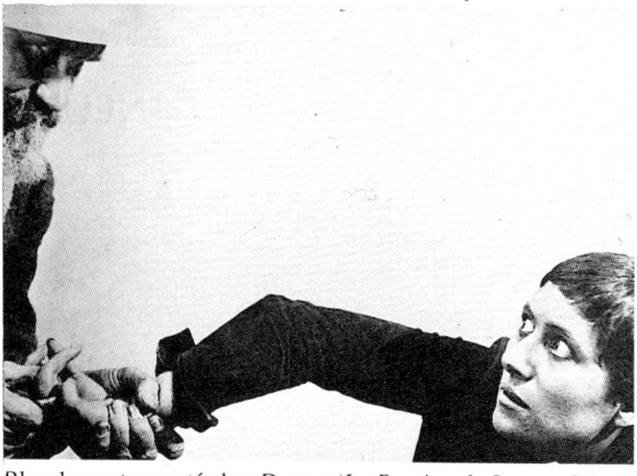

Blancheur et cruauté chez Dreyer (*La Passion de Jeanne d'Arc*).

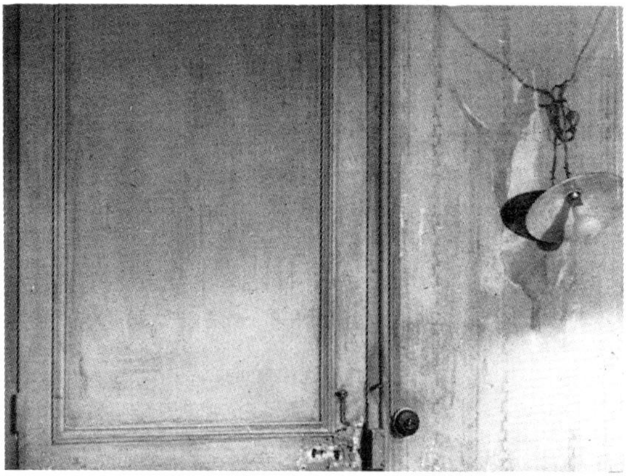

Le gris de la neutralité et de l'opacité chez Bresson (*Pickpocket*).

III. LE LANGAGE LUMINEUX

Symbolique du noir et du blanc

Sous cette appellation, envisageons d'abord une grammaire du clair et de l'obscur, du blanc et du noir. L'art lumineux classique repose sur un affect fondateur, du jour et de la nuit. Il y a là une vaste connotation première, où la clarté ou blancheur est du côté du bien, du bon, de la joie, de la vie, alors que l'obscurité ou noirceur est du côté du mal, du néfaste, de la peine, de la mort (1).

Pourtant, à l'origine au moins, les choses sont plus ambiguës qu'il n'y paraît. L'expressionnisme a été un peu trop vite résumé à cette grammaire manichéenne, réduit en un combat entre blanc-Bien et noir-Mal, entre clarté et obscurité, entre l'esprit et les ténèbres. (Certes, ce combat règle le *Faust* de Murnau, notamment en son début où s'affrontent l'Archange de blancheur et le Malin de noirceur ; néanmoins, à la fin du film où la neige ensevelit Marguerite et son bébé, la blancheur est devenue mortelle). En vérité l'expressionnisme (au sens le plus large : ce sera sensible jusque chez Lang ou Pabst) entretient une formidable ambiguïté, affichant ce que les ténèbres peu-

1. On s'en tient ici à une vaste symbolique. Cependant, la signification ne va pas sans la sensation : telle noirceur sera terrifiante aussi d'être brûlante, telle blancheur le sera aussi d'être glaçante (ou l'inverse), tel gris sera chaud ou froid, etc.

vent avoir de séduisant, d'attirant, ce que l'ombre peut avoir de réconfortant qui enveloppe, protège le corps et repose l'esprit ; et inversement ce que la lumière peut avoir de redoutable, de terrifiant, clarté qui expose, attaque les corps et éblouit l'esprit. L'écran démoniaque (bien plutôt qu'expressionniste : merci à Lotte Eisner) héritant en cela de l'esprit romantique allemand (2).

Le code fondateur est donc originellement ambigu, ouvert. Il a une lecture massive, où blanc égale Bien et noir égale Mal. Mais il a aussi une lecture paradoxale, où cela se retourne. Précisément, il y aura deux héritages possibles de l'expressionnisme.

L'un est direct, évident, et largement dominant. De *L'Aurore* de Murnau au *Jour se lève* de Carné, pour dire au plus vite, le mal(-heur) appelle la noirceur, le bon(-heur) appelle la blancheur (3). Ou encore, version sociale de cette même connotation, dans *Metropolis* de Lang ; les esclaves dans les profondeurs obscures, les maîtres dans les hauteurs claires. Un clivage qu'on retrouverait d'ailleurs à l'échelle de tout le cinéma hollywoodien : d'un côté les films noirs et leur image *low key*, sombre (Warner et RKO notamment), de l'autre les comédies brillantes et leur image *high key*, lumineuse (MGM et Paramount notamment). D'un côté les bas-fonds, la crise (dépression-prohibition), de l'autre la vitrine, le bien-être.

Mais il y a eu aussi des cinéastes qui ont su hériter indirectement, subtilement et paradoxalement, de l'expressionnisme et de l'ambiguïté de son code. Minoritaires certes, mais certainement pas mineurs, puisqu'il s'agit de rien moins que Stroheim, plus encore Sternberg, et *a fortiori* Dreyer. Lesquels (chacun à sa façon, bien sûr) sortiront par en haut de l'expressionnisme, en explorant ce fait que la lumière, le blanc, puisse être plus cruelle et terrifiante encore que les ténèbres, le noir (4). Terreur du blanc : terreur de la lumière et avec elle de l'espace, du temps, de l'esprit à l'état pur. Ce que Dreyer, tout particulièrement, explorera, mettant en jeu dès *Jeanne d'Arc* (et jusqu'à *Ger-*

---

2. Sur la filiation de l'écran démoniaque avec l'esprit romantique allemand, notamment sur le thème du réconfort de l'ombre, voir Lotte Eisner, *L'Ecran démoniaque*, pp. 45-47, *op. cit.*

3. On cite ces deux films car y alternent de façon très lisible des moments de malheur (obscurité) et de bonheur (clarté).

4. Il s'agit bien d'auteurs sortis de l'expressionnisme. Qui marque les premiers Sternberg (*Les Nuits de Chicago, Les Damnés de l'océan, L'Ange bleu*), à l'image attirée par le noir, avant une démarche vers la clarté ou blancheur (*L'Impératrice rouge, La Femme et le pantin*, et jusqu'à *Anatahan*). Qui marque les premiers Dreyer (du *Président* à *Michael* via *Pages arrachées*), l'expressivité photographique s'estompant dans *Le Maître du logis*, avant l'épure de *La Passion de Jeanne d'Arc*.

trud) une blancheur par excellence obtuse, qui de ce fait même ne cesse d'inquiéter. Blancheur dreyérienne (sur laquelle on reviendra à divers titres) qui, pour s'en tenir ici à une connotation entre Bien et Mal, les fusionne (et Bazin notera, à propos d'*Ordet*, qu'elle « *est tout à la fois la couleur de la mort et de la vie* ») (5).

Preuve que le code n'était pas originellement fermé ou « bétonné », ces grands auteurs aussitôt le revisitent, sinon le retournent. Mais le gros du cinéma classique ne suivra pas Stroheim, Sternberg ou Dreyer, qui s'en tiendra à une lecture primaire, massive, du code basique.

Mais encore et surtout, disparaîtra généralement le travail d'une image dont soit la noirceur soit la blancheur exprime quelque terreur. Ce en quoi il n'y avait pas opposition, quoique leurs voies fussent contraires, entre Murnau qui déclare que « *créer de l'ombre est plus important que de créer des éclairages* » (6) et dont toute l'œuvre, à partir de *Nosferatu* et jusqu'à *Tabu*, tend vers le noir, comme celles de Borzage, Vidor ou Epstein (pour ne citer qu'eux) ; pas d'opposition donc entre ces cinéastes de la noirceur et Stroheim, Sternberg ou surtout Dreyer qui tendent inversement mais symétriquement vers la blancheur, autre expression d'une même terreur.

Il convient d'évoquer également le gris. Certes, l'image originelle (sur pellicule orthochromatique) n'est pas sans connaître l'opacité obtuse de gris anthracite, cotoyant des noirs bitumineux et des blancs plâtreux ; il y a là comme une pétrification de matière(s) qui va de pair avec la figure obvie d'une lumière tueuse et de ténèbres mortelles. Densité et intensité du gris qui se tempérera, quoiqu'il en reste quelque chose au travers même de son inféodation à un sens parfaitement obvie, comme dans ces gris métalliques langiens déjà évoqués, puis s'amenuisera toujours plus.

Pour l'essentiel, c'est à l'autre bout du cinéma et de son histoire que le gris nous reviendra, avec la modernité, cette fois comme trace d'un lien opaque et obtus entre l'homme et le monde (de Rossellini à Pasolini, de Bresson à Godard, de Wenders à Garrel) ; de même que chez des classiques paramodernes (à cet égard au moins) comme Dreyer, Bunuel, ou Ozu (plutôt que Mizoguchi). De plus, en toute conscience de convoquer ainsi une couleur ou valeur par nature ambivalente-ambigüe, indéterminée-incertaine ; ce que Dreyer par excellence cultive ou programme (classicisme épuré, où le sens

5. André Bazin, *Le Cinéma et la cruauté*, Flammarion, 1975. Article dans *France-Observateur*, 1956.
6. Cité par Lotte Eisner dans son *Murnau*, p. 68, Paris, Éd. Le Terrain vague, 1964.

est encore déchiffrable : gris de l'alternative où s'effectuera le choix), ce que Bresson par excellence recueille ou enregistre (pure modernité, où le sens n'est plus déchiffrable : gris de la neutralité où butera la compréhension).

Enfin, il nous faut penser un aspect particulier de la déperdition. Au fil de l'âge classique et jusque dans l'académisation (avant même que la couleur ne vienne encore limiter ceci), disparaîtra quasiment le fait que noirceur et blancheur (ou encore griseur) puissent être cliniques ou pathologiques. Au point de mettre en péril le corps du monde et de l'homme, menacé de peste noire dans le plan murnaldien ou epsteinien, de lèpre blanche (ou encore de mal gris) dans le plan dreyérien : plans carnivores ou vénéneux, doués d'un pouvoir vampirique d'engloutissement ou de contamination photographique envers qui s'y aventure. (Ainsi dans *Nosferatu* ou *Vampyr*, mais ce sera encore le cas à la fin de *Tabu* ou de *Gertrud*). En revanche, la noirceur d'un Clouzot, par exemple, quoique toujours dramatisante, n'aura plus cette puissance murnaldienne ou epsteinienne, n'engloutira plus le monde imagé (êtres, lieux, choses).

Or, ce clinique ou pathologique nous reviendra pour l'essentiel après-guerre (7). Y compris dans un cinéma encore assez classique comme celui de Franju (noirs cliniques), *a fortiori* dans un cinéma au classicisme depuis toujours débordé ou fissuré et plus que jamais menacé, comme chez Bunuel (gris cliniques) ou chez Bergman (noirs et blancs pathologiques) ; auteurs peu ou prou « para-modernes » (historiquement sinon esthétiquement) en ce sens qu'inscrivant au sein de la représentation un trauma sinon une butée. (Mais Dreyer, dont l'œuvre poursuit après guerre sa voie vers la blancheur, n'est pas à isoler de la notion de classicisme « para-moderne »). Bergman étant sans doute celui des baroques qui retrouvera et exacerbera au plus haut point non seulement l'ambivalence du noir et du blanc, tous deux cruelles couleurs de mort, mais encore leur pouvoir d'envenimement photo-chimique (de même que Fassbinder, lorsqu'il opère en noir et blanc : *Effi Briest*, *Le Secret de Veronika Voss*).

Cependant, la modernité nous détache des connotations classiques, fussent-elles l'expression d'un trauma comme chez ces auteurs, libère noirceur et blancheur de leur codification ancestrale. Autre chose se produit, à un autre niveau qu'une grammaire du noir et du blanc (ou gris). Obscurité et

7. Sans avoir jamais complètement disparu, heureusement : *L'Atalante* de Vigo sauvegarde une inquiétante noirceur, douteuse et contagieuse.

clarté, fondamentalement données par le monde, peuvent ici porter atteinte à la pleine et transparente intelligibilité du monde. Bouché au noir, brûlé au blanc, opacifié au gris, c'est le lien entre l'homme et le monde qui ne fait plus évidence. Et ceci peut aller jusqu'à la figure de l'écran tout noir ou tout blanc, point limite de l'expression d'un irreprésentable, point final de la représentation : voir notamment chez Duras ou chez Garrel (figure, parmi bien d'autres, que n'ignorent pas Bergman ou Fassbinder).

Ce dont témoigne assez le statut de la blancheur dans la modernité, de Rossellini à Bresson, de Pasolini à Antonioni, de Wenders à Garrel, ou encore chez Godard : silence de Dieu (au moins chez les trois premiers), béance ou blanc de la représentation, conscience interpellée et aveuglée, plan offert en holocauste (8). Blancheur prenant ici une décisive ambiguïté : trace d'une présence absente, signe d'un lien enfoui. Ou encore, mélange d'innocence et de faute, de candeur et de terreur (d'*Allemagne année zéro* au *Journal d'un curé de campagne*, d'*Accattone* au *Petit soldat*). Blancheur qu'on ne peut décidément plus interpréter unilatéralement (fusion du Bien et du Mal), plus que jamais obtuse (9).

Autre code, autre langage, certes. Atteignant néanmoins les limites paradoxales du code langagier : nous sommes en même temps en deçà puisque clartés ou obscurités sont rencontrées et prélevées, et au-delà, puisque sur- et sous-expositions sont comme la dernière métaphore possible, la métaphore inter-dite d'un interdit.

8. Silence de Dieu : de même dans *Les Communiants* de Bergman, où cependant la blancheur est instaurée (par le décor) et cultivée, et avec elle ce sens métaphorique. Un film limite : sur le fond, modernité, sur la forme, classicisme épuré.

9. En revanche, dans *Lola* de Demy, bien qu'il s'agisse d'une remarquable photographie moderne, la blancheur (image parfois légèrement surexposée) a des connotations plus classiques : il y a en elle de la gaité, insouciance et innocence mêlées, et la trace de l'effacement du souvenir (plutôt que d'une conscience aveuglée).

Puissances fonctionnelles
native-létale et hypnotisante/alarmante

Avant d'aborder les fonctions langagières les plus repérables, il faut relever deux puissances inhérentes à toute lumière cinématographiée. Puissances occultes : toujours présentes, que l'on en joue ou non. Puissances occultées : si elles peuvent assurément prendre figure et/ou faire fonction (s'exprimer dans le langage), on se gardera généralement d'en jouer.

Du côté de ce qui est regardé par l'image, enregistré en elle, c'est-à-dire des corps (êtres, lieux, objets), se manifeste une puissance native-létale : cette faculté qu'a la lumière d'engendrer et d'annihiler les corps, qu'ont clarté et obscurité de consumer ou dévorer les corps. Puissance princeps, première et dernière, de cette lumière sans laquelle rien ne peut exister à l'image, par laquelle tout peut disparaître de l'image : sur le suaire de l'écran, il n'est des corps d'autres soupçons ou traces que lumineuses. Ils n'ont d'autre matière que de lumière.

Cette puissance était vigoureusement à l'œuvre dans le cinéma originel. Dans l'expressionnisme, la matière pétrifiante (noirs, blancs, gris comme minéraux) ou corrosive (plancton de photons grignotant tout) avait rendez-vous, en une formidable étreinte, avec la manière menaçante (angularités agressives) ou assassine (clartés brûlantes, ténèbres engloutissantes). Jusqu'à ramener les corps à l'état de poussière, et avec eux la lumière à l'état de poussière du temps — ici déjà, ici surtout : lumière, matière du temps —, comme dans *Nosferatu* (10).

Il est vrai qu'autrefois la nature de la pellicule, de même que le tremblement lumineux dû à des questions de phase entre caméra et projecteurs, de même enfin que les ouvertures et fermetures à l'iris, fragilisant la pérennité et la luminosité de l'image, participaient (*nolens volens*) de cette mise en péril, en sursis, des corps.

Cette puissance fonctionnelle capitale, qu'est-elle devenue par la suite ? Si certains genres (épouvante-fantastique ou thriller) continuent à en jouer, c'est de façon moindre : la lumière peut encore y être physiquement agressive (par son incidence ou ses angularités, par la dureté de ses contrastes), elle peut encore frapper, elle ne mine plus chimiquement. Ne brûle ou ne dévore

10. Sur la lumière (*a fortiori* primitive) comme « matière du temps » (bitume, gel, poussière, etc.) ; sur sa capacité à ronger ou saisir les corps : voir le bel essai de Jean Louis Schefer, *L'Homme ordinaire du cinéma*, Paris, Éd. des Cahiers du cinéma/Gallimard, 1980.

plus. Partout ailleurs la lumière (clarté ou obscurité) ne menace plus les corps : elle leur assure au contraire pérennité sinon sérénité d'existence. C'est cela, la fameuse lisibilité classique : la confortable assurance de l'image, du monde, des corps.

C'est après la guerre et avec l'inquiétude sur le monde qui en est sorti qu'on verra certains baroques réactiver (théâtralement) cette puissance, réactiver une lumière brûlante ou engloutissante (Bergman, notamment : ne citons que *L'Heure du loup*). Et qu'on en retrouvera (documentairement) la trace dans la modernité : données par le monde, clartés ou obscurités touchant à sa lisibilité (jusque dans l'image aveuglée ou bouchée) de même qu'à celle des corps, qui ne sont plus tenus à l'abri des aspérités lumineuses du réel. Garrel par excellence nous ramenant cette puissance première et primative de la lumière au cinéma, en une genèse et liturgie photochimique des corps, tant perdue depuis Murnau (11).

Du côté de ce que regarde l'image, c'est-à-dire des spectateurs, se manifeste un pouvoir hypnotique. Là encore, peut-on parler de fonction (d'outil langagier) à propos de ce qui s'impose comme inhérent à la lumière cinématographiée : cette capacité de subjugation par miroitement ou scintillement, cette puissance à l'aveuglement par éblouissement lumineux ou engloutissement ténébreux (12) ? Pour autant tous les films n'en jouent pas avec la même force : on peut parler de fonction quand elle mise à l'œuvre. Ce qui était le cas, de façon chimique, via la matière photographique, dans l'expressionnisme ; ou de façon physique, via la manière dynamique, dans l'école soviétique du montage.

Mais alors, cette sous- et sur-fonction, si le cinéma a su très tôt en jouer vivement, la suractiver même, il faut bien reconnaître qu'elle est ensuite généralement mise en veilleuse, désactivée. C'est que, le plus classiquement, on assure une image à la lumière conventionnelle, sans aspérité, une photographie léchée et lissée dans sa matière comme dans sa manière, au contenu et au cours bien égal (plus grand-chose où le regard puisse s'engouffrer ou s'accrocher). Il faudra, après une nouvelle guerre, une nouvelle inquiétude envers le monde contemporain pour voir réactivée cette puissance lumineu-

11. Gilles Deleuze y consacre quelques belles pages dans *L'Image-temps*, chap. 8, Paris, Éd. de Minuit, 1985.

12. Ce que Lang portera à l'état de figure, dans *Dr Mabuse, le joueur* (1922), via la brillance proprement hypnotisante des lunettes chinoises de Mabuse.

se, quoique autrement dès lors : dans le sens d'un réveil du spectateur, d'une alarme. Par décharges ou flashes lumineux, clignotements clarté/obscurité : mise en état d'alerte, signe d'une conscience éblouie/aveuglée, expression d'un monde paniquant : ainsi du Bergman de *Persona* au Godard d'*Alphaville* (13).

On peut alors parler d'une fonction alarmante de la lumière, sorte de répondant à sa puissance hypnotique. Dans l'expressionnisme, il s'agissait d'envoûter le spectateur, son regard et sa conscience, en convoquant une puissance ensorcelante du cinéma et de sa lumière, en une sorte d'exorcisme par invocation du mal (historiquement ambiant). Chez les Soviétiques, il s'agissait de mobiliser le spectateur, son regard et sa conscience, en convoquant un pouvoir agitateur du cinéma et de sa lumière, en une sorte d'activisme militant. Désormais, il s'agit plutôt d'une panique du regard et de la conscience devant un monde décidément incompréhensible.

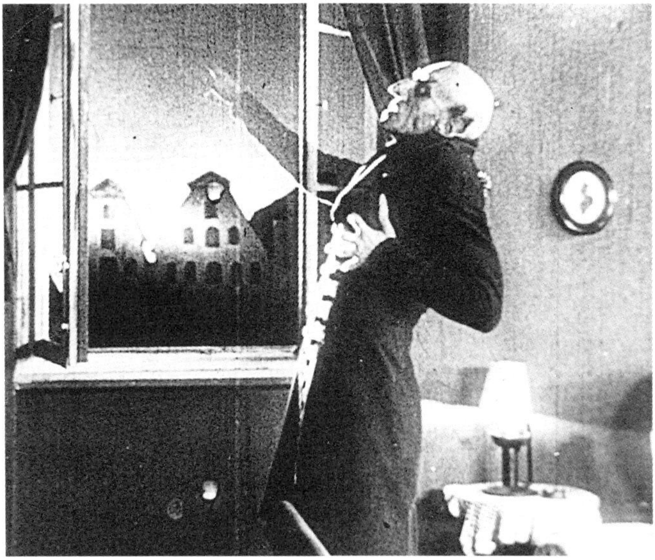

La puissance létale, portée à l'état de figure par Murnau (*Nosferatu*).

13. On reparlera de ces films et de cette alarme dans le cadre de la fonction dynamique-rythmique.

Fonction dramatique

Entendue au sens large, il n'est classiquement guère d'autre fonction de la lumière, essentiellement inféodée à la dramaturgie, contribuant au premier chef aux modulations d'atmosphère dramatique du récit. L'art classique consiste à subjectiviser ou « psychologiser » la lumière en lui faisant partager les drames humains : à tous égards, sous quelque aspect qu'on l'aborde.

Fonction-mère du classicisme photographique, à quoi se ramènent donc toutes les autres (14).

Si la lumière peut être dramatisée, c'est qu'elle s'y prête de par nature. L'art classique va jouer d'un drame proprement ontologique (au plein sens du mot : où l'être de la lumière, et donc du cinématographe, renvoie à l'être en général, humain en particulier). A savoir une dualité, un déchirement de l'être intime de la lumière entre clarté et obscurité, doublé d'une déperdition ou perte ; celle-ci étant l'expression dans l'espace et le temps de ce déchirement : la clarté finit en obscurité (l'un des aspects de l'évanescence de cette im-matière, cette matière-souffle qu'est la lumière). Ainsi Sternberg parle-t-il de « *la dramatique aventure de la lumière* » qui « *part d'un point où elle a le plus d'éclat et s'égare dans une direction jusqu'à perdre toute sa force* », et conclut : « *Le voyage des rayons représente l'aventure et le drame de la lumière. L'histoire de la lumière, c'est l'histoire de la vie* » (si Sternberg exprime la perte, on a vu que Kurtz, face à l'expressionnisme, disait le déchirement, la différenciabilité) (15).

Déchirement constitutif et perte fatale : on mesure la parité profonde entre ce drame essentiel de la lumière et la tragédie existentielle de l'être humain. On le mesure singulièrement dans l'expressionnisme, qui exacerbe le déchirement, c'est-à dire le choc du clair et de l'obscur (voyez Lang ou Pabst), et

14. Aumont a dégagé, avant nous, trois grandes fonctions de la lumière, au cinéma comme en peinture : symbolique, dramatique et atmosphérique — remarquant lui-même que celle-ci n'était qu'une dimension de celle-là. En somme, nous n'aurions à faire qu'à une vaste opération symbolique, se traduisant essentiellement dans la dramatisation et, ponctuellement, en quelques figures symboliques spécifiques (lumière divine, aura lumineuse des êtres surnaturels, paradis surexposé, image négative de l'autre monde ou encore silhouettage). Jacques Aumont, *L'Œil interminable : cinéma et peinture*, chap. 6, Paris, Librairie Séguier, 1989.

15. Josef von Sternberg, « Plus de lumière », *Cahiers du cinéma*, n° 63 et 64, oct. et nov. 1964 (pour la première citation), et *De Vienne à Shanghaï : les tribulations d'un cinéaste*, Flammarion, 1989 (pour la seconde citation).

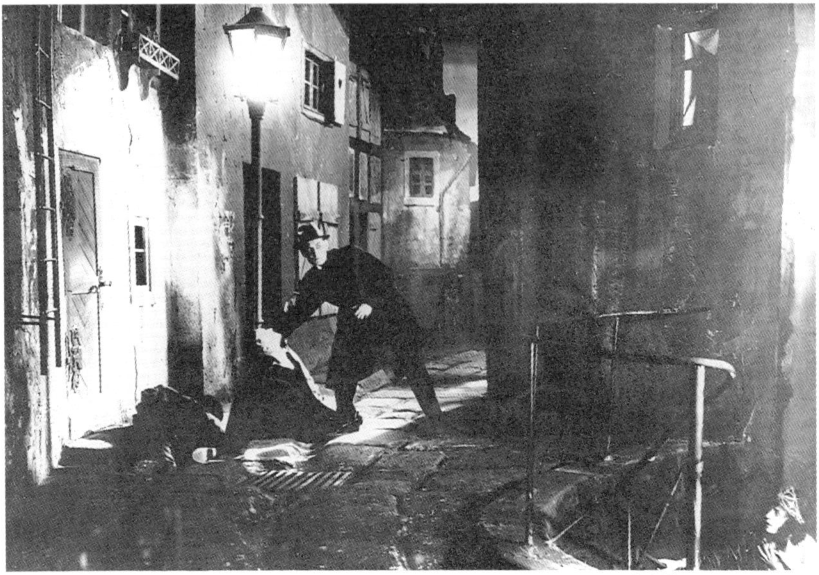

A l'origine expressionnisante de l'art classique, une forte dramatisation était à l'œuvre (*Dr Mabuse*, Lang).

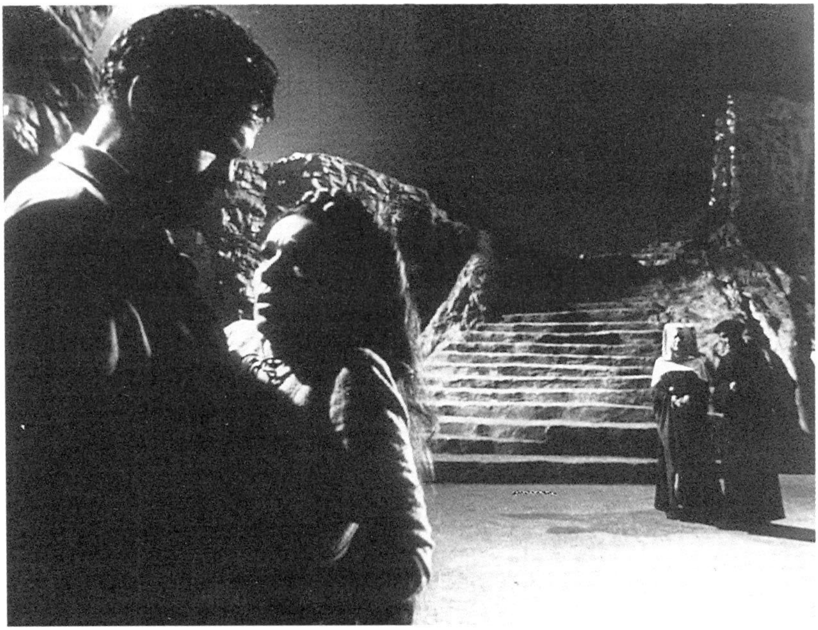

Ce que maintient ou retrouve un Welles (*Macbeth*).

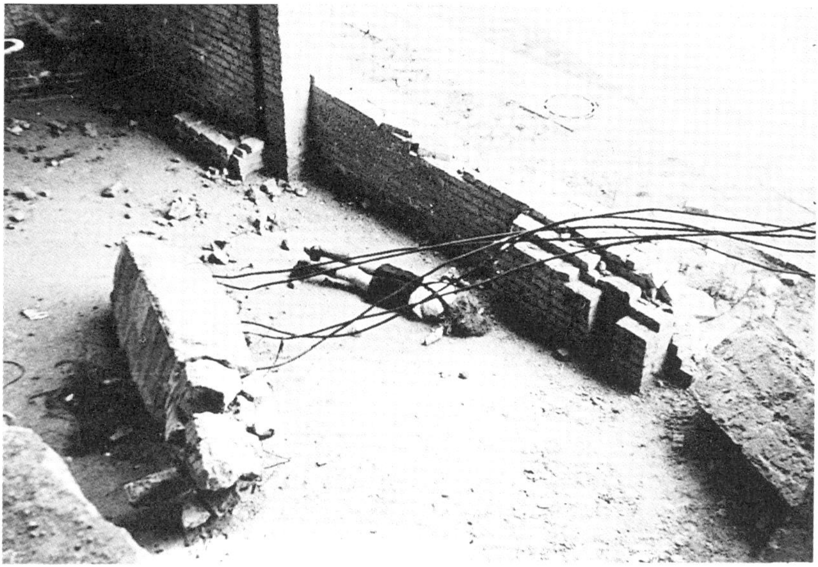

L'indifférence dramatique moderne peut devenir tragique (*Allemagne, année zéro*, Rossellini).

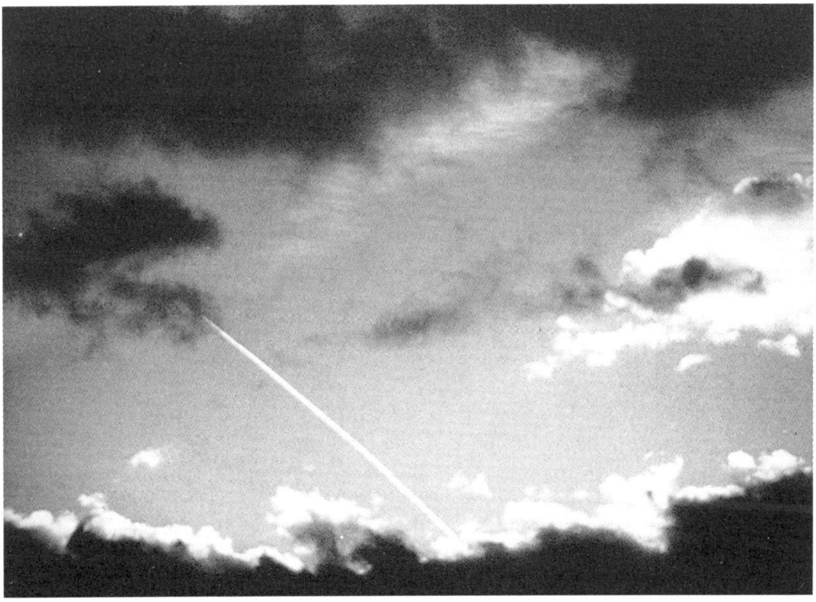

Godard traque des états de lumière pathétiques, chante un grand mystère ontologique (*Passion*).

cultive la perte, c'est-à-dire l'obscurité où se noie la clarté (voyez Murnau). Mais on ira massivement d'une lumière proprement romantique vers une lumière au mieux romanesque. Au fil de l'âge classique, sinon dans les genres les plus dramatiques, le déchirement se tempère, le choc du clair et de l'obscur se calme, on va vers un clair-obscur mesuré. La perte aussi se modère, car on évite toute vraie obscurité : pas d'images trop sombres, pas même en quelque zone, ce qui limite le clair-obscur lui-même. Reste encore une dramatisation, mais assagie, comme auto-limitée aux deux bouts, choc ou dégradé entre clarté et obscurité. Entendons-nous bien : la lumière de *Quai des brumes* (pour prendre un exemple qui se respecte) n'est pas moins dramatisée, inféodée au récit, à la dramaturgie, que celle de *L'Aurore*, mais elle est de moindre intensité dramatique.

Ainsi donc, si elle est originellement l'écho dans le langage du drame ontologique (essentiel/existentiel), la fonction dramatique en sera un écho de plus en plus lointain, effacé, timoré. Et le comble sera atteint dans l'académisation, l'image sur-éclairée, laminant les contrastes, délaissant également les clairs-obscurs, étouffant ainsi la dramatisation. Ceci alors même que sévit une nouvelle guerre mondiale : si l'expressionnisme disait aussi quelque chose du drame qui se déroulait contemporainement dans le monde, l'image académisée n'en dit plus rien (16).

Néanmoins, les classiques baroquisants s'inscrivent contre l'émasculation académique, maintiennent ou retrouvent un puissant souffle dramatique. Ainsi Welles puis Bergman ramènent-ils du déchirement entre clarté et obscurité (ne citons que *Macbeth* et *Othello* ; que *La Nuit des forains* et *L'Heure du loup*) ; ainsi Ophuls et Visconti ramènent-ils de la perte, de l'obscurité (ne citons que *Lettre d'une inconnue* et *La Ronde* ; que *Bellissima, Nuits blanches, Sandra*). C'est aussi que ces esthètes, comme tout artiste classique qui se respecte, ne sont pas prêts de sacrifier l'obscurité cinématographique sur l'autel de la visibilité télévisuelle. Car il nous faut désormais intégrer le règne du petit écran, qui tolère assez bien le déchirement (contrastes élevés) mais très mal la perte (images ou zones sombres) : ceci pèsera sur la production cinématographique moyenne. A quoi s'ajoute il est vrai le passage à la couleur, laquelle limite partiellement les contrastes ; mais pas au point

16. La noirceur d'un Clouzot, non sans rapport avec la guerre et l'Occupation, prouve qu'il n'est pas le plus académique de tous. Encore Clouzot s'en tient-il conventionnellement au code (« ça va mal » : une image sombre). La blancheur rossellinienne, celle d'*Allemagne année zéro*, en dira autrement plus sur le hiatus entre l'homme et ce monde, décidément incompréhensible.

d'empêcher une nette dramatisation, assez de films en témoignent. Croire qu'en soi la couleur s'opposerait à l'expressivité lumineuse est une erreur : c'est oublier (outre les *Contrebandiers de Moonfleet*) tels Cukor, Sirk ou Minnelli, Ford ou Mankiewicz, Kazan ou Ray, Fuller ou Resnais, etc. Et les baroques, de Visconti à Fellini, de Fassbinder à Schroeter ou Ruiz, le confirmeront amplement.

Rappelons enfin que les baroques, face au mode contemporain, travailleront une dramatisation lumineuse insensée (Bergman, Tarkovski) ou absurde (Fellini, Ruiz), exprimant ainsi théâtralement la vérité de ce monde. Mais nous retrouverons mieux ceci en envisageant plus loin le travail de la lumière dans l'espace et dans le temps.

Drame ontologique, disions-nous. Cependant le classicisme force la véritable nature de la lumière, sa réalité, en cultivant le drame, en exacerbant le déchirement ou la perte ; mais d'abord et surtout en connectant (connotant) le drame lumineux avec le drame humain. Sa différenciation dramatique (à l'écran) renie l'indifférence muette de la lumière (dans le monde).

Dreyer le premier, dès *La Passion de Jeanne d'Arc*, dès 1928, a perçu que l'indifférence dramaturgique de la lumière pouvait être plus terrible, littéralement tragique, que sa différenciation dramatique. Ce sera sa signature que de faire baigner de pures tragédies dans une lumière neutralisée (or rien n'est plus terrible que le neutre), résistant en tout cas à surenchérir aux drames humains (*Dies Irae*, *Ordet*, *Gertrud*). Pour mieux dire, il franchit le mur de la dramatisation : sa lumière est plus que dramatique, comme indifférente, par là tragique. De même d'ailleurs qu'il franchit celui de la métaphorisation : sa lumière est plus que métaphorique, comme immanente, par là littérale. Par un processus d'épure et de compression, Dreyer se portait ainsi aux limites de la forme classique, approchait d'une certaine façon la modernité. Cependant, sa lumière si admirablement réfléchie n'est pas vraiment moderne, de ce fait même, d'être tant pensée. Car la modernité saisira la lumière (comme le reste) de façon bien plus intuitive, dans sa véritable immanence, comme pur et simple affect du présent, au présent (17).

Affect indicible et non drame racontable, au présent et non construit : si le mutisme de la lumière (moderne) peut être bien plus léger que son éloquence dramatique (classique), il peut être aussi bien plus grave.

---

17. Même chez Bresson : lumière plus immédiate, et plus littérale, que chez Dreyer. D'où la seule réserve qu'on puisse faire envers la catégorie deleuzienne de « l'abstraction lyrique », regroupant Sternberg, Dreyer et Bresson : de l'un à l'autre, l'abstraction est de moins en moins « lyrique ». Gilles Deleuze, *L'Image-mouvement*, chap. 7, Paris, Éd. de Minuit, 1983.

D'un côté, il y a là une légèreté du monde, de sa lumière sans projet signifiant. Même en cas de drame, comme à la fin du *Mépris* ou de *Pierrot le fou*, comme dans *L'Enfance nue* ou *La Mort d'Empédocle*. (Par ailleurs, les modernes saisiront combien l'indifférence-insignifiance peut être insouciance. Des *Fioretti* de Rossellini à *Uccellacci e Uccellini* de Pasolini : nature, lumière où nous sommes reçus comme des bienheureux, enfin simples d'esprit, rendus à nos enfantillages : innocentés, lavés du savoir, c'est-à-dire du sens calculé. De même en toute comédie moderne, de Rohmer à Rozier, de Moullet à Moretti, où la lumière n'est pas dé-dramatisée, autrement dit rendue gaie : où elle est et reste telle, naturellement légère).

D'un autre côté, il peut y avoir en cette indifférence une formidable gravité du monde, puisqu'on ne saurait l'appréhender et s'y appréhender. Béance terrifiante. Dans la neutralité bressonienne (rossellinienne, pasolinienne...). Dans ces taches aveugles (sur- et sous-expositions), écho lumineux d'un affect, d'un trauma provenant de cet irreprésentable qu'est ce monde sans sens et nous errant dedans, exilés de l'intérieur aux malheureuses existences : chez Antonioni, Wenders, Garrel notoirement (c'était déjà la fin d'*Allemagne année zéro* : le suicide dans la blancheur) (18). Et on retrouve de cela, autrement, chez Godard aujourd'hui, qui prélève volontiers dans le monde, dans la nature comme dans la civilisation, des lumières pathétiques, dont la beauté est le commencement de la terreur que nous assumons, puisque voici une beauté insensée, impensable (c'était déjà la fin de *Stromboli* : « *Quel mystère... Quelle beauté* », devant la nature et sa lumière, nuit étoilée – aube nettoyée).

Au fait, ce pathétique godardien, non dépourvu de romantisme, qui marque toute son œuvre récente (et comme crescendo depuis *Passion*) est à ne pas confondre avec une dramatisation classique, une inféodation de la lumière au récit (19). En revanche, on peut dire que Godard retrouve documentairement une tragédie essentielle et existentielle que depuis ses origines le classicisme a bien perdue de vue. Cependant, la démarche est fondamentalement moderne : Godard enregistre, à partir de ses lumières mêmes (recherchées et com-

18. Nonobstant, on peut trouver dans la modernité une forte opposition, déchirement ou choc, entre clarté et obscurité, blancheur et noirceur. Mais cette fois dans le sens d'un hiatus, d'une incommunicabilité, d'une non-réconciliation. Comme chez Straub-Huillet (*Non réconciliés, Amerika*) ou chez Garrel.

19. Même dans *Nouvelle vague*, le pathétique de la lumière naturelle, accentué par des contre-jours obscurcissant tels plans de nature, relève bien moins d'une inféodation classique à la dramaturgie que de l'enregistrement d'un mystère du monde.

quête d'une théâtralité, mais fondée en nature. Certes, il y a là culture de la métaphore, mais rencontrée dans le réel et n'exprimant que son mystère. Certes ceci est amplifié par le montage, la succession d'états lumineux pathétiques, mais le langage reste au service d'une inévidence première du monde, qu'il relaye ; la magie cinématographique reste asservie au mystère ontologique, qu'elle prolonge.

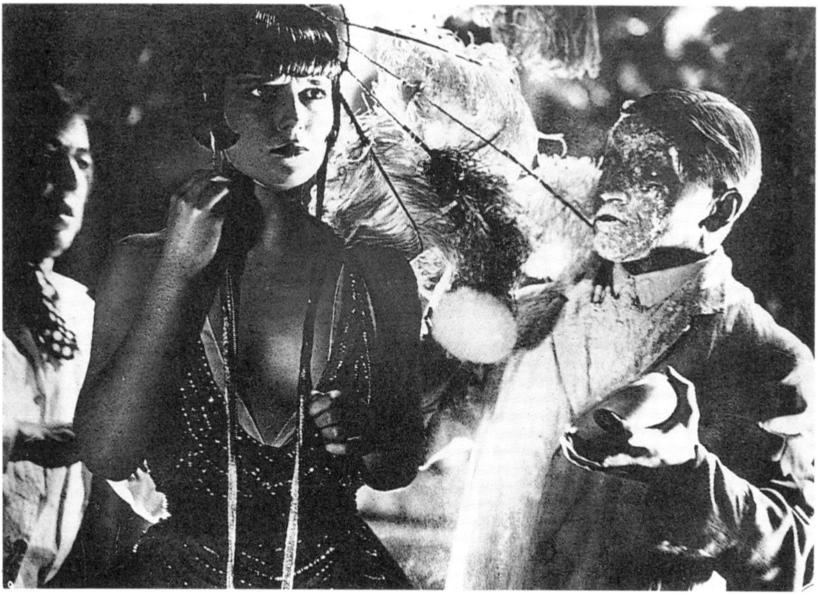

A l'aube expressionnisante du classicisme, la dramatisation n'hésitait pas à porter atteinte au visage (*Loulou*, Pabst).

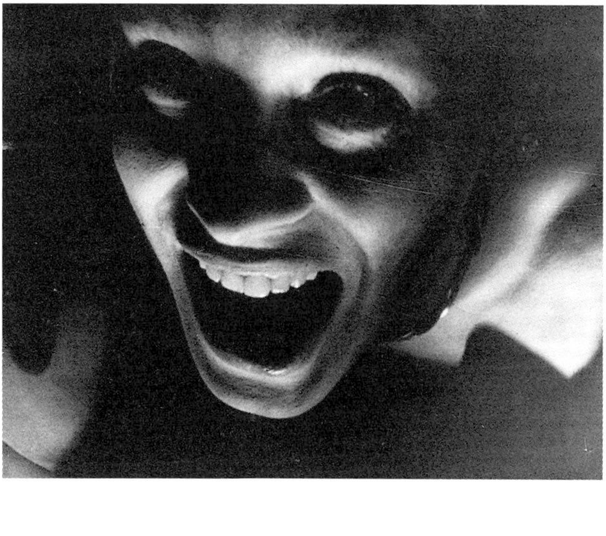

Chez Bergman, l'affaire devient expression de la terreur face à un monde insensé (*L'Heure du loup*).

Faculté défigurante

Qu'un corps, qu'un visage change d'expression si l'on en modifie l'éclairage, ceci relève pleinement de la fonction dramatique, qui s'exerce notoirement ici, sur les visages des acteurs, remodelés par leur(s) éclairage(s) : c'est lui qui donne à la mimique toute son expressivité, qui la relaye, voire s'y substitue (une ombre dessinée sur un visage, et voilà qu'il prend un tout autre sens). Mais un pas crucial est franchi dès lors que la lumière (clarté ou obscurité) s'attaque à ce corps ou visage, l'agresse ou abîme, le griffe ou le mord, le raye ou le rature, le macule sinon le souille : une traînée de lumière, une tache d'ombre, et le voici non pas (ou plus) seulement dramatisé, mais tragiquement supplicié, menacé de morts diverses, infiniment variables (violence volontiers sexuelle de la lumière, on va le voir).

Ainsi dans l'expressionnisme, ne serait-ce que du fait d'attaques lumineuses marquées : citons le viol du visage de Louise Brooks dans *Loulou* de Pabst. Ou, par excellence, chez Stroheim, sur le visage de l'homme et singulièrement le sien (il s'agit bien d'un sadomasochisme lumineux) : ainsi notamment dans *Folies de femmes*. Que restera-t-il bientôt de ce... corps à corps ?

Le plus classiquement, la lumière a généralement cessé de s'en prendre aux corps et aux visages jusqu'à les défigurer ; sinon dans les films fantastiques et d'épouvante, déversoirs d'une monstruosité ailleurs réfrénée. (Remarquons ici que dans *Baby Jane* Aldrich se tient à la limite entre la défiguration monstrueuse qu'appelle le sujet et le respect de l'image de la star). Au contraire, la photogénie classique va dans le sens d'une sublimation-déification du visage de la star, mis à l'abri de l'insulte lumineuse : la dramatisation de l'éclairage doit la transfigurer sans la défigurer (et l'érotiser sans la violenter). Sans doute un Welles retrouve-t-il quelque chose de la déformation sinon dégradation des visages, mais moins lumineuse qu'optique. Cependant que le cinéma académisé (puis standardisé) ne dramatise même plus vraiment les visages, encore moins les agresse ou insulte : l'éclairage garantit au contraire à l'acteur la tranquille assurance de son image, tout comme au spectateur le confort de son regard (et ce qui vaut pour les corps humains vaut aussi pour les décors, pour le corps du monde : la pérennité règne).

Il faudra la modernité pour qu'une autre photogénie se révèle, cessant de tenir le visage de l'acteur (star ou pas) à l'abri du monde, de ses aspérités, aléas et accidents lumineux : il peut désormais être effacé par un contre-jour ou une ombre, gommé par une lueur, etc. Mais la modernité n'y cultive pas un affront ; s'il est, c'est donné par le monde lui-même dans lequel le visage s'inscrit naturellement : elle l'enregistre, sans le forcer vers un sens, elle n'en fait pas une figure, si l'on ose dire. Sinon chez Garrel ou Godard : figure de la mort, perte ou oubli (disparition dans l'obscurité, effacement dans la clarté) ; deux cinéastes dont la démarche photographique consiste d'ailleurs (pas seulement ainsi) à retrouver, au sein même du « tel » réaliste, du dramatique ou pathétique (comme l'art classique ne sait généralement plus guère en produire artificiellement).

C'est bien plutôt du côté des baroques — qui ne réfrènent pas la dramatisation-théâtralisation des éclairages, jusque sur les visages — qu'on retrouve quelque chose d'une altération stroheimienne du visage. Comme notamment chez le Bergman de *Persona* (où la schizophrénie est remarquée par des découpes lumineuses du visage en une moitié claire et l'autre obscure), ou le Fellini du *Satyricon*, le Fassbinder de *Bolwieser*. Et il ne serait pas étonnant qu'aujourd'hui, en ces années rétro démangées par un néo-expressionnisme baroquisant, cette altération réapparaisse ici ou là ; comme c'est d'ailleurs le cas dans *Mauvais sang* de Carax, quoique la déformation optique (manière wellessienne) l'emporte sur la lumineuse (20).

Quoi qu'il en soit, retenons que le cinéma le plus classique protège le visage des conséquences mêmes de la dramatisation, qui devrait logiquement lui porter atteinte. Ce faisant, non seulement il limite le dramatique, mais encore et surtout il occulte le tragique : ce à quoi l'altération du corps renvoie assurément, le travail de la mort.

Retenons enfin que la lumière a décidément à voir, et de près, avec les états du corps (de l'homme, du monde)...

20. Déformation soulignée par Jacques Aumont, sous le titre « Le dévisage », lors du Colloque « Cinéma et peinture, empreintes, emprunts », de juin 1989 au Musée du Louvre.

Fonction architecturante / abstrayante

L'écran est plat : outre les déplacements d'acteurs ou d'objets et de caméra, c'est la lumière (clarté et obscurité) qui, avec le décor, donnent l'impression du relief de l'image. L'écran est un rectangle horizontal : outre les mouvements d'appareil, ce sont les lumières et ombres qui, avec le décor ou à sa place, permettent de rompre (illusoirement) avec ce rectangle, de donner à l'image des contours variables, et de subvertir son horizontalité, de lui donner des lignes de force diagonales ou verticales. Ceci posé, abordons cette fonction.

Le plus classiquement, l'éclairage participe vivement — avec le décor, voire à sa place — d'une forte architecturation car dramatisation de l'espace (on évoquera bientôt le cas inverse d'une abstraction de l'espace). En tout cas, d'une architecturation signifiante : ainsi quand Lang organise, décors et éclairages, un espace carcéral, ou Welles un espace dédalique. (Sans oublier la hiérarchisation, au sein même des décors, entre acteurs et décors).

A l'origine, dans l'expressionnisme où pourtant la lumière participe au maximum de la constitution de l'espace, elle est prête à toutes les folies ou démesures imaginables en termes architecturaux. On a souvent souligné à quel point la lumière expressionniste structurait l'espace, l'architecturait puissamment (sans parler du travail de Rohmer sur le *Faust* de Murnau, mettant en évidence le rôle majeur de la lumière dans la composition de l'espace) (21). Il convient de remarquer encore combien cet espace était ainsi tourmenté, cette architecture instable : angularités de lignes brisées, variant sans cesse ; espace fragmenté, basculant, comme tombant en morceaux (*Le Cabinet du Dr Caligari* de Wiene). A l'origine, la lumière joue donc en même temps un rôle chimiquement décomposant (par sa matière, dans le temps) et physiquement déstructurant ou déstabilisant (par sa manière, dans l'espace) (22). Ce en quoi elle menace l'intégrité et la pérennité du corps du monde, tout en agressant le corps humain par ses angularités vives et actives. Et que dire du montage soviétique, désarchitecturant la lumière d'un plan à l'autre, dé-composant l'intégrité lumineuse du monde !...

---

21. Eric Rohmer, *L'Organisation de l'espace dans le Faust de Murnau*, Paris, UGE, 1977 et 1979.
22. Pour Rudolph Kurtz, il n'est finalement d'autre constituante de l'espace que la lumière, douée d'une « force formante » unique due à sa *différenciabilité* : l'idée d'architecturation et celle de déchirement (physico-chimique) iraient ici de pair. R. Kurtz, *Expressionisme et cinéma*, *op. cit.*

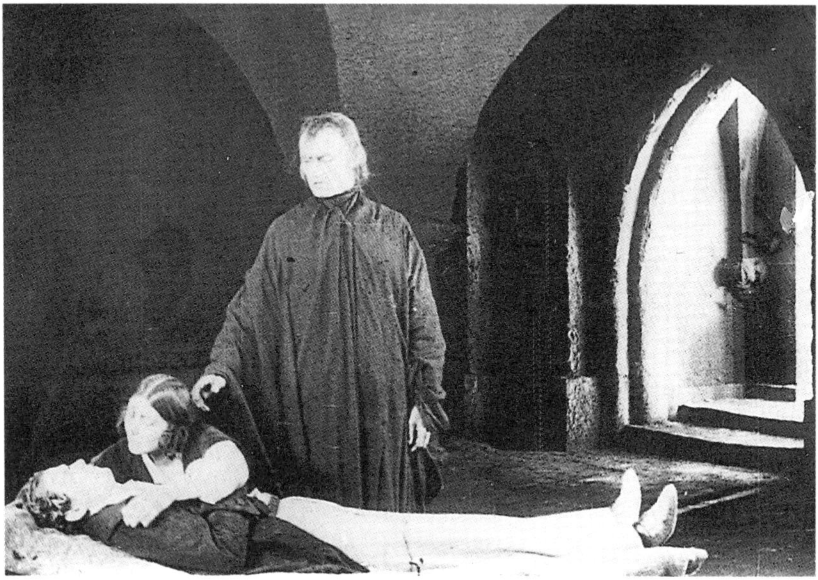

Le rôle de la lumière dans la hantise du champ par le hors-champ (*Les Trois lumières*, Lang).

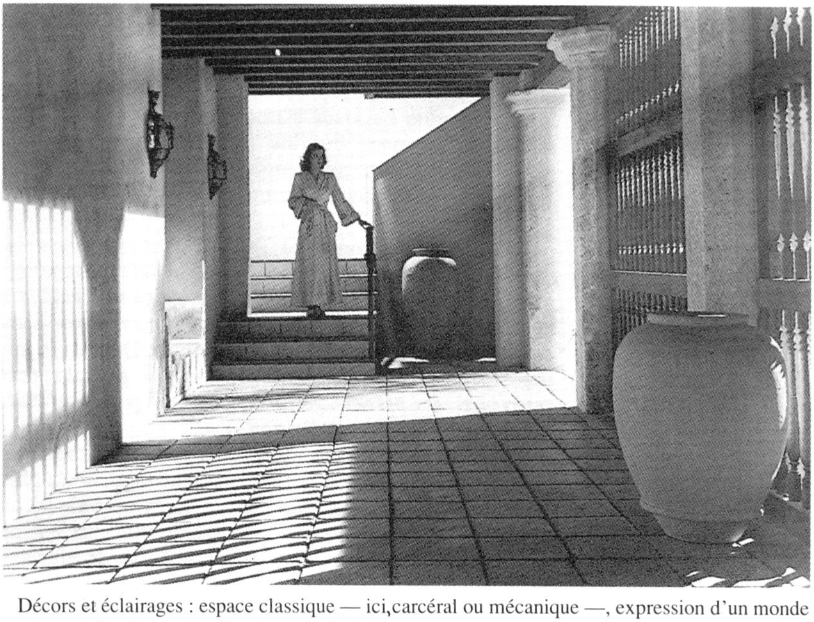

Décors et éclairages : espace classique — ici,carcéral ou mécanique —, expression d'un monde unisensé (*Le Secret derrière la porte*, Lang).

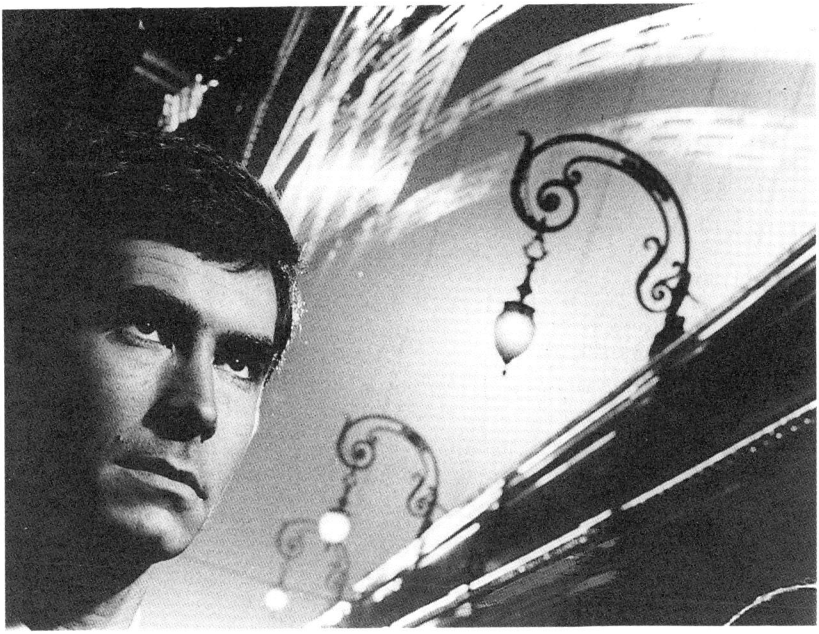

Décors et éclairages : espace baroque — ici, labyrinthique ou kafkaïen —, expression d'un monde insensé (*Le Procès*, Welles)

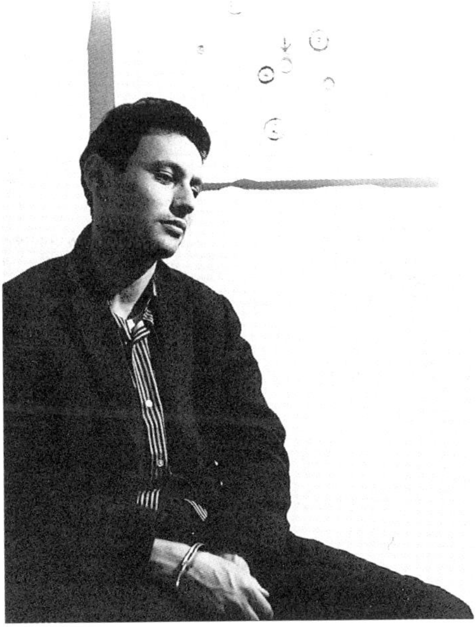

Décors et éclairages : espace moderne — ici, neutralisé ou vidé —, expression d'un monde inévident (*Le Petit soldat*, Godard).

On voit aussitôt ce qui s'émoussera largement, sauf dans certains films d'angoisse : ne citons que *Cat People/La Féline* de Tourneur où la lumière contribue à inquiéter l'espace et participe d'une menace des corps (flottement anxiogène dans la scène de la piscine, angularités assassines dans la scène du bureau d'architecte). On voit bien que, le plus souvent, la lumière cessera d'agresser spatialement les corps. Qu'il faudra un Welles ou un Bergman pour retrouver une inquiétude architecturale de la lumière, réactiver notamment une menace envers la cohérence spatiale du monde (angularités insolites, comme dans *Othello* ou *Falstaff* ; mutations oniriques, comme dans *La Nuit des forains*).

Au même titre, il faut ici examiner un aspect peu exploré du rapport entre lumière et espace : le rôle de la lumière et de l'ombre dans la convocation du hors-champ. La lumière n'exerce pas qu'une force centripète de composition interne de l'image, de structuration du champ (en général centré autour des acteurs) ; elle exerce aussi et en même temps une force centrifuge, renvoyant vigoureusement au hors-champ où elle s'origine le plus souvent : force de hantise, voire d'éventrement ou éclatement du champ. Encore une forme d'inquiétude de l'espace qui était vivement à l'œuvre dans l'expressionnisme : faisceaux lumineux venant du hors-champ et y renvoyant (comme notamment dans *Les Trois lumières* de Lang, 1921, aux décors éclairés par en bas, d'en dessous du cadre, ainsi fantastiquement hantés) et ombres projetées d'un corps, objet ou décor absenté (comme celles de Nosferatu, de M, etc.). Qui était à l'œuvre, quoique autrement, chez un Dreyer : voir dans *Vampyr* cette blancheur qui pousse aux fenêtres, frappe aux portes, menace d'envahir les intérieurs (d'engloutir l'intérieur du corps). Qui s'est relativement assagie au fil de l'âge classique, sinon qu'il en reste quelque chose dans le thriller ou l'épouvante-fantastique, jouant volontiers de cette forme d'angoisse, liée d'ailleurs à de puissants éclairages directionnels sourcés hors-cadre. (On peut rencontrer dans tout film anxiogène des effets ponctuels qui rappellent ceci : irruption dans le champ d'un rai de lumière, où se profile l'ombre en amorce du personnage redoutable. Ainsi dans *Soupçons*, *La Nuit du chasseur*, etc.).

Assagissement sans doute dû en bonne part à la volonté de ne pas être trop irréaliste, ou plutôt de faire oublier l'arbitraire des sources lumineuses, placées dans ce cinéma-là généralement hors champ, ou pour mieux dire hors cadre : le cinéma le plus classique veillera à ne pas trop re-marquer la position arbitraire de l'instance énonciatrice, fabricatrice des éclairages, agissant en coulisses, agençant les projecteurs placés tout autour du plateau.

Hommes de la théâtralité assumée et déclarée, les baroques ou baroquisants comme Welles et Bergman première période (puis Fellini, Tarkovski, Schroeter, Ruiz), réaffirmeront la présence de l'instance manipulatrice hors cadre, et avec elle la puissance non moins manipulatrice du hors-champ. Alors que les modernes, qui de toute façon évitent les effets arbitraires et sur-signifiants, seront retenus par leur souci de légitimer dans le champ les sources lumineuses (les fenêtres légitimeront donc un éventuel renvoi lumineux au monde hors-champ) (23).

Il y aurait ainsi long à dire sur ce fait que dans le cinéma classique-baroque l'inquiétude vient du hors-champ qui est aussi ce hors-cadre où se fabrique cet éclairage théâtral ; alors que dans le cinéma moderne l'inquiétude vient du champ, du monde même, de façon immanente, non pas engendrée par une instance hors cadre (elle est bien là, mais elle respecte le monde, se tient comme à son service pour l'accoucher de ce qui est en lui, qui vient de lui).

Envisageons un autre rapport entre lumière et espace : la question de la profondeur de champ. Qui suppose, comme on sait, d'autant plus de lumière qu'on veut de profondeur. Et qui a eu tendance à être perdue de vue alors que le cinéma s'enfermait en studio pour mieux reproduire le théâtre, et du même coup sa scène peu profonde.

A cet égard encore, l'espace a été comme normalisé, voire vidé d'une forme de hantise en profondeur par montage interne conjuguant-confrontant des espaces disjoints, y compris lumineusement : ce que Welles réactivera (*Citizen Kane*, *La Dame de Shanghaï*, *Le Procès*), ce que Bergman poursuivra (*La Source*, etc.), n'hésitant pas à déstructurer en profondeur un espace en y organisant des sous-espaces lumineusement hétérogènes. *Le Procès* restant comme modèle de confrontation à un espace kafkaïen, par enchevêtrements en profondeur des décors et des éclairages.

Pour le reste, contentons-nous de rappeler qu'ainsi encore l'art classique a longtemps perdu, puis partiellement retrouvé, une puissance langagière (le montage interne en profondeur de champ), l'écriture visuelle (photo-cinématographique : qui dit profondeur dit éclairage) cédant le pas devant un sens alors pris en charge et cantonné dans les dialogues.

23. On en trouve des exemples notoires dans *Le Petit soldat*, *Masculin-féminin*, *Vivre sa vie*, dans *La Collectionneuse* et *La Marquise d'O*, chez Antonioni, Wenders, Garrel, etc.

LUMIÈRE ET PROFONDEUR DE CHAMP

Technique / Pratique

En fonction de l'espace à éclairer, et notamment de sa profondeur, s'établit un rapport triangulaire entre :

- l'objectif utilisé, sa focale et son ouverture (diaphragme),
- la pellicule utilisée, sa sensibilité,
- la quantité de lumière requise.

Plus le diaphragme est ouvert, moins on a de profondeur et moins de lumière est requise. Plus on ferme le diaphragme, plus on a de profondeur, plus il faut de lumière. Par exemple, si l'on ferme le diaphragme d'une division, pour gagner donc en profondeur, il faut doubler la quantité de lumière (ou multiplier par deux la sensibilité de pellicule).

Pratiquement cela veut dire :

- à sensibilité de pellicule égale, moins on éclaire plus il faut ouvrir le diaphragme et moins on a de profondeur ;
- il faut beaucoup de lumière (ou une grande sensibilité de pellicule) pour un plan en champ profond, en général lié à des déplacements d'acteurs, d'objets et/ou de caméra.

Par exemple, pour éclairer en profondeur les vastes décors (en intérieurs, avec plafonds, empêchant l'éclairage traditionnel de studio par le haut, venant de passerelles) de *Citizen Kane*, Gregg Toland s'est servi d'arcs puissants, de grande portée, placés très en retrait des décors.

Plus généralement, la mise en scène de Welles ou d'Ophuls, en profondeur, exige considérablement plus de lumière que celle d'Hawks ou Rohmer.

Historique / Esthétique

Aux débuts du cinéma, on constate généralement une profondeur moyenne, les objectifs n'ouvrant au maximum qu'à f : 3,5, les pellicules orthochromatiques étant peu sensibles, mais la lumière étant nécessairement abondante. Les films des pionniers tournés en plein air et plein soleil ont une remarquable profondeur de champ (à commencer par ceux des opérateurs Lumière).

La profondeur de champ tend à se perdre dès lors que le cinéma s'enferme en studio, reproduisant le théâtre et son espace scénique peu profond. Tout est centré sur le jeu des acteurs, mimiques et (bientôt) dialogues, véhiculant le sens le plus obvie, trop souvent au détriment de l'écriture proprement cinématographique. Cependant que la technologie (objectifs et pellicules panchromatiques plus sensibles) permettait au contraire de gagner en profondeur de champ, pour un même éclairement donné (24).

Bazin relève cette malheureuse évolution tout en saluant comme un plus de réalisme (continuité-intégrité de l'espace-temps, montage interne) le retour de la profondeur de champ chez Renoir, Welles, Wyler. Un propos que retravaillera plus tard Comolli (25).

Cependant les modernes (Bresson, Pialat, Rohmer et autres) optent généralement pour une profondeur de champ et donc pour des objectifs (notamment de 35 ou 50 millimètres) proches de la vision humaine ; ce qui va de pair avec une lumière naturaliste, réaliste, à la fois éthiquement-esthétiquement, techniquement (sauf en extérieur jour, la lumière existante est souvent mesurée) et économiquement (il faut donc en apporter d'autant qu'on veut travailler la profondeur du champ).

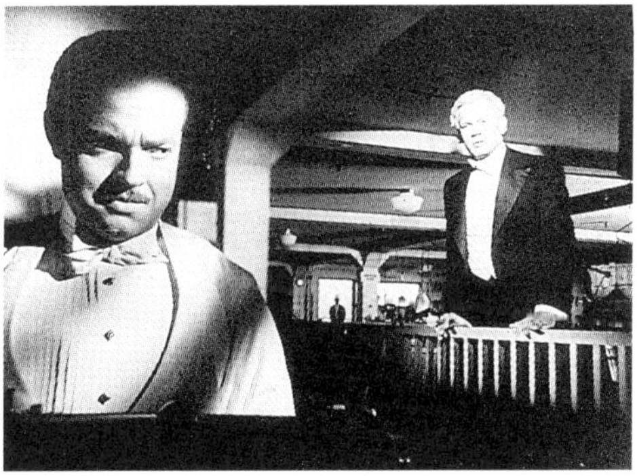

Travailler le « montage interne » dans la profondeur de l'image implique d'éclairer l'espace total du champ en plusieurs strates (*Citizen Kane*, Welles).

24. On a pu dire que des mesures d'économie d'électricité de la part des studios avaient nui à un travail de la profondeur de champ, nécessitant beaucoup d'éclairage.
25. André Bazin, « Évolution du langage cinématographique », *Qu'est-ce que le cinéma ?*, Paris, Éd. du Cerf, 1958-62. Jean-Louis Comolli, « Technique et idéologie », *Cahiers du cinéma*, n° 229-233, 1971 et 1972.

Le plus souvent, la lumière ne joue plus qu'un (gentil) rôle ornemental : elle est là pour remplir l'image, meubler l'espace, et l'agrémenter, le rendre confortable. Car il est une chose enfin dont le cinéma le plus conventionnel a horreur : du vide...

Maintenant, envisageons le retournement sur elle-même de cette puissance architecturante. Au lieu d'être structuré, l'espace peut être indifférencié, gommé ou vidé : on aura des nappes ou aplats de lumière.

L'architecturation de l'espace participe grandement d'un sens obvie, précis, organisé, structuré (comme cet espace), ce en quoi elle est par excellence classique. Tandis que l'indifférenciation de l'espace (-temps) a comme une puissance obtuse, qui nous place face à un univers à la structure (a-structure), comme au sens, ambiguë sinon ouverte, flottante sinon béante.

On ressent déjà ceci chez Dreyer, qui rompra avec l'architecturation classique, recherchera l'abstraction des décors et éclairages. Certes, la lumière dreyérienne, dans son indifférence même, n'est pas insignifiante : elle est à l'image du choix éthique et spirituel maintenu par ses personnages, identique à la puissance de l'esprit (comme l'a si bien souligné Deleuze). Participant parfois d'un espace d'abord alternatif où va s'effectuer ce choix (*Dies Irae*, voire *Ordet*), plus volontiers d'un espace d'emblée indifférencié où ce choix a déjà eu lieu (*Jeanne d'Arc*, *Gertrud*) (26). Mais même si elle a ce large sens métaphorique, la lumière dreyérienne reste (de par son indifférenciation même) grandement obtuse. D'autant qu'en gommant l'espace, Dreyer ouvre sur le temps ; ce qui revient à gommer de l'obvie, à ouvrir d'autant sur de l'obtus.

Ceci est *a fortiori* plus sensible chez les modernes, opérant habituellement en lumière indirecte ambiante. A commencer par le plus pur et dur d'entre eux, Bresson : l'abstraction lumineuse de l'espace (et du temps) est aussi la voie royale de l'abstraction-suspension du sens (obvie) (27). Ainsi doit se penser au fond l'aplat moderne : ne pas structurer, architecturer la lumière, ne pas organiser, soulever de sens (précis et massif). Car, il est temps de le

---

26. Dans *Dies Irae*, le processus d'abstraction se déroule à vue : d'abord assez architecturée, la lumière passe par un clair-obscur à la Rembrandt et finit dans l'aplat épuré. Au début d'*Ordet*, Deleuze pointe une discrète composition tonale, un carrelage noir-gris-blanc de l'espace, bientôt levé. Gilles Deleuze, *L'Image-mouvement*, chap. 7, Paris, Éd. de Minuit, 1983.

27. Il s'agit bien ici de l'abstraction lumineuse. Cependant que cadrage, découpage et montage oeuvrent à faire impasse au sens obvie de l'espace-temps : en décadrant, en éludant le centre d'une action, en procédant par ellipses, Bresson restitue l'inévidence (l'amplifie).

rappeler, l'architecturation dramatique de l'éclairage classique nie cette réalité de la lumière d'être dans le monde, généralement, aussi non structurée que non sensée.

En revanche, l'architecturation parfois donnée par le monde même, décors et lumières, peut être amplifiée, ainsi (seulement) métaphorisée, mais pour signifier une inévidence : exemplairement dans *La Nuit* d'Antonioni (28). Cependant que nous retrouvons ici, en termes de spatialisation lumineuse, les deux voies modernes pour rendre compte d'une absence de sens du monde et de l'existence : neutralité ou hétérogénéité.

28. Plus encore que dans *L'Eclipse*. Au demeurant, architecte de formation, Antonioni aime parfois à structurer ses éclairages en intérieurs, mais il s'agit bien plutôt d'un formalisme moderne, répercutant l'inévidence de sens du monde, que d'une dramatisation classique.

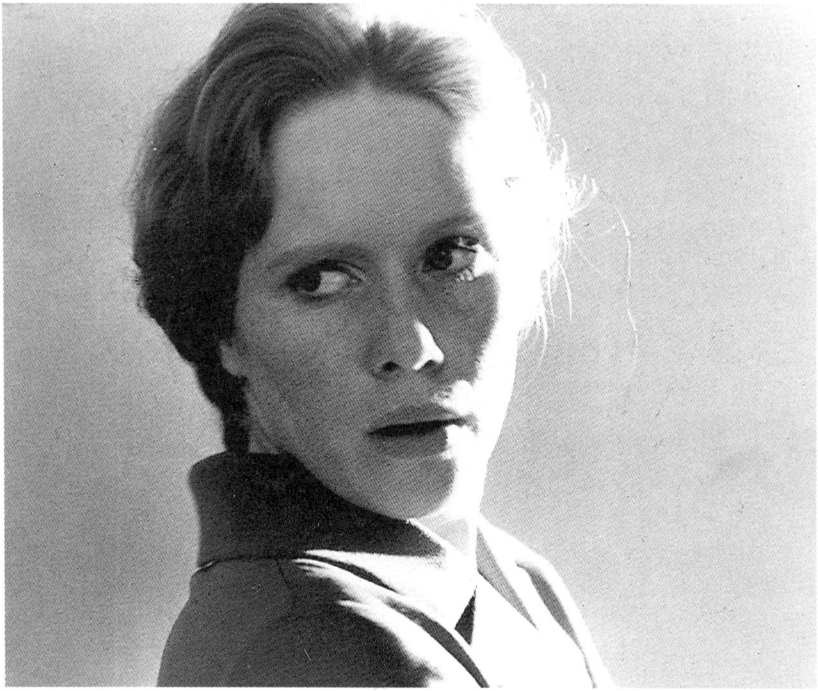

La néantisation du monde à l'entour du visage comme expression de la folie, chez Bergman (*Persona*).

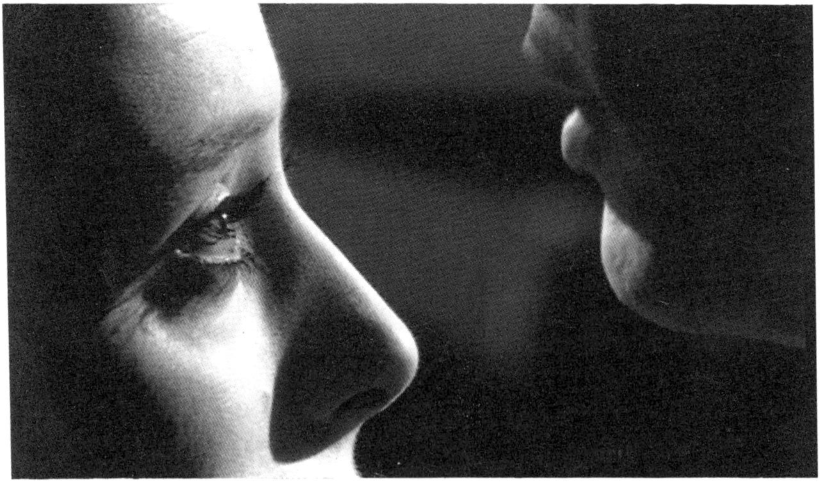

On retrouve chez Carax un travail du rapport visage/fond largement perdu au fil de l'âge classique (*Boy Meets Girl*).

Pouvoir néantisant

L'abstraction de l'espace (décor et lumière) peut n'en être pas moins dramatique, ou pour mieux dire tragique : corps et visages sont confrontés au vide, à un monde néantisé.

Il y a dans ce rapport entre visages et fonds lumineux (ou colorés) abstraits, en aplats, quelque chose d'essentiel. Qui n'est d'ailleurs pas sans recouper partiellement l'évocation deleuzienne de visages intensifs, qui ressentent, et de visages réflexifs, qui pensent : le fond sombre et dense de l'image expressionniste ou murnaldienne, ou encore epsteinienne, va de pair avec des visages intensifs ; le fond clair et diffus de l'image dreyérienne ou bressonienne va de pair avec des visages réflexifs (29).

Quoi qu'il en soit, ce rapport était puissamment à l'œuvre dans l'expressionnisme ou chez Murnau (*Le Dernier des hommes,* etc.). Comme il le sera chez Epstein (*La Chute de la maison Usher*), retrouvant ainsi quelque chose qui avait généralement disparu. Les visages (de plus fortement maquillés, blanchis pour ne pas paraître grisâtres, vue la pellicule orthochromatique) se détachaient de fonds noirs bouchés, peu ou pas lisibles (qu'on ne s'y trompe cependant pas : ceci était volontaire, on pouvait très bien obtenir une image lisible en tous points). Une vive inquiétude se jouait là, entre ces visages lunaires et ce vide nocturne (virtuellement peuplé par l'imagination du spectateur), non sans évoquer une momification, une pétrification, un masque mortuaire. Or, au fil de l'âge classique, l'impératif de lisibilité du monde imagé et l'impératif de remplissage de l'image (ne pas laisser de zone où le regard pourrait errer, se noyer ou perdre) a massivement annihilé ce pathétique rapport entre visage et fond lumineux abstrait. Pour l'essentiel, seuls Eisenstein (côté intensif, et en diversifiant les fonds, avec montage) et Dreyer (côté réflexif, et en unifiant les fonds, sans montage) explorent plus avant, de façons diamétralement opposées, ce pathétique.

A partir du nouveau trauma de la Seconde Guerre Mondiale, avec l'inquiétude envers le monde contemporain décidément incompréhensible (et en liaison aussi avec la rupture envers les pratiques du studio classico-académique), les modernes retravailleront à leur façon cela, en confrontant le visage à sa solitude dans ce monde non appréhendable, de Bresson à Pasolini, d'Antonioni à Wenders, de Godard à Garrel (mais Dreyer n'est pas loin de

29. Gilles Deleuze, *L'Image-mouvement*, chap. 6, *op. cit.*

ceci). En le confrontant donc à un fond en aplat (noir, gris, blanc ou coloré). Nonobstant, le trauma ne se traduit pas uniquement chez les modernes : Bergman poussera jusqu'à la folie cette solitude (*Cris et chuchotements*, *Persona*, etc.), en jouant de plus sur la succession et la variation des fonds, le visage étant alternativement confronté à tel ou tel fond, à différents états de lumière, ce en quoi il y a théâtralisation-dramatisation, expression d'un insensé et pas seulement d'une absence de sens (30).

Que reste-t-il aujourd'hui de cette atteinte à la figuration du monde et de soi dans le monde ? Parmi les jeunes réalisateurs français actuels, je ne vois guère pour poursuivre dans cette voie que Carax dans *Boy Meets Girl* et plus encore dans *Mauvais sang*, renouant nettement avec l'expressionnisme, Murnau ou Epstein (visages-masques sur fonds sombres) ou Assayas dans *Désordre* et plus encore dans *L'Enfant de l'hiver*, quoique de façon moins outrancièrement baroque sinon plus sobrement moderne (visages tels sur fonds neutres).

Masque mortuaire ici, vide du monde alentour là : là comme ici, on accède au tragique. Et l'on peut considérer que l'éclairage le plus classique se situe, historiquement et esthétiquement, entre ces deux bornes ou points aveugles, ces deux figures de l'irreprésentable, évidence de la mort ou inévidence (absence) du monde. Tenir que ce que ne dit pas la dramatisation lumineuse traditionnelle, ce qu'elle tait en parlant, c'est qu'elle meuble un vide indicible, ce noir ou ce blanc de toute représentation. Là encore, et quoi qu'il s'y origine, c'est le tragique existentiel que recouvre et bientôt voile le dramatique conventionnel.

30. Cette alternance des fonds, d'Eisenstein à Bergman, nous renvoie à la fonction dynamique-rythmique, évoquée plus loin. Soulignons ici que le cinéma la permet bien plus que la peinture ou la photographie, qui ne peuvent la réaliser qu'à travers une série d'images arrêtées.

Dimension chronographique

Bien au-delà du simple marquage chronologique du temps (matin, midi, soir, nuit), il s'agit ici d'envisager l'éventuelle progression de la lumière au fil du film, son « découpage-lumière » (le « montage-lumière » étant évoqué à la suite). Classiquement, il ne s'agit que d'un aspect ou d'une dimension de la fonction dramatique, entendue cette fois-ci dans le temps, appliquée dans la durée. Il y a là un autre niveau de dramatisation, le découpage-lumière obéissant (dans son ensemble) à la progression du drame, à la dramaturgie.

Par exemple chez Murnau. Dans *L'Aurore* : un premier temps sombre où se noue le projet criminel, un second temps clair (féerie des lumières citadines) où se défait ce projet, un troisième temps sombre où la fatalité réalise le projet abandonné, et un happy-end lumineux, le pire ayant été évité. Dans *Faust* : à la noirceur du début (la peste) répond au milieu la clarté d'un épisode détendu (le quadrille amoureux) avant un finale (le calvaire de Marguerite) où l'on retrouve de la noirceur en même temps qu'une blancheur dévorante. On remarquera qu'alors on n'hésitait pas devant de sensibles ruptures de ton d'un épisode ou d'une séquence à l'autre. En effet, c'est de façon nettement plus lissée qu'une même progression signifiante est volontiers à l'œuvre dans le cinéma le plus classique. Le film et sa lumière s'organisent, mais de façon bien régulière, sans ruptures, autour d'un (ou quelques) climax dramatique : ainsi bien des mélodrames (*Ecrit sur du vent*), ou encore tels films s'assombrissant au fur et à mesure qu'approche la mort du personnage central (*Thérèse Desqueyroux*), ou enfin nombre de films où la tension dramatique va en augmentant progressivement, et avec elle la dramatisation des éclairages (*Soupçons*).

En somme, une possibilité de faire sens, si le sujet le permet. (Un thriller ou un film underground appellera plutôt, en même temps qu'un enfermement dans les bas-fonds urbains, une ambiance sombre, *low key*, maintenue : typiquement, *Asphalt Jungle* d'Huston ou *Bird* d'Eastwood.) Et l'on constate que, classiquement, on aura un fléchage unisensé, univoque, de cette progression du drame et de sa lumière (31). Qu'on aura même une continuité bien ordonnée, cohérente et lisse, sans la moindre incertitude ou le moindre accident, la moindre aspérité : un Tout narratif, spatio-temporel et donc lumi-

31. Bergman sera donc très classique dans le huis clos théâtral de *Sonate d'automne*, quand il rythmera selon trois temps et trois lumières (jour-nuit-matin) sa confrontation entre mère et

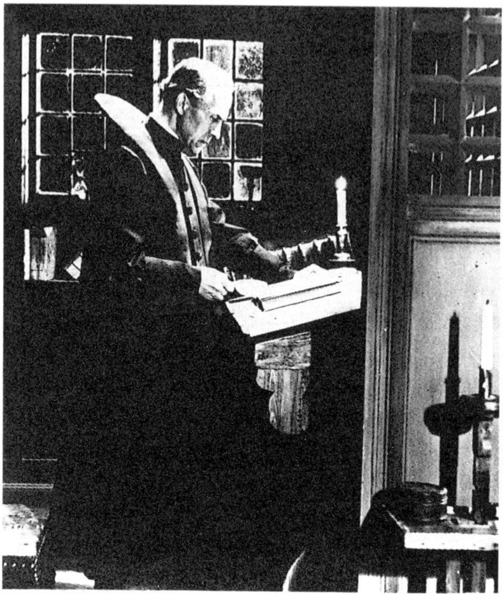

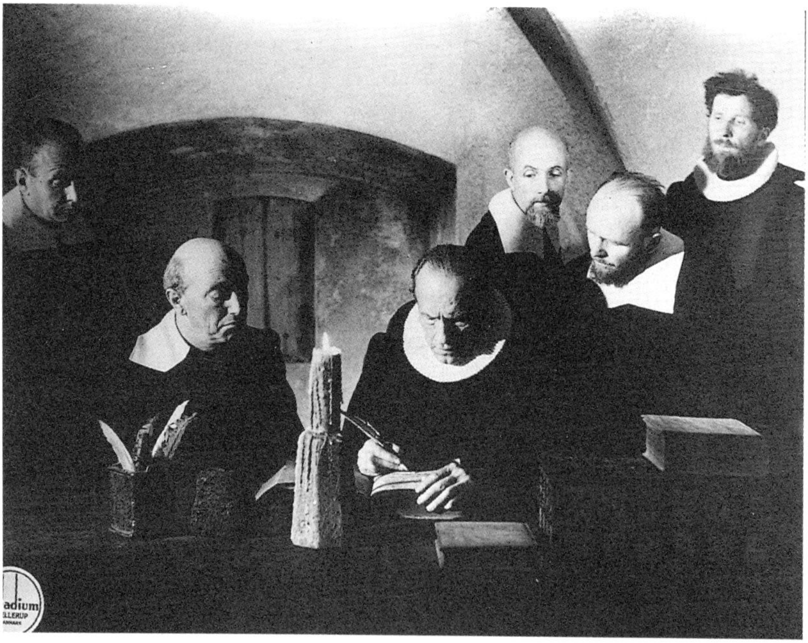

Décors et éclairages : l'abstraction de l'espace, au fil de *Dies Irae* (Dreyer). Une progression signifiante.

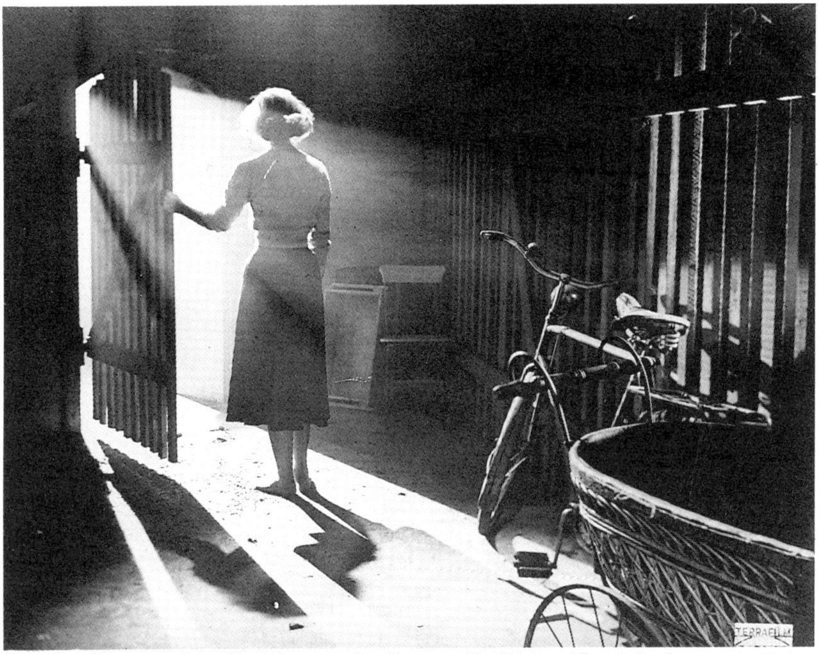

Evocation d'une scansion onirique baroque chez Bergman (*La Prison* : début de la séquence du rêve).

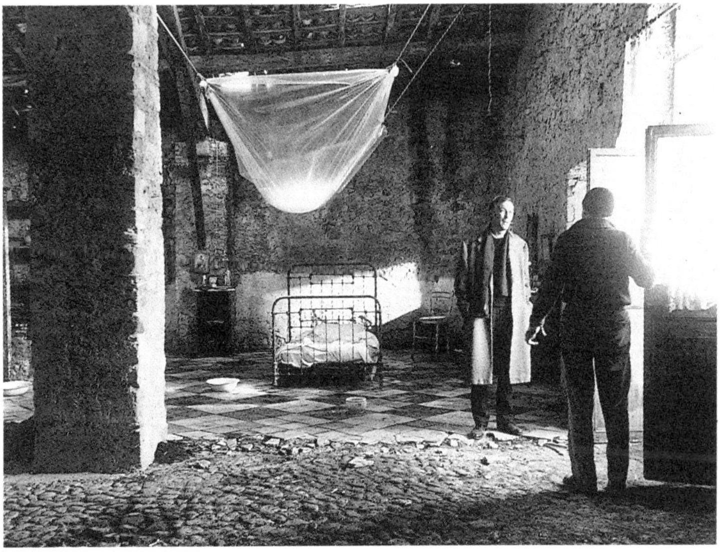

Evocation des glissements para-oniriques baroques chez Tarkovski
(tournage de *Stalker* : passa ge d'un intérieur obscur à un extérieur illuminé).

neux bien rond, d'une parfaite transparence, clairement intelligible. Alors que le film baroque, de par la succession de ses éclairages divers, apparaît comme un tout insensé, en tout cas multisensé, *multivoque*. Voyez ainsi comment déjà chez Sternberg (*Shanghaï Express*, etc.) l'exploration sans relâche des divers états de lumière amène à prendre ses aises avec la logique dramatique du récit : pour mieux se mirer sous toutes ses coutures, la lumière tend à se dégager de toute logique (spatiale et temporelle, voire dramaturgique). On est loin de l'unicité d'ambiance ou de la progression régulière avec climax (classiques). Encore Sternberg ne franchit-il pas le pas du multisensé à l'insensé.

Tout insensé ou plutôt autrement sensé : on pense aussitôt à cette lignée qui de Bergman à Ruiz — mais, de façon plus ou moins radicale, Cocteau ou Welles, Fellini ou Tarkovski ne sont pas en reste — a cherché à reproduire le processus du rêve, avec ses disjonctions narratives, ses scansions spatio-temporelles et lumineuses, ses basculements d'éclairages ou d'états lumineux, etc. Comme dans *Le Miroir* de Tarkovski, où lumières et couleurs (sans parler des glissements ou sautes du noir et blanc à la couleur) participent d'une dé- et recomposition de l'espace et du temps (mais *Le Testament d'Orphée* de Cocteau, mais telles séquences de *Persona* ou de *La Prison* de Bergman, mais *Le Borgne* ou *Les Trois couronnes du matelot* de Ruiz, mais *Cendres et diamant* de Wajda, mais W. Has, etc.). Plus ou moins ouvertement onirique, une telle démarche procède en tout cas d'une sorte de théâtre mental, débouchant sur un Tout spatio-temporel et lumineux qui obéit à une raison seconde, où l'on ne peut plus distinguer « raison portée à la puissance » et déraison. (Qu'on ait à faire à un insensé mystique sérieux comme chez Tarkovski ou à un absurde mystificateur ludique comme chez Ruiz, il s'agit bien d'une même raison seconde, portée à la puissance ou extraite à la racine).

Ce Tout insensé ou multivoque baroque où la lumière, théâtrale, va en tous sens n'a décidément rien à voir avec le Tout non sensé ou *équivoque* moderne où la lumière, littérale, ne va en aucun sens ou va vers l'absence de sens.

---

fille. A propos de huis clos théâtral : dans *La Corde* d'Hitchcock, il s'agissait moins pour la lumière d'accompagner les phases du drame que de souligner par sa continuité soir-nuit celle de l'action et du filmage. Mais ce sont là des cas limites paradoxaux, où le cinéma se met en demeure de reproduire la règle théâtrale classique des trois unités, de temps, de lieu et d'action. Le Jarmusch de *Down by Law* fait bel et bien œuvre classique (et non « post-moderne ») quand il organise une progression lumineuse signifiante en instaurant trois temps — noir « underground » contrasté, gris « prison » nuancé, blanc « noman's land » indifférencié — suivant l'idée d'une perte croissante de repères (photographiques, spatio-temporels, comme narratifs).

Mais il convient de préfacer le propos sur la modernité par l'évocation d'un « pré- ou para-moderne » qui, en matière de lumière et de temps, s'impose. En portant à son point extrême l'abstraction spatio-temporelle de la lumière, Dreyer se portait à la limite paradoxale du classicisme, qui procède bien plutôt d'une organisation spatio-temporelle précise des éclairages. Limite paradoxale : nous voici devant une Lumière-Temps à la fois parfaitement obvie et pleinement obtuse. Obvie, en ce qu'elle est métaphore d'une puissance éternelle de l'esprit, maintenue comme l'est le choix éthique et spirituel de son (ses) personnage(s) : métaphore d'autant plus évidente qu'on finit dans la pure blancheur. Obtuse, car elle acquiert, avec l'éternité, cette indifférence aux drames humains (procès, décès, séparations : rien n'y fait) qui la libère de sa théâtralisation la plus classique : supra-théâtrale elle en devient comme infra-théâtrale. La métaphorisation ne s'opposant pas, rejoignant bien plutôt ici une littéralité : comme le choix, comme le temps, la lumière dreyérienne est irrémédiable, ne (se) discute pas (32).

Il n'y a qu'un pas (mais décisif : fin de la métaphore) de Dreyer à Bresson, qui incarne par excellence (notamment *Pickpocket*) l'une des voies modernes : celle du continuum lumineux indifférencié, quasi invariant, d'une temporalité lumineuse dramaturgiquement neutralisée, nullement sensée, nullement fléchée. Temps à cet égard écrasé, opacifié, perçu physiquement, sensitivement, comme uniforme (Bresson), plutôt que pensé métaphysiquement, conceptuellement, comme abstrait (Dreyer) (33).

Chez Bresson, ceci relève même comme d'un forçage anti-théâtral, reproduisant en l'amplifiant ou aggravant l'absence ou béance de sens du temps. Mais chez Rossellini ou Pasolini (et tels Antonioni, Godard, Wenders, etc.) ceci se trouve rencontré dans la nature même, où la lumière est plutôt homogène et assurément affranchie de tout fléchage de sens dramatique (et jusque chez Rohmer, quoiqu'il enregistre plus finement les modulations et le cycle de la lumière naturelle). Autrement dit, le document (le monde) autorise cette voie de l'homogénéité.

Tandis que Godard incarne par excellence (notamment *Le Petit soldat*) l'autre des voies modernes : celle de ruptures, de sautes d'un bloc d'espace-

32. Ou si peu dans *Dies Irae* où, comme on l'a noté, elle s'abstrait progressivement, en trois temps. Si l'on veut, la plus classique des démarches lumineuses de Dreyer, reproduisant le chemin (de croix) d'Anne.

33. Où l'on retrouve notre (seule) réserve à l'égard de la catégorie deleuzienne : de Dreyer à Bresson, l'abstraction est de moins en moins « lyrique », de plus en plus littérale.

temps lumineux à un autre (jour/nuit, clarté/obscurité, dure/douce, etc.), blocs disjoints, re-produisant ainsi la non cohérence du monde, la non convergence de ses lumières vers un sens évident.

Chez Godard, ceci procède même comme d'un forçage (par montage) amplifiant l'ambiguïté, aggravant l'ambivalence de sens du monde et de ses lumières. Déjà moins appuyé chez Garrel, où les blocs disjoints sont des plans-séquences. Et l'on vérifie chez Eustache ou Pialat (et tels Antonioni, Wenders, Akerman, etc.) que ceci est d'abord rencontré dans la civilisation même, où les lumières sont plutôt hétérogènes et assurément libres de toute convergence vers un sens dramatique (mais ils n'en jouent pas ou peu au montage, enregistrant plus platement les ruptures et accidents des lumières urbaines). Autrement dit, le document (le monde) autorise cette voie de l'hétérogénéité (34).

Le Tout lumineux moderne, ici comme là, est équivoque : opacité (Bresson) ou ambiguïté (Godard) de sens. Ou encore, tout naturellement, il ne fait pas sens, comme chez Rohmer ou Straub-Huillet (et bien d'autres), chez qui l'on peut mesurer pleinement qu'au lieu d'avoir affaire à une progression signifiante de la lumière, tout se joue dans l'instant : loin d'être instauré et géré (loin de tout *studium*), le sens ne peut que librement jaillir en une rencontre fortuite et saisissante (et ce *punctum* a tout d'un instant de grâce).

Ce faisant, la modernité rend (temporellement) compte du « pas de sens » ontologique. Car ainsi en est-il de la lumière du monde, anhistorique : au cours, au cycle immuable, indépendant de nos drames humains. Eternel recommencement, définitive indifférence : ce n'est plus de l'ordre du drame (du racontable) mais de la tragédie (de l'indicible). En historisant la lumière, l'art classique dénie l'ontologie (35).

---

34. Un mot du Resnais d'*Hiroshima mon amour* et de *Muriel*. S'inscrivait-il alors dans cette voie moderne ? Rétrospectivement, les organisations complexes de ces films — narratives, saptio-temporelles, et donc lumineuses — semblent bien plutôt relever d'un véritable post-classicisme expérimental, avant-gardiste.

35. Il faut ici évoquer l'idée de théâtre mort, de temps mort, de récit pétrifié, d'éclairage figé. Dernière représentation, frappée d'arrêt de mort, acte moderne sous son apparence classique : voir *India Song* de Duras (plutôt que *L'Année dernière à Marienbad* de Resnais).

Activité dynamique-rythmique

Quoiqu'elle puisse jouer au sein d'un même plan, de par des mouvements ou des impulsions venant de la lumière, voici une fonction étroitement liée au montage, la lumière bougeant, changeant, sautant d'un plan à l'autre.

En mettant l'accent sur les deux extrémités de la chaîne (de monteurs), Eisenstein et Godard, on va voir qu'au fond cette activité dynamique-rythmique de la lumière au fil du montage est à double tranchant : suturante-structurante mais aussi découpante et déstructurante. Une arme trop tranchante en tout cas pour le cinéma le plus classique, qui s'en méfiera.

Eisenstein est assurément cinéaste du sens obvie, de la forte signification vigoureusement imposée, notamment par le rapprochement de deux images. On a même déjà souligné ici que, du fait qu'elle participe à l'organicité du montage, la lumière eisensteinienne relève ou procède de l'idéologique — unicité dialectique de deux contraires : noir/blanc, etc. — et pas seulement d'un beau souci formel, dynamique ou rythmique, plastique ou musical. Deux aspects, tous deux revendiqués par le cinéaste, qui ne s'excluent nullement, l'illustration visuelle de la dialectique en marche allant main dans la main avec la recherche d'une composition (au fil du montage) « musicale » (36).

Cependant, ce montage est plus pathétique encore que ne le formulait Eisenstein lui-même, exprimant ainsi qu'il ne s'agissait pas de n'imprimer que du sens mais aussi et en même temps de la sensation, de l'émotion. Car, sous l'apparente unicité dialectique, c'est bel et bien un corps de monde décomposé, découpé, fragmenté, que livre Eisenstein. Un corps de monde « à la Frankenstein », fait d'éléments hétérogènes recousus ensemble. Ainsi dans *Octobre* où, au tronçonnage de l'espace-temps, s'ajoute une discontinuité de lumière. Laquelle, au moins au début du film (chute de la statue du tsar) ne provient pas même logiquement de la discontinuité de l'espace-temps (changements d'axes et coupes elliptiques) puisque, diégétiquement, on a affaire à une action continue en un même lieu : cependant, on saute plusieurs fois du jour à la nuit. Il s'agit bien d'une discontinuité ajoutée par la lumière, ce que confirme d'ailleurs celle du décor, incohérent d'une vue à l'autre (37). Bien

36. Volonté musicale revendiquée par Eisenstein, qui oppose à la photogénie statique le fait de « monter avec la lumière ». Sergueï M. Eisenstein, « Bela oublie les ciseaux », repris dans *Au-delà des étoiles*, UGE, « 10-18 », 1974.

37. Des bâtiments apparaissent et disparaissent au fond, de même que les cordes tendues pour faire tomber la statue.

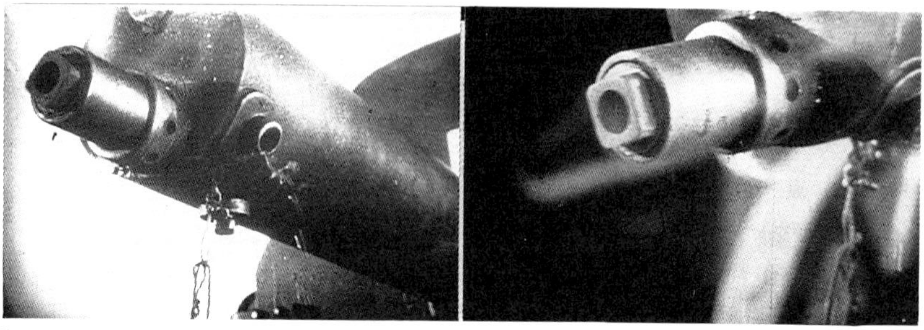
Le « montage-lumière » chez Eisenstein (*Octobre*).

Et chez Bergman (*Persona*).

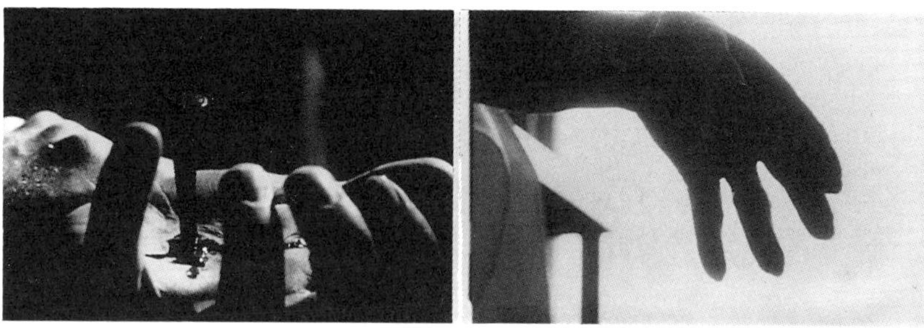

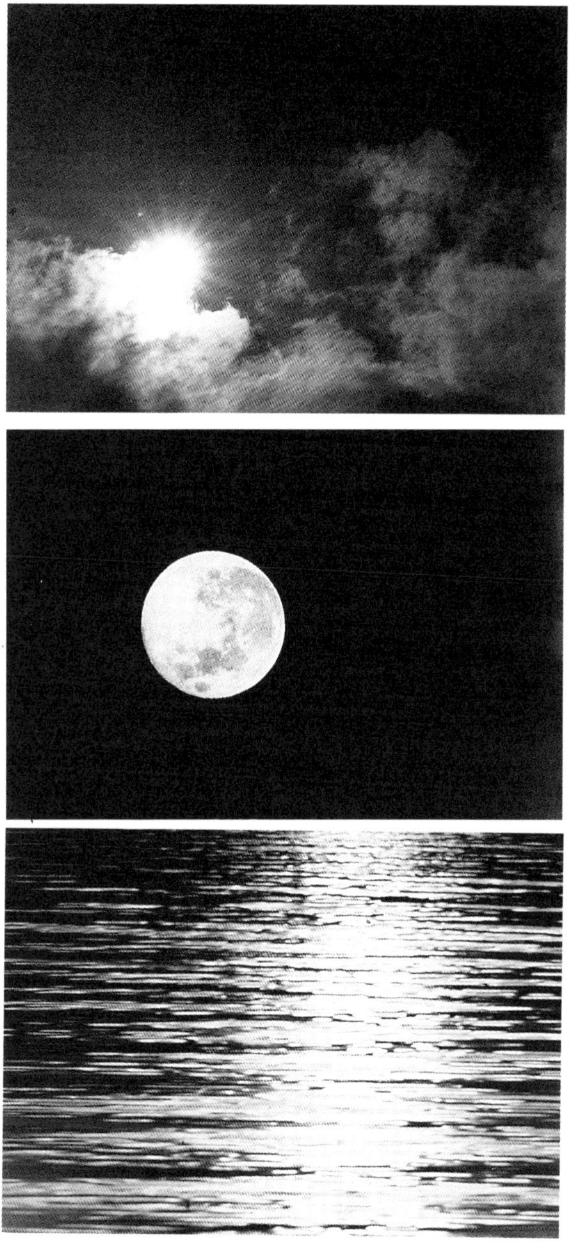

La composition musicale d'états de lumière hétérogènes dans l'œuvre récente de Godard, expression du mystère du monde (*Je vous salue Marie*).

entendu, l'ensemble est cohérent, forme un tout à la fois narratif et plastique (à la décomposition des prises succède la recomposition du montage), outre la convergence dialectique, la cohérence idéologique. Mais un tout qui m'apparaît, malgré Eisenstein lui-même, autant déstructuré que structuré, voire destructurant que structurant. Certes, Eisenstein n'est pas Godard : si le montage reproduit sous nos yeux le travail de la pensée en action, il y avait de la marche triomphante chez celui-là (la lumière montée va sûrement vers un sens assuré), il y aura de la démarche inquiète chez celui-ci (la lumière démontée se risque vers un sens incertain). Certes, Eisenstein n'est pas Godard, qui poursuivra bien plus avant l'exploration formelle (et thématique, bien sûr) du hiatus, de la disjonction, par la saute, la rupture, le collage. Mais enfin, sous l'apparente unicité dialectique, il y a déjà, au moins virtuellement, de la béance. Une fissure dans l'intégrité du monde, dans la continuité de l'espace-temps. Dès les années vingt soviétiques, la grande rupture historique, révolutionnaire, n'étant sans doute pas rien dans cette rupture idéologique et esthétique, sensible aussi chez Dovjenko (citons *Arsenal*), Koulechov (citons *Dura Lex*), Poudovkine (citons *La Mère*) et *a fortiori* Vertov (citons *L'Homme à la caméra*). Or, qu'adviendra-t-il généralement de cette fissure ou brèche ? Rien, sinon son pendant formaliste dans l'avant-gardisme français contemporain (Dulac, Epstein, Gance, L'Herbier et des plasticiens). Elle sera aussitôt colmatée.

Dans le cinéma le plus classique, on ne peut plus guère parler de montage-lumière. On ne peut même trop guère parler, plus largement, de rythmique lumineuse, sinon dans certaines scènes mouvementées qui s'y prêtent par excellence : scènes de danse (comme dans *Depuis ton départ* de J. Cromwell, 1944), de combat (comme dans *Duel au soleil* de K. Vidor, 1947) ou de poursuite, surtout s'il s'agit alors de souligner une certaine panique (comme dans de nombreux thrillers). Quand même, on est fort loin de la fameuse musique photo-cinématographique si chère à Eisenstein et aux avant-gardistes des années vingt ! Encore ceci apparaît-il rétrospectivement bien sage en comparaison avec les plans-séquences de danse qui cassent l'uniformité lumineuse du *Faces* de Cassavetes : caméra portée serrant la mêlée des corps dont les mouvements, avec le déplacement de l'appareil, se traduisent en vertigineux balais de pulsations noir/blanc. Remarquons toutefois qu'en cette décennie (années quatre-vingt) de rethéâtralisation parfois exacerbée (néo-expressionnisante), et volontiers saisie d'une certaine frénésie visuelle (caméra qui « déménage », montage rapide), quelques films affichent des passages où la rythmique lumineuse est portée à son paroxysme maniériste (comme la séquence de danse en boîte de nuit dans *Sailor et Lula* de Lynch).

Il faudra le trauma de la guerre et l'inquiétude envers le monde contemporain pour retrouver un véritable travail de la rupture ou saute lumineuse (au fil du plan ou du montage), et par là du hiatus, de la béance. Chez les baroques, de Cocteau à Bergman, à Tarkovski ou Ruiz. Chez les modernes, de Godard à Wenders, à Garrel ou Akerman. (Sans parler du cinéma expérimental, qui ira très loin dans la recherche d'effets plastiques et dynamiques-rythmiques : on va y revenir). Là, chez les baroques, dans un cadre irréaliste, onirique ; ici, chez les modernes, dans un cadre réaliste, documentaire. Là, d'abord théâtralement créée au tournage, puis gérée au montage vers un insensé (un sens affolé) ; ici, d'abord documentairement rencontrée au tournage, puis gérée au montage vers un non sensé (un sens perdu). Mais enfin, là comme ici, c'est bien à une inquiétude sur le monde et l'homme, sur le lien entre eux, que renvoie à sa façon la brutale discontinuité lumineuse du ou des plans (il en est une autre : le continuum neutre bressonien). Ruptures ou sautes (qui font désormais, comme les surexpositions, etc., manières déjà vues) dont on retrouve trace dans les premiers Carax ou Jarmusch, à mi-chemin entre leur culture baroque et leur cueillette moderne ; au milieu d'un cinéma qui demeure cependant toujours aussi sagement conventionnel, à cet égard comme à tant d'autres.

Il y a donc là quelque chose qui, sans pour autant l'ignorer, déborde la dynamique-rythmique, le souci plastique ou musical. On le mesure pleinement dans le cas où la lumière, par ses ruptures violentes, par l'intensité de ses écarts, par la stridence de sa matière disjointe (au fil du plan ou du montage), lance un véritable cri d'alarme. S'adresse au spectateur, l'agresse même, secoue sa torpeur, malmène son confort visuel, alerte son regard et sa conscience. Ainsi notamment dans *Persona* de Bergman (tout le début) ou *Alphaville* de Godard (tout du long). En un geste langagier, expression d'un monde insensé, paniquant ; cependant qu'en ces clignotements aiguisés clarté/obscurité il y a l'écho d'une conscience éblouie/aveuglée. En un geste qui fusionne mystère du monde et magie du cinéma ; car c'est aussi la nature déchirée de la lumière qui est en jeu, c'est aussi la nature déchirée du cinéma qui est remise en jeu (interpellation/fascination) (38).

Inscription, au sein de la représentation, du trauma (jusqu'à menacer la pérennité même de l'image dans *Persona*). Cri d'alarme face à ce monde

38. *Alphaville*, on l'a dit, est le film le plus baroque de Godard. Qui explorera plus d'une fois la frontière entre une vision du monde comme non sensé et comme insensé. Qui fusionnera toujours (plus) mystère du monde et magie du cinéma.

incompréhensible, cri de terreur devant l'irreprésentable (y compris le couple existence/inexistence). Point limite, où le langage ne peut plus exprimer qu'un indicible.

Point limite : ce ne sont plus seulement, ce sont mieux que des faits de langage. Ce sont en même temps de purs signaux optiques, partie intégrante de ces opsignes dont Deleuze souligne l'importance dans la modernité : sensations pures, en-deçà et au-delà du sens (39). Ce que Godard travaillera toujours plus avant, jusqu'en ces fameux clignotements allumé/éteint qui jalonnent son œuvre (et encore *Puissance de la parole*) : 0/1, rien/quelque chose : mystère, magie. Cependant qu'il y a dans ces impulsions, outre du bit informatique (et toute la réflexion qui va avec, sur la (non-) communication), du bip sonore : de la lumière-son.

« Opsignes » lumineux qui atteignent à une autre forme de musique, sérielle, et stochastique, moderne. (Il y a de cela dans le cinéma expérimental : citons notamment McLaren et sa lumière-son aux impulsions et ruptures non rationnelles. De même dans *L'Ange* de Bokanovski, quoique les scansions lumineuses y marquent plus « classiquement » la course, la panique.)

Mais la composition godardienne ne saurait être limitée à cela. Jusqu'en son pathétique déchirement même, sa dissonance polytonale, elle travaille au corps l'hétérogénéité lumineuse. Qui, avant d'être composée, a été rencontrée, ressentie dans le monde ; ce sont des états de lumière donnés par le monde, bien plutôt que des éclairages apportés par l'homme, que Godard compose (à côté d'un art de l'éclairage, voici un art de la lumière, pour reprendre le distinguo godardien). Hétérogénéité : lumière urbaine/naturelle, nocturne/diurne, sombre/claire, froide/chaude, anxieuse/sereine, etc. Ce faisant le montage, tout en poursuivant sa sidérante vitesse, traque l'intrigante bipolarité de la lumière (40). Le pathétique procède de cette bipolarité même, ainsi portée à la puissance : déchirement dans l'espace et dans le temps, énergie et entropie, pérennité et fulgurance, beauté et terreur, en somme mystère de la lumière (41). Mystère pictural et musical, ô combien fondé dans le réel, et que le cinéma non seulement enregistre mais permet de travailler au corps. Où la magie du cinéma relaye le mystère du monde, nous le

39. Gilles Deleuze, *L'Image-temps*, chap. 1, Paris, Éd. de Minuit, 1985.

40. Il peut aussi s'agir, plus classiquement, de montage interne et d'éclairage apporté : ainsi dans *Détective*, une source bleue-froide et une source jaune-chaude.

41. Sur le rapport entre lumière et énergie dans l'œuvre godardienne, voir l'article de Jean Douchet, « Le théorème de Godard », *Cahiers du cinéma*, numéro spécial Godard, décembre 1990.

remet devant les yeux — on ne peut savoir, mais on peut voir. L'amplifie, en musique — on ne peut comprendre, mais on peut entendre (42).

Cela dit, on ne voudrait pas quitter cette dimension et activité de la lumière sans souligner ceci. Au cinéma, la lumière joue à la fois un rôle de composition picturale (dans l'espace) et de composition musicale (dans le temps). Inscrite dans la durée, elle doit savoir être « peinture en musique » ou « musique en peinture ». En vérité, nous sommes nécessairement face à cette double composition, quoi que fasse le cinéaste. Mais qu'au moins il ose ! Qu'il travaille la « monotonie » comme Dreyer ou Bresson ; qu'il travaille la polytonie comme Eisenstein ou Godard. Lequel ne fait pas aujourd'hui que porter l'art de la lumière au niveau de l'art de l'éclairage : lequel incarne assurément le développement, en même temps qu'un art pictural (à quoi la lumière cinématographiée a été si longtemps cantonnée), d'un art musical.

42. Au sein d'une démarche naturaliste-réaliste et fondamentalement moderne, remarquons que, du fait même qu'il travaille l'hétérogénéité, il y a chez Godard un soupçon de baroque : multiplication d'états lumineux divers, qui peut aller jusqu'au rendu d'un insensé du monde, comme dans *King Lear*.

Dimension atmosphérique

Cultiver des états atmosphériques dramatiquement et métaphoriquement signifiants, c'est bien entendu ce que fait le classicisme quand il les fabrique entièrement en studio, à l'abri de la nature, de ses caprices, c'est-à-dire de son indépendance à l'égard de tout sens programmé, de sa résistance à s'y conformer. Ou quand il les façonne à l'aide de brume ou pluie artificielle, de filtres en tous genres, etc., hors comme en studio. Mais c'est aussi à quoi il travaille quand il recherche dans la nature des états de lumière par elle donnés, qui n'en font cependant pas moins sens (par exemple : grand soleil ou temps gris, ciel épique ou pathétique, etc.).

Abordons d'abord le cas d'un atmosphérisme fabriqué ou façonné.

La démarche classique est bien d'instaurer une lumière atmosphérique qui participe d'un sens massif, inféodée à lui. Ses états seront métaphoriques de ce que vivent et ressentent les personnages, seront en somme d'explicites allégories atmosphériques du sens dramatique et psychologique de la scène, de l'action (43).

C'est vrai pour *L'Aurore* de Murnau : la tentation adultère appelle le crépuscule, la tragédie fatale l'orage, la recherche anxieuse la nuit, le couple réuni l'aube radieuse. Ce sera vrai pour *Quai des brumes* de Carné (ou *Le Jour se lève*) : ce bout du monde fatidique pour deux êtres en perdition appelle bruines poisseuses et brumes glauques au crépuscule ou au point du jour (comme *Le Jour se lève* un petit matin blafard).

Bon : le sens est toujours bel et bien là, massif. Cependant on remarquera que de la terreur se perd, alors même que sa fabrication théâtrale permet une radicale dramatisation de la lumière atmosphérique (si improbable dans la nature). Néanmoins, au fil de l'âge classique, on est massivement passé de la démesure à la mesure. Voyez *L'Aurore* ou telles séquences du *Faust* de Murnau, voyez le *Napoléon* de Gance, voyez *Folies de femmes* de Stroheim, etc. (sans parler ici de Sjöström, qui traque *in situ*, *in vivo*, une intensité dramatique) : orages apocalyptiques, ciels tourmentés, éclairages de fin du monde. Cette espèce de puissance homérique à hanter les cieux des drames humains, cette sorte d'*ubris* à faire participer les cieux / les dieux des drames ter-

43. « *La montée du jour ou l'arrivée du crépuscule (...) ne sont intéressants que s'ils illustrent des moments psychologiques* », déclare très classiquement Henri Alekan dans *Des lumières et des ombres*, Paris, Le Sycomore, 1984.

restres, que devient-elle (44) ? Et finalement, les ciels sombres de *L'Atalante* de Vigo, prélevés dans la nature, seront autrement plus inquiétants (d'autant que prélevés) que quelques brumes ou éclairs de studio trop conventionnellement convoqués, trop gentiment disposés.

La démarche baroque consiste bien toujours en un atmosphérisme métaphorique, mais avec une tendance à déborder la métaphore massive (dramatique-psychologique), à l'ouvrir sur une exploration — onirique ou mystique — d'états atmosphériques variés, l'inféodation au sens se faisant ici dans la diversité.

Prolifération dont témoigne assez *Shanghaï Express* de Sternberg, pour ne citer que ce titre, quoique le cinéaste poursuive l'exploration d'états divers au fil de l'œuvre entière. Lui qui déclarait que « *fumée, pluie, neige, brouillard, poussière ou buée* » permettaient de faire vivre et de dramatiser « l'espace mort » entre l'objectif et le sujet (45). Mais bien peu de cinéastes suivent cette voie, alors même que sa fabrication théâtrale permet une absolue multiplication des lumières atmosphériques (si difficultueuse dans la nature). Le gros du cinéma classique s'en tient, sagement là encore, à des états convenus et conventionnels. Assez rares seront les cinéastes, baroques ou baroquisants donc, à explorer les féeries atmosphériques qu'autorise pourtant la fabrication théâtrale, de Cocteau (*La Belle et la Bête*), à Fellini (*Casanova*), ou encore chez W. Has. On n'y recourt plus guère que pour marquer telle scène onirique (comme chez Bergman) ou fantastique (comme dans *Le Château de l'araignée* de Kurosawa).

Et finalement, les états de lumière paradoxaux du *Miroir* de Tarkovski, façonnés dans la nature même (feu et pluie, etc. ; extérieurs lumineux mais intérieurs sombres), ou les trucages ruiziens réalisés in situ (*Le Toit de la baleine*, etc.) iront plus loin dans la voie d'un « insensé » atmosphérique que

44. Double remarque : 1) Une forte dramatisation atmosphérique ne veut pas pour autant nécessairement dire une climatologie apocalyptique : le brouillard du *Mouchard* de Ford ou les brumes des *Damnés de l'océan* de Sternberg ne sont pas moins des états exacerbés dans le sens du sens. 2) On trouvera bien sûr toujours de possibles démesures climatiques, ici ou là dans des films de genres hautement dramatiques, comme à la fin de *Freaks*.

45. Josef von Sternberg, « Plus de lumière » (II), *Cahiers du cinéma*, n° 64, novembre 1956. Notons ici que la fameuse « north-light » sternbergienne apparaît détachée de toute logique climatique, spatiale, temporelle, ou même dramatique. Ce qui est en soi un fait baroque. En extérieurs comme en intérieurs, de nuit comme de jour, en Chine comme au Maroc, elle persiste et signe. Aussi sublimée que sublimante.

bien des créations artificielles en studio durant l'âge d'or classique. Ainsi, on touche à nouveau du doigt le paradoxe de l'art classique : il tendra globalement vers une retenue d'effets (atmosphériques et autres) jugés par trop irréalistes, ou dévoilant trop l'arbitraire dont il(s) procède(nt) ; ce faisant il auto-limitera ses capacités au nom d'un douteux « réalisme », puisque de toute façon il consiste en une démarche irréaliste (faire parler même la lumière naturelle). A côté de quoi la mouvance baroque apparaît bien comme farouchement et fièrement théâtrale.

La voie naturaliste classique n'est pas opposée à la voie théâtrale : quête d'états atmosphériques signifiants, elle revient fondamentalement à une théâtralisation, elle est quête de théâtralité. Il n'y a pas de lumière atmosphérique classique vraiment libérée du sens... alors même qu'elle devrait l'être, tout naturellement. Cela dit, la voie naturaliste, même si elle procède en une sélection, accepte de jouer le jeu avec la lumière du monde, accepte que celle-ci vive sa vie, ne fasse pas toujours totalement sens.

Soulignons que très tôt les cinéastes classiques recherchent dans le monde même des états atmosphériques signifiants. Comme Sjöström, grand dramaturge de la nature, tout au long de son œuvre à partir de 1915 (*Terge Vigen*, *La Fille de la tourbière*, *La Charrette fantôme*, etc., jusqu'aux ciels menaçants du *Vent*) ; ou encore, plus ponctuellement, Stroheim (ici et là dans tous ses films, jusqu'au soleil écrasant des *Rapaces*).

De même que, bien entendu, le cinéma massivement enfermé en studio saura toujours en sortir pour prélever dans le monde des états lumineux allégoriques, à commencer par les grands mélodrames américains (d'*Ecrit sur du vent* à *Ruby Gentry,* de *Pandora* à *La Fièvre dans le sang,* etc.). Au demeurant Visconti, quand il sort du studio, ne fait rien d'autre, quel que soit son grand tact : recherche d'une lumière ouatée, nimbée de blanc, contribuant au sentiment d'étouffement qu'il veut donner dans *Mort à Venise.* (Notons qu'au contraire les quelques extérieurs naturels des tragédies dréyeriennes ne seront météorologiquement guère dramatiques — alors même que la sorcière de *Dies Irae* est suppliciée, par exemple.)

Mais venons-en aux démarches naturalistes proprement dites. A commencer par le western, genre où l'on mesure pleinement la recherche d'allégories ou métaphores naturalistes, si prisées de Ford à Walsh en passant par Mann et tant d'autres : les vastes ciels exprimant la grandeur de l'épopée américaine (*a fortiori* en scope), les tempêtes jalonnant les traques (efforts, menace ; si le sable s'en mêle, perte, disparition), les duels écrasés de soleil ou plongés dans une inquiétante pénombre (danger de mort), et jusqu'aux feux de bivouacs nocturnes (communauté sereinement soudée, avant ou après la menace) (46). Démarche dont, soit dit ici, on retrouvera la trace dans les road movies, prolongeant et retournant le genre puissant et positif du western : ciels du mythe américain maintenu mais fourbu, soutenu mais déchu. (Semblablement, remarquer l'évolution des cieux dans le cinéma soviétique : hier épiques, aujourd'hui mélancoliques ou bouchés.)

On voit qu'il s'agit bien d'autant d'états atmosphériques signifiants, même si la lumière naturelle de tels films n'est pas pas toujours à faire sens (car enfin, autre chose s'en charge).

Mais nous voici devant les deux (autres) grandes tendances naturalistes : française avec Grémillon, Pagnol, Renoir, ou encore Vigo (mais non Carné ou Clair, qui font du naturalisme de studio), japonaise avec Mizoguchi, Ozu, Naruse, ou encore Kurosawa.

Tendances où l'on mesure au plus près qu'il s'agit toujours d'un atmosphérisme bel et bien signifiant, mais plus que jamais ouvert à la nature, et par là à des sensations partiellement libérées du carcan du sens, relativement indépendantes de lui. Ici, en même temps qu'il recherche du sens, le cinéaste accepte par définition des sensations non réductibles au sens programmé : du *punctum* sensoriel échappant au *studium* sensé.

Ainsi les Japonais, doués d'un grand art pour faire que les mille et une sensations de la lumière atmosphérique naturelle, guettées avec une patience et captées avec un tact qui n'appartiennent qu'à eux, restent subtilement partie prenante d'un large sens, sans être écrasées par lui (47).

Citons *Les Contes de la lune vague* de Mizoguchi (la séquence du lac embrumé, l'ellipse sur l'étreinte amoureuse finissant sur un ciel « zen » exprimant l'extase, etc.) ou *Nuages flottants* de Naruse (les nuées lourdes, etc.) : la lumière atmosphérique y est toujours fonction d'un sens dramatique ou métaphorique, mais autant ce sens obvie est cultivé, recherché, autant les sensations obtuses (échappant à ce sens évident) sont préservées. Ou encore *Rashomon* de Kurosawa : si la pluie accompagnant les témoignages (doute, équivoque), si le soleil chatoyant dans la forêt (désir, fièvre),

46. Ou encore : voyez comme Ford recherche (et refaçonne) des ambiances vespérales signifiantes, très sombres dans *L'Homme qui tua Liberty Valance*, très chaudes dans *My Darling Clementine*, etc. Mais ceci est plus spécifique à l'œuvre fordienne, volontiers crépusculaire, nocturne.
47. Cependant Ozu serait plus proche de Renoir dans son ouverture très documentaire à la lumière naturelle telle qu'elle s'offre. En quelque sorte pré-moderne.

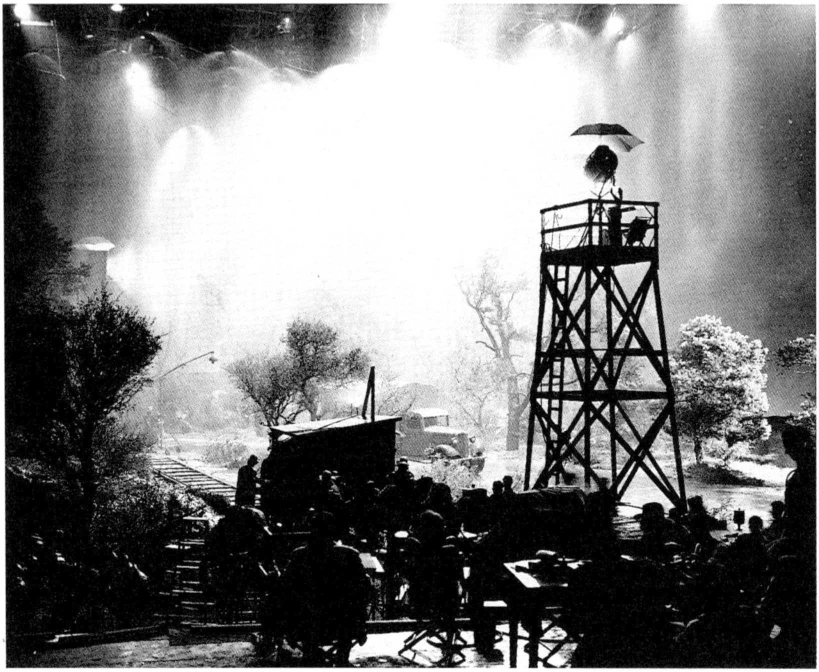

Deux attitudes classiques.
Fabriquer un atmosphérisme signifiant (tournage de *Cape et poignard*, Lang).

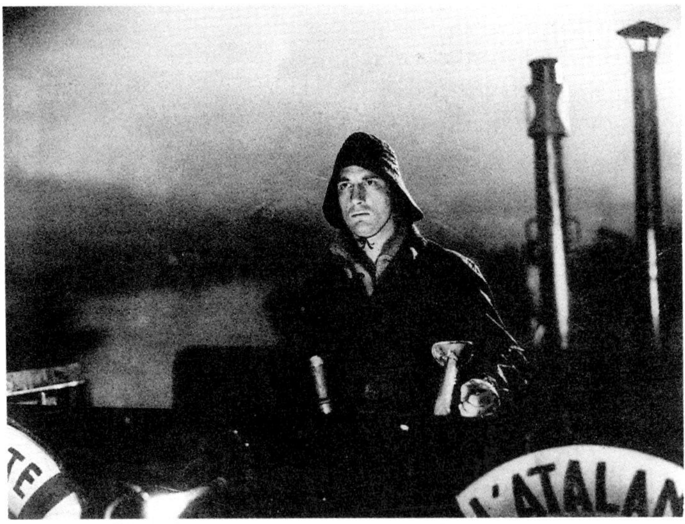

Ou le rechercher dans la nature même (*L'Atalante*, Vigo).

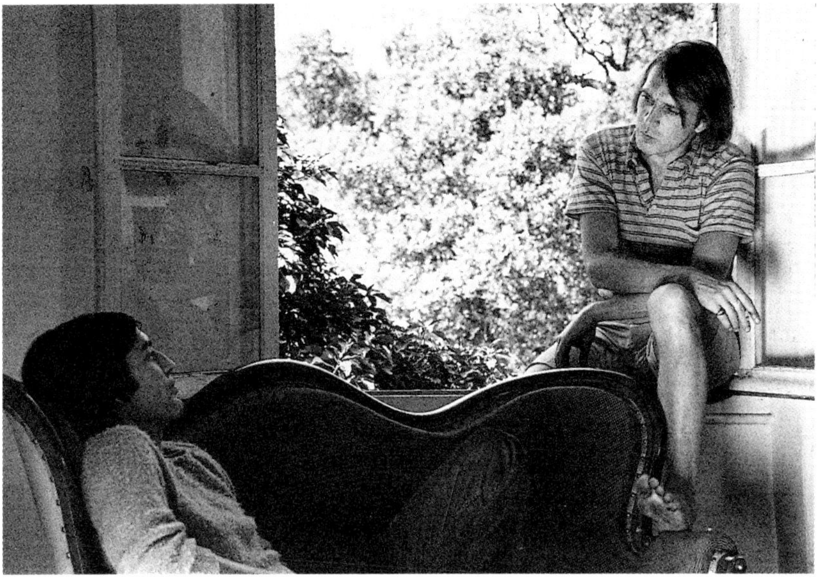

Deux attitudes modernes.
Respecter l'absence de sens rencontrée dans la nature (*La Collectionneuse*, Rohmer).

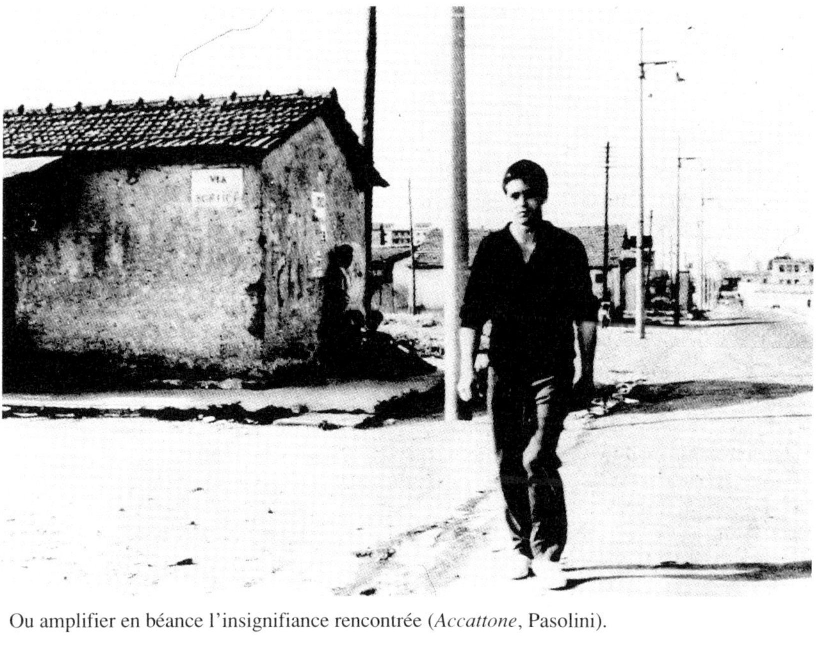

Ou amplifier en béance l'insignifiance rencontrée (*Accattone*, Pasolini).

sont récupérables dans l'ordre du sens, ils ne s'y résument ou réduisent pas. Ainsi chez les Français, avec peut-être moins de raffinement, les sensations recueillies en étant d'autant plus libres envers le sens cultivé, recherché.

C'est vrai chez Vigo, quoique les ciels de *L'Atalante,* gris bouché ou noir charbonneux, désespérés ou déchirés, soient éloquents, jusque dans cette matière photographique mate et sobre reflètant quelque chose de la condition rudimentaire (misère et simplicité à la fois) de ce petit peuple marinier. Mais enfin, c'est réduire au sens obvie un travail lumineux qui recherche aussi bien les sensations obtuses (par définition inexprimables).

C'est vrai chez Pagnol, qui enregistre telle quelle la lumière naturelle provençale, sans rechercher d'états particulièrement signifiants, en un geste à cet égard documentaire, mais en maintenant une élection lumineuse des acteurs (au demeurant, le théâtre qu'il sort dans la nature reste assez académique).

C'est particulièrement vrai chez Renoir. Bien entendu, l'atmosphère lumineuse du *Déjeuner sur l'herbe* ou de *Partie de campagne* n'est pas neutre (détentes champêtres et volages : ambiances printanières), comme celle de *La Nuit du carrefour* (drame obscur, enquête pataugeante : nuit et pluie) ; mais on voit bien que le cinéaste ne cherche pas davantage à contrôler le sens : passé le choix d'une saison et de certaines atmosphères précises, il fait avec le temps, le climat, la lumière qui vient. Il ouvre son projet aux impondérables atmosphériques. Parfois en les intégrant à lui, comme comblé par eux : ainsi le passage de l'averse balayant la fin de *Partie de campagne*, sans doute scénariquement non programmé, apporte bellement du sens, avec des sensations. Néanmoins, toute variation atmosphérique n'est pas ainsi récupérable dans l'ordre du sens : la lumière vit sa vie, parfois au près, parfois au loin de lui ; et Renoir n'est pas homme à canaliser la vie (lumineuse, aussi bien). Cette aptitude à faire avec la lumière du monde telle qu'elle s'offre au moment du tournage a bien quelque chose de prémoderne, de pré-rossellinien (48).

Nous voici au seuil d'un véritable naturalisme (atmosphérisme) moderne, tout simplement documentaire, tout naturellement non signifiant (ou ne signifiant qu'une « tache aveugle », qu'une béance de sens : on va y venir).

---

48. On s'en est tenu ici aux écoles japonaise et française. Mais tout ceci vaudrait aussi bien pour un Satyajit Ray : classicisme épuré, naturalisme-réalisme sobre (en intérieurs comme en extérieurs). Entre temps, il est vrai, la modernité est passée par là.

Pour mieux le mesurer d'emblée, comparons quelques films qui peuvent l'être. Soit *Anatahan* de Sternberg ou *Jeux d'été* de Bergman, tous deux tournés en plein air et en plein soleil : ici et là, je peux parfaitement connoter l'atmosphère solaire à la brûlure du désir, le cinéaste insistant sur cette connotation. Soit maintenant *La Collectionneuse* de Rohmer, semblablement tourné aussi en plein air et en plein soleil : pas un seul plan n'impose une telle connotation, l'été est là, point, sans que le cinéaste en joue métaphoriquement.

Le cinéma moderne ne recherche pas d'états lumineux allégoriques, procède bien plutôt d'un contact immédiat, intuitif, avec le monde : si un cinéma cultive, l'autre recueille.

Proposition qui n'est pas que théorique. Rossellini sera prêt à tourner quelque temps qu'il fasse, c'est-à-dire à enregistrer à cet égard aussi « *les choses telles qu'elles sont* », viennent ou s'offrent, sans même guetter une « bonne » ou « belle » lumière, comme l'atteste E. Serafin quant au *Voyage en Italie* (49).

Une attitude documentaire qui se traduira d'ailleurs aussi (autre conception du cinéma, autre maîtrise) par l'apparition de ce que le cinéma classique redoute comme la peste et nomme « fausse teinte » et « faux-raccord lumière » : une variation ou une saute de luminosité, au fil d'un plan ou d'un plan à l'autre. Fausse ou faux à ses yeux, bien sûr, alors qu'il s'agit d'un phénomène tout naturel (50). Au contraire, le film moderne enregistre les accidents, aléas ou aspérités du réel, de sa lumière ici, ses libres variations, comme autant de signes dont le sens n'est ni évident ni garanti. Godard jouera du faux-raccord lumière, procédant des conditions et méthodes de tournage mêmes mais élevé chez lui à l'état de figure moderne : il en jouera, comme toujours, à la fois gravement et ludiquement, comme mise à mal ou brocardage de la représentation classique cohérente et lisse, ainsi dans *Les Carabiniers* (51). Mais surtout, des naturalistes comme Rohmer ou Straub-Huillet enregistreront (en plans-séquences ou longs) les « fausses » teintes

49. Entretien avec Enzo Serafin dans *Voyage en Italie de R. Rossellini* par Alain Bergala, Éd. Yellow now, coll. « Long métrage », 1990.

50. Une subite tempête de sable (naissante au plan précédent) amène comme un faux-raccord lumière au début de *Johnny Guitar* de N. Ray. Ce genre d'irruption du réel (même si on l'a produite) ne pouvait que frapper aux yeux de ceux qui feront la Nouvelle Vague, à commencer par Godard.

51. Ou dans *Une femme est une femme*, ponctuellement, de façon non seulement ludique mais très gracieuse. La luminosité du ciel étant sensiblement différente d'un plan à l'autre d'une même séquence, Godard fait dire à Karina : « *C'est fou comme la lumière a changé en une heure* », récupérant diégétiquement un changement à vue.

résultant des modulations naturelles de la lumière : enregistreront ainsi des rencontres, consonantes ou dissonantes, entre du sens exact (situation et dialogue chez celui-là, gestuelle et texte chez ceux-ci) d'ordre théâtral-culturel, acquis, et des sensations libres, d'ordre naturel, inné. Un passage nuageux assombrissant l'image ou un rayon de soleil l'illuminant pourront confirmer ou contredire la situation et le propos, de façon non fabriquée et non contrôlée. Ici, la lumière atmosphérique n'obéit pas à un *studium* sensé (ou peu, chez Rohmer, où la saison n'est pas sans rapport avec le sujet), elle véhicule librement du *punctum* sensoriel. Et si subitement un signe fait sens, en une fulgurante évidence soudain rencontrée, cet instant est de grâce.

Ainsi va le monde, ainsi va sa lumière : éventualité ponctuelle d'un sens, au sein d'une absence générale de sens. Où l'on retrouve toute la différence entre classicisme — transparence instaurée, assurée et permanente — et modernité — évidence rencontrée, aléatoire et fulgurante. Cela même que rejoue la figure hautement moderne de la grâce, du miracle, de la révélation. Qui peut d'ailleurs passer par un signe lumineux, à condition que celui-ci soit fondé dans la nature, comme dans l'exemple unique et fameux du *Rayon vert* rohmérien. (Qu'il ait été finalement fabriqué, après une longue attente pour le saisir dans la nature, ne change rien au fait essentiel qu'il s'agisse d'un phénomène naturel, d'une preuve émanant de la nature. En revanche, importe beaucoup le doute maintenu sur ce signe à peine perceptible : l'évidence même n'est pas garantie).

Mais si un signe peut factuellement faire sens, l'évidence est improbable et rare : ce qui règne, c'est l'absence ou la béance de sens.

Absence : voici généralement des états atmosphériques purement dénotés, nullement connotables. Béance : voilà ponctuellement des états atmosphériques qui remarquent l'inévidence ou le mystère du monde (52). En réalité il n'y a qu'un pas de l'une à l'autre : si Rohmer, Straub-Huillet ou Depardon s'en tiennent à l'absence (et encore, c'est à la limite, chez les Straub), bien des modernes glissent — tout naturellement ! — vers la béance : un ciel qui ne signifie rien bientôt signifie le rien. A peine un pas : la moindre insistance du plan sur ce ciel (par le cadrage et la durée) suffit à le franchir ; la moindre importance accordée à un ciel blanc ou gris (ou trop bleu) suffit à en souligner l'ambiguïté ou opacité. Mais, enfin, on retrouve bien en

52. Citons au passage un cas tout à fait spécifique mais très explicite : le brouillard englobant le couple au début d'*Identification d'une femme* d'Antonioni. Fondée dans la nature, métaphore d'une béance, d'un hiatus.

termes atmosphériques la notion d'amplification. Rossellini l'atteste assez : aucun sens ne peut être généralement imputé à la lumière naturelle qui baigne son œuvre ; néanmoins cette lumière signale ponctuellement le mystère de la nature (de la Création divine) comme à la fin de *Stromboli*, indique la tache aveugle du monde comme à la fin d'*Allemagne année zéro*. En ce que l'on ne peut que paradoxalement qualifier de métaphores, puisqu'elles sont rencontrées et non construites ; en ce que l'on ne peut que paradoxalement qualifier d'états signifiants, puisqu'ils signifient une béance de sens.

De même pour tous ces ciels vides, neutres, mais à la blancheur comme brûlée, à la griseur comme bouchée (ou encore au bleu comme bataillien) qui traversent le cinéma moderne, de Rossellini à Bresson, de Pasolini à Antonioni, de Godard à Wenders, d'Eustache à Garrel (et encore de Godard à Straub, ou à Moretti, pour le bleu) (53). Ils oscillent entre l'absence et la béance de sens ; comme par exemple chez Godard (pour s'en tenir aux débuts : *A bout de souffle* ou *Pierrot le fou* sont du côté de l'absence, *Bande à part* ou *Les Carabiniers* à mi-chemin, *Vivre sa vie* ou *Le Petit soldat* du côté de la béance, ce dernier film recherchant des états lumineux signifiant le non sens). Ils fusionnent l'absence et la béance du sens, comme par exemple dans *Accattone* ou le *Journal d'un curé de campagne* (ou encore dans *Faux-mouvements*, dans *Liberté, la nuit*, etc.), à la frontière entre celle-ci et celle-là, à la limite d'une métaphore, mais fondée dans la nature, mais d'un sens aveuglé.

Ils témoignent d'une inévidence du monde. Et ceci aussi bien quand on peut y voir une certaine religiosité, comme dans les Rossellini, Bresson ou Pasolini qu'on vient de citer. Cieux à la blancheur insondable ou griseur impénétrable : dire qu'ils sont trace d'une inévidence de Dieu (de son silence), c'est dire autrement qu'ils sont trace d'un sens manquant, d'un lien (entre l'homme et le monde) enfoui (54).

---

53. Ch. Tesson soulignait chez Moretti (*La Messe est finie*) la troublante opposition entre la limpidité lumineuse du monde et l'opacité de l'homme. Ce qui vaut chez bien des modernes, que le propos soit comique (Pasolini, Godard, Rozier, Moullet, Stévenin) ou non (Pasolini, Godard, Bergala, Limosin). *In* « Mission impossible », *Cahiers du cinéma*, n° 391, janvier 1987.

54. En revanche, Pialat opère une démarche limite pour un moderne dans *Sous le soleil de Satan*, retrouvant (superbement) dans les cieux l'affrontement entre Bien et Mal (clarté et obscurité) qui hante son personnage. Plus proprement moderne était la démarche de Bresson dans le *Journal*, laissant son prêtre se débattre entre Bien et Mal sous un ciel neutre, vide : ne signifiant qu'une béance.

Si métaphore il y a, c'est donc documentarisée et à plat, écrasée sur le réel même, son insignifiance ou mystère. Si — car enfin cette luminosité est et reste celle du monde au moment du tournage, l'état brut des choses, aussi bien sans connotation aucune.

Métaphores documentairement rencontrées d'un mystère du monde. Il ne s'agit bel et bien de rien d'autre dans l'œuvre actuelle de Godard, non sans sublime ou sacré en ce mystère. Certes, il recherche dans la nature (et la civilisation) des états lumineux pathétiques ; certes il augmente ce pathétique par le montage, leur juxtaposition (55). Certes, il y a là des faits de langage, mais pour mieux chanter un grand mystère inscrit dans le réel même.

---

55. Rappelons que même dans *Nouvelle Vague* le travail de la lumière naturelle (plans sur le ciel, les bois, le lac) relève, bien plutôt que d'une dramaticité classique, de l'enregistrement d'un pathétique mystère du monde.

Symbolique de l'esprit : éminence ou immanence ?

La conception classique de la lumière reproduit la vision classique du rapport entre l'homme et le monde, exprimée par toute la tradition métaphysique et philosophique. Classiquement (disons vite : de Platon à Hegel), l'esprit éclaire les choses, qui étaient obscures et qu'il rend lumineuses, limpides, intelligibles. En les triant et les classant, en les organisant et les hiérarchisant, en une opération de sélection-élection. Dans le cinéma classique, la lumière n'en va pas autrement. C'est une lumière qui ne vient pas des choses, du monde, qui va sur elles, qu'on projette sur lui. Et avec elle du sens, un sens non donné par les choses, par le monde, et dont on le(s) charge. *Une lumière qui ne vient pas de lui et qui rend le monde intelligible.*

Lumière *éminente*, tout comme le sens — explicite, patent — qu'elle instaure « du dehors ». Dans cette conception, le monde est surplombé par l'esprit générateur de sens : expression qui s'applique fort bien à la lumière classique.

Conception traditionnelle avec laquelle rompra Bergson, pour qui la lumière au contraire émane des choses et vient (ou non) sensibiliser la plaque noire, comme photo-sensible, de notre cerveau, de notre conscience. Rupture avec laquelle on peut rapprocher la rupture moderne en matière de conception générale de la lumière au cinéma (ce qui ferait grand plaisir à Bazin, père théorique du cinéma moderne, marqué comme on sait par Bergson). Ce cinéma en effet laissera émaner du monde sa (ses) propre(s) lumière(s), toutes choses ayant ainsi égalitairement la possibilité de frapper notre conscience. Lumière qui vient troubler la conscience, l'interpeller, sans rendre le monde intelligible, sans illustrer une thèse ou délivrer un message. Conception inverse : *une lumière qui vient de lui et qui garde le monde inintelligible.*

Lumière *immanente*, tout comme le sens — larvé, latent — qui émane « du dedans ». Dans cette conception, l'esprit est troublé (ou frappé) par le sens qui gît enfoui dans le monde même : expression qui s'applique fort bien à la lumière moderne.

Cette fondamentale opposition de principes vaut bien entendu à tous égards. Mais elle se vérifie notoirement dans la représentation de l'Esprit — dont la lumière, faut-il le dire, est le symbole même.

Dans le classicisme, elle consiste toujours en une métaphore apportée et cultivée, instaurée et patente. Ceci est flagrant quand le cinéaste met en

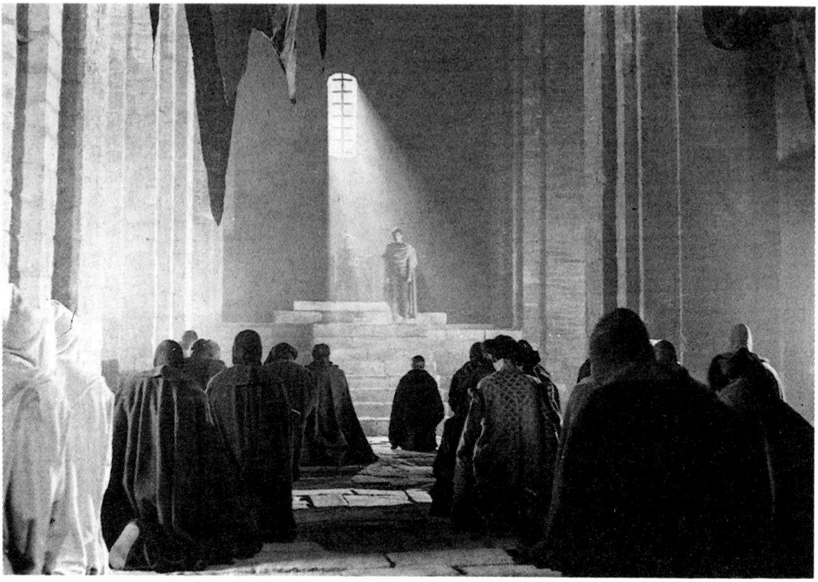

Dans le classicisme, la métaphore spirituelle est instaurée (*Falstaff*, Welles).

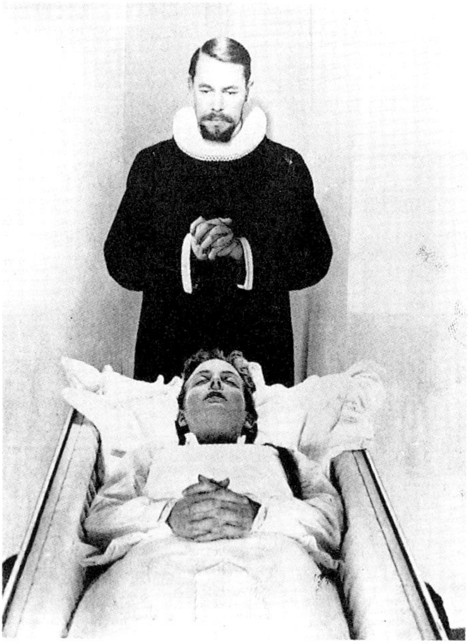

Chez Dreyer de même, mais la lumière semble émaner du monde (*Ordet*).

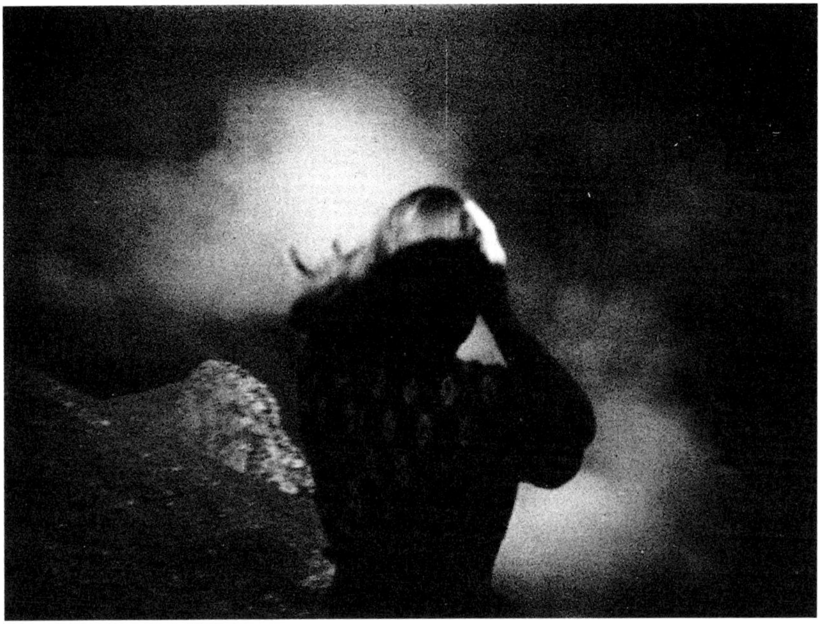

Dans la modernité, la métaphore spirituelle, fondée en nature, est boulonnée sur le réel, sur son opacité (*Stromboli*, Rossellini ; *Le Journal d'un curé de campagne*, Bresson).

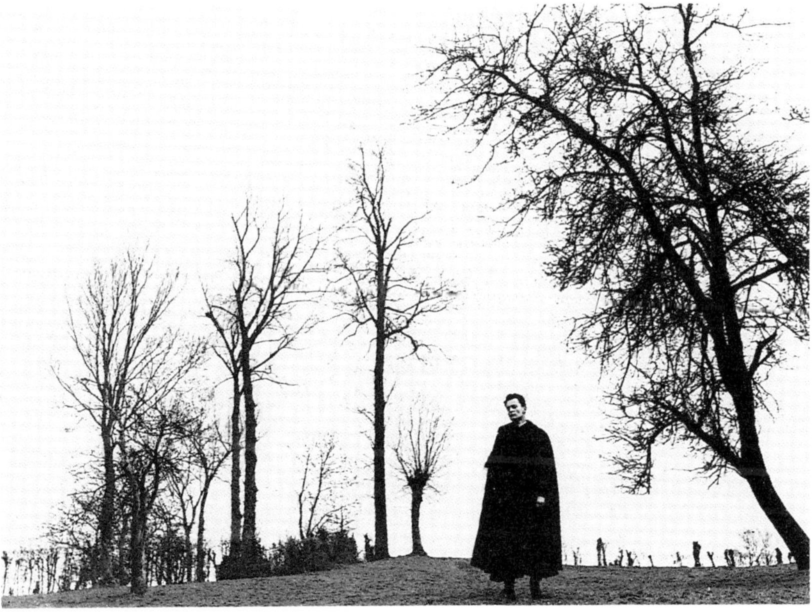

scène la figure archétypique de la lumière divine, venant du haut de l'écran, irradiant le monde, comme dans le début du *Faust* de Murnau, à la fin du *Plaisir* d'Ophuls (les prostituées à l'église) ou au milieu du *Sacrifice* de Tarkovski (l'étreinte avec Maria). Ce qui se fait rarement, d'abord parce que cette figure a vieilli : elle était courante en peinture, mais le cinéma est art du XXe siècle ; sans doute encore parce qu'une telle figure dévoile le geste classique lui-même, le divulgue en le reproduisant : elle renvoie au créateur démiurge, qui engendre en coulisses une lumière (un éclairage arbitraire et irréaliste) s'originant hors le monde (représenté). Figure dangereuse à manier, livrant au grand jour la conception classique de la lumière, sa formule divinement théâtrale — alors que l'art classique veut que le créateur démiurge cache son jeu, fasse oublier l'opération manipulatrice qui est la sienne.

Mais, classiquement, l'esprit est toujours insuffllé au monde, en un artifice théâtral — que la métaphore spirituelle soit fabriquée, façonnée ou recherchée. Si le *Faust* en donnait la preuve première et magistrale, il n'y a de ce point de vue pas de différences entre des démarches pourtant diverses, de Sternberg à Dreyer, de Mizoguchi à Kurosawa, de Bergman à Tarkovski (ou Has, Lopouchanski, Zanussi, ...)

Propos qui appelle une nuance importante. Moins la spiritualité nous semble artificiellement plaquée sur le monde, plus elle nous semble infuse et diffuse en lui, plus nous sommes troublés. Ainsi chez Dreyer, ou encore chez les Japonais, ou même chez Tarkovski. Comme s'il y avait là, au sein même du classicisme, quelque chose qui nous renvoyait au trouble moderne...

Voyez chez Dreyer. Il s'agit bien classiquement de l'instauration, de la fabrication théâtrale (en studio) d'une lumière métaphorique de l'esprit (humain et/ou divin). Mais si la métaphore est éminente, la lumière nous apparaît immanente (56). C'est que pour Dreyer, qui le scrute et le radiographie, l'esprit est partout, dans et derrière les êtres et les choses. Ainsi, d'être comme lui totale et radicale, sa métaphore en devient littérale. « Para-moderne », car elle est instaurée. Il n'empêche que, de *Jeanne d'Arc* à *Dies Irae*, d'*Ordet* à *Gertrud*, cette lumière spirituelle ou cet esprit lumineux semble

---

56. Même quand il a affaire avec le surnaturel ou le divin, Dreyer évite tout irréalisme lumineux. Ainsi dans *Ordet*. L'effet dans lequel Johannes croit voir l'âme d'Inger traverser un mur est aussitôt fondé dans le réel (phares de voiture). L'effet de lumière divine avant la résurrection (à travers la fenêtre qui dessine une croix, derrière le pasteur et le cercueil : métaphore explicite) reste parfaitement réaliste.

bel et bien émaner des êtres et choses mêmes, du monde même (et Bazin saluera donc ce principe d'immanence de la lumière dreyérienne, à propos d'*Ordet*) (57).

Chez les Japonais, qui conjuguent fabrication, façonnage et recherche d'une lumière métaphorique de l'esprit, l'affaire est de moindre envergure et le trouble est moindre, sinon justement en ce que, de tradition animiste, ils ont un don rare pour trouver de telles métaphores spirituelles dans la nature même. D'où, ici et là, une sensation d'immanence dans *Dersou Ouzala* de Kurosawa, *Onimaru* de Yoshida, *La Ballade de Narayama* d'Imamura...

Il y a d'ailleurs de cela chez Tarkovski. Le sacré ou sublime vient chez lui à la fois d'une théâtralisation des éclairages, d'une fabrication ou recherche d'états atmosphériques métaphoriques (c'est encore une théâtralisation) et d'effets signifiants de montage, interne ou non, entre ces divers états (c'est toujours une théâtralisation). Le trouble tient moins à quelques moments d'immanence instaurée ou rencontrée qu'en ce que la manipulation, plus joliment appelée magie cinématographique, rejoint le mystère ontologique. Mais si cette quête mystique, baroquisante, d'un esprit (divin) dont l'omniprésence n'a d'égale que l'inévidence retrouve d'une certaine façon l'idée moderne d'une spiritualité enfouie dans le monde, c'est tout au bout d'une métaphore construite et instruite de l'esprit.

Qu'on ne s'y trompe donc pas. Le sublime ou sacré classique et baroque procède d'une théâtralisation métaphorique de la lumière, il est instauré et patent. Dans la modernité au contraire, il est documentairement rencontré, à l'état latent, dans le monde tel. Non plus un sublime ou sacré conduit (conçu) par « en haut », par l'écriture ou langage, mais induit (reçu) par « en bas », par l'ontologique (58).

La seule figure que connaisse le cinéma moderne, à la lumière réellement immanente, émanant du réel (nature ou civilisation), est celle d'un esprit — comme d'un sens, on comprend que c'est un tout, une seule et même chose — inscrit, enfoui dans le monde même.

Le mystère (lumineux, aussi bien) du monde : voilà ce qu'enregistrent et traquent les modernes, de Rossellini à Bresson, d'Antonioni à Pasolini, de Godard à Garrel. La fin de *Stromboli* ou d'*Allemagne année zéro*, *Le Journal*

57. André Bazin, *Le Cinéma de la cruauté*, Flammarion, 1975. Article dans *France-Observateur*, 1956.
58. On évoquera bientôt la démarche du Godard actuel, où le « haut » poursuit, prolonge le « bas ».

d'un curé de campagne, *L'Avventura* ou *Accattone*, *Le Petit soldat*, *Liberté, la nuit* (pour ne citer qu'eux) : si la lumière est esprit, c'est une spiritualité immanente au monde, qui reste latente, diffusément engrammée en lui comme en filigrane. C'est dire à quel point la métaphore (divine ou spirituelle) est boulonnée dans le réel, écrasée sur lui. Très exactement : interdite (59). Encore est-elle métaphore d'une présence absente, d'une absence présente de Dieu ou de l'Esprit, du sens enfin — le mystère du monde s'entend en termes plus ou moins religieux —, en somme du lien entre l'homme et le monde, enfoui, ne faisant pas évidence. Cette blancheur insondable, cette griseur impénétrable, si elle est trace de Dieu (ou de l'esprit, bref, du lien, du sens), elle est l'écho de son silence ou inévidence (60). Si métaphore il y a, c'est documentarisée, à plat, fondée dans la nature ; c'est d'une béance, d'une tache aveugle.

« Si », car au fond la métaphore, écrasée, larvée, ne fait pas même évidence. Par exemple : qu'en est-il chez Straub-Huillet (au matéralisme déclaré) ; y a-t-il ou non chez eux (comme dans le matérialisme gréco-romain) une spiritualité de la nature que le cinéma enregistrerait et révèlerait ? Prudence donc : ne pas trop charger la lumière moderne d'une connotation métaphorique (de l'esprit) qui n'est jamais patente. En vérité, Straub-Huillet sont à l'exacte limite entre les deux attitudes modernes, qu'on retrouve enfin ici : l'une qui se refuse à souligner l'immanence comme à amplifier l'inévidence, l'autre qui souligne l'immanence comme elle amplifie l'inévidence.

Spiritualité en tout cas littérale, car ici le réel et le spirituel ne font qu'un, ou pour mieux dire : le réel est le sacré. Spiritualité immanente et latente, mystérieusement enfouie dans le monde (61).

---

59. Le cas de Pasolini appelle une remarque particulière. *Accattone* illustre ce que nous soulignons ici. Mais, au dernier plan de *Mamma Roma*, le pas de la métaphore christique explicite sera franchi, quoique l'effet demeure très réaliste : rai de lumière tombant d'un soupirail sur le fils comme crucifié de la sainte putain. Plus tard, dans *l'Evangile selon Saint Matthieu*, on aura une lumière naturelle généralement insignifiante, neutre, indiquant néanmoins parfois une spiritualité immanente-latente (plans d'ensemble de paysages). Et, ponctuellement, patente ; cependant que la métaphore est prélevée dans la nature (ciel divin, lorsque Jésus prie sur la montagne) ou fondée en elle (orage, lors du calvaire).

60. Il y a de cela dans *Nazarin* de Bunuel ou dans *Les Communiants* de Bergman, ce qui participe d'une certaine modernité de ces films (plus largement, de ces auteurs), quoique toujours assez métaphoriques.

61. Finalement, à ces mots, le Pialat de *Sous le soleil de Satan* fait bel et bien œuvre moderne.

Tout ceci étant dit, reconvoquons Godard. Plus que jamais, les états lumineux pathétiques qu'il traque dans la nature et la civilisation ne sont pas sans sublime ou sacré, chantent un grand mystère du monde (ce romantique a quelque chose d'un mystique). C'est encore un fait moderne : radiographie d'une spiritualité diffuse et obtuse engrammée dans le monde même, quête d'un lien ou sens enfoui. Mais ce mystère est ici nettement relayé, vivement amplifié par des faits de langage. Photographique, à la prise de vues (un exemple : contre-jours obscurcissant les plans sur les arbres dans *Nouvelle Vague*) ; cinématographique, au montage. Le langage est certes encore au service d'une inévidence première du monde, qu'il exprime. La magie cinématograhique est certes encore asservie au mystère ontologique, qu'elle prolonge. Néanmoins, il y a chez Godard une certaine quête de théâtralité (fondée en nature, mais), une certaine culture de la métaphore (rencontrée dans le réel, mais) qui le porte aux limites de la modernité, en une zone paradoxale (que lui seul sait explorer).

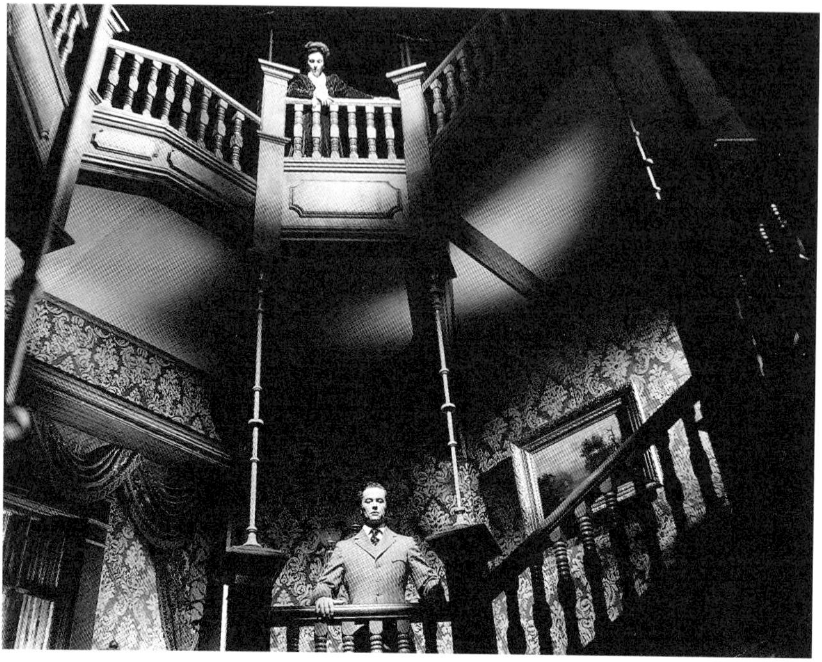

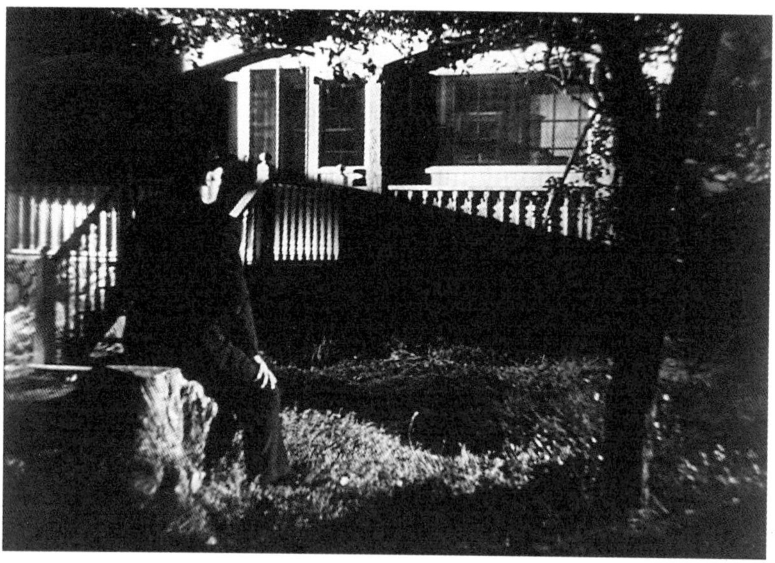

La griffe de Stanley Cortez, sensible chez Welles comme chez Laughton (*La Splendeur des Amberson*, *La Nuit du chasseur*).

IV. EN PRATIQUE
Un film étape par étape

1. Un sujet, vu par…

Le vrai sujet

Le sujet du film serait ce qui déterminerait essentiellement sa lumière. Cette proposition sonnant comme une évidence mérite pourtant d'être largement relativisée, à plus d'un titre.

Primo, cette détermination par le sujet (pour simplifier : par l'histoire, le scénario) vaut au plus pour le cinéma classique, plus relativement, inégalement ou irrationnellement pour le cinéma baroque, et plus guère pour le cinéma moderne. En toute logique, vues les définitions mêmes de ces catégories ; ce que confirment les illustrations déjà données.

Ainsi, selon le type de cinéma que fait tel auteur, un même « sujet » (entendu ici au sens le plus large ou lâche) sera perçu et traité de façon radicalement différente, sur la lumière comme à tous égards. Par exemple, il est assez évident que Pasolini et Schroeter ne verront pas Médée de la même façon, dans la même lumière ; que Bresson et Boorman n'appréhendent pas le même Lancelot ni dans la même lumière ; qu'en revanche il y a une certaine proximité dans l'approche et le traitement qu'ont Bresson et Dreyer de

Jeanne d'Arc... qu'assurément un Delannoy percevrait et éclairerait tout différemment ! On pourrait continuer à loisir, imaginer inversement le scénario d'*A bout de souffle* traité par Siodmak, celui de *La Mort d'Empédocle* traité par Welles : bref, on retrouve le fait que dans la modernité le sujet du film n'implique plus une dramatisation-théâtralisation des éclairages dans le sens du récit (1).

Etant entendu que, même classiquement, le sujet ne donne pas en soi le parti pris global sur la lumière ; n'indique pas même automatiquement si elle sera directionnelle dure ou ambiante douce (ou les deux), etc. D'autant que le rapport de l'éclairage au sujet peut être paradoxal. Par exemple, le parti pris lumineux de Brian de Palma pour son remake de *Scarface* va à l'encontre des canons du genre : « *C'est violent et très dramatique, mais il ne voulait pas éclairer dans ce sens-là. Il voulait une lumière douce et jolie, gentille. (...) Et ainsi on voit que ce sont des gens violents* », souligne l'opérateur J. Alonzo (2).

Ainsi donc, on s'en serait douté, le vrai sujet du film c'est son auteur. Ou, si l'on veut : ce sujet vu par ce sujet, cet auteur.

Secundo, corrélat logique : plus il y a auteur, plus ce premier principe se vérifie. Quelle que soit la catégorie cinématographique dont relève cet auteur, bien entendu.

Dans l'univers du studio où le réalisateur est généralement tenu pour un artisan (rarement promu au statut d'auteur), l'opérateur dispose volontiers d'une certaine marge de liberté créative (souvent au moins aussi importante que celle du réalisateur, parfois même plus). S'instaure généralement une certaine diversité des éclairages au fil de la filmographie d'un même auteur-artisan du studio classique, à la fois par la variété des sujets (scénarios) traités, par la diversité des opérateurs convoqués, par leur relatif libre-arbitre même. Voir, à cet égard, les œuvres des auteurs-artisans hollywoodiens, d'Hathaway à Walsh (3).

---

1. Ceci ne s'applique donc plus (en tout cas plus aussi radicalement ou totalement) à un cinéaste de la rethéâtralisation comme Téchiné ; qui prouve cependant dans *Les Innocents* qu'il peut filmer un drame en lumière et couleurs chaleureuses, à l'encontre de la dramatisation la plus conventionnelle.

2. John Alonzo, cité par Kris Malkiewicz, *Film Lighting : Talks with Hollywood's Cinematographers and Gaffers*, New York, Londres, Prentice Hall Press, 1986.

3. Ou Huston, quoique sa position soit davantage celle d'un auteur indépendant.

Paradoxe apparent : l'univers hiérarchisé, cloisonné du studio, par son corporatisme même, a pu offrir une relative aire de liberté aux opérateurs, affirmant d'autant plus un certain style personnel qu'il y avait moins d'auteurs. Cependant, même dans cet univers, plus il y a auteur affirmé et confirmé — Stroheim, Sternberg (qui disait régler lui-même les éclairages), Lang, Ford, Hitchcock, Welles — plus un style de lumière apparaît maintenu au fil de l'œuvre entière ; de même qu'il y a une plus grande unicité des sujets traités, et volontiers élection d'un ou deux opérateur(s) attitré(s), tout ceci allant au fond de pair.

Et depuis la fin des grands studios-usines et le développement d'un cinéma qui se veut auteuriste, les opérateurs ont d'une certaine façon perdu en autonomie d'action, se retrouvant plus asservis à la volonté esthétique du réalisateur, plus présent. Rappelons qu'il n'était pas rare, dans l'univers du studio, de voir des réalisateurs s'en tenir à la direction d'acteur, ne s'intéresser que de loin aux éclairages. Ainsi Stanley Cortez déclare-t-il : « *Le plus souvent, le réalisateur se contentait de m'expliquer le sens général de la scène, avant de sortir du plateau, et j'avais la charge d'organiser moi-même la construction technique du plan, le mouvement, la lumière, les angles. Et lorsqu'il revenait, il n'avait plus qu'à s'occuper des acteurs ; il était bien rare qu'il modifie quoi que ce soit à la préparation du plan.* » Propos caractéristique de la division du travail hollywoodienne et de l'importance du directeur-photo dans la grosse machine du studio classique (4).

Aujourd'hui plus que jamais donc, la lumière du film dépend de l'auteur, de sa vision du sujet (en admettant qu'il y ait vraiment auteur !). Ce qui n'empêche pas pour autant l'opérateur d'apporter sa propre touche, notamment par l'établissement fréquent de couples soudés réalisateur-opérateur.

Cependant, il ne faut pas se leurrer. A part chez les plus grands auteurs, les partis pris de lumière d'un film sont le plus souvent très vagues : la première tâche de l'opérateur sera celle d'une sage-femme, d'un accoucheur du projet même, encore en gésine. Empressons-nous d'ajouter que cela ne veut pas

4. Stanley Cortez oppose également « la structure hollywoodienne cloisonnée » à l'échange ouvert entre réalisateur et opérateur qu'il décèle en Europe. *Cinématographe*, n° 68, juin 1981. Douglas Slocombe, vétéran des studios britanniques passé à Hollywood, déclare de son côté : « *Les grands metteurs en scène hollywoodiens disposaient d'une structure pré-établie : ils arrivaient sur le plateau script en main, tout était prêt, chacun à son poste, autonome : la machine des studios était presque automatique* ». *Cinématographe*, n° 69, juillet 1981.

dire qu'un grand auteur a nécessairement en tête « toute faite » la lumière de son film ! Mais on reconnaîtra l'auteur au fait de savoir ce qu'il veut, et surtout ce dont il ne veut pas (5).

Pour autant, gardons-nous enfin de réduire l'auteur — seul vrai sujet du film — à une catégorie montée sur pattes, lancée sur rails. En-deçà et au-delà des catégories, la subjectivité propre de l'auteur reste heureusement toujours (des quelques partis pris initiaux aux multiples choix réels ultérieurs) le seul maître à bord... avec celle de son second, l'opérateur.

Deux pour une image

En règle générale, il apparaît bien que plus il y a auteur plus il y a rencontre de son goût personnel avec le goût personnel d'un opérateur (sinon, avec les deux ou trois opérateurs proches de ce même goût). L'histoire du cinéma est jalonnée de tels couples, y compris dans l'univers moins auteuriste du studio (6).

A lui seul, ce phénomène de couples devrait trancher la question lancinante du style de l'opérateur. Oui, l'opérateur a un style personnel : c'est cela même qui autorise la rencontre avec un (quelques) auteur(s) dont le goût va dans le même sens que celui de cet opérateur !

Si un opérateur est censé pouvoir concevoir n'importe quel type de lumière, s'il arrive qu'il aime à s'essayer à des genres divers voire opposés,

---

5. Cela dit, un parti pris de lumière peut fort bien évoluer aux yeux de l'auteur, parfois par le plus grand hasard. Par exemple, Dreyer voyait d'abord *Vampyr* en noirs et blancs fortement tranchés, selon la tradition expressionniste du genre fantastique ; une imperfection d'éclairage ayant donné des rushes à la photo grisâtre, Dreyer décida avec son opérateur Rudolph Maté de reconduire cette « erreur », d'en faire le principe lumineux du film : comme quoi le hasard (qu'il a su saisir) a poussé l'auteur dans la voie qui devait être la sienne (qu'il a su reconnaître sienne), voie de la blancheur équivoque, abstraite, en rupture avec les canons classiques... déjà engagée dans *La Passion de Jeanne d'Arc*. En vérité, le hasard n'a fait ici que rejoindre une démarche déterminée.

6. Pour mémoire : B. Bitzer - Griffith, K. Freund - Murnau, F.A. Wagner - Lang, E. Tissé - Eisenstein, W. Daniels - Stroheim puis Cukor, L. Garmes - Sternberg, B. Glennon - Ford, G. Toland - Hawks, E. Laszlo - Aldrich, E. Richard - Welles, Y. Atsuda - Ozu, K. Miyagawa - Mizoguchi, C. Matras - Ophuls, G. Figueroa - Bunuel, S. Nykvist - Bergman, T. Delli Coli - Pasolini, G. di Venanzo - Antonioni, G. Rotunno - Visconti et Fellini, S. Mitra - S. Ray, R. Coutard - Godard, N. Almendros - Truffaut et Rohmer, S. Vierny - Resnais, V. Youssof - Tarkovski, B. Nuytten - Duras, V. Storaro - Coppola, R. Müller - Wenders, A. de Almeida, Ruiz. Ou encore : J.-Y. Escoffier - Carax, D. Lenoir - Assayas.

l'évidence n'en demeure pas moins : tel opérateur a (plus ou moins) un goût pour tel type de lumière, ce qui l'amène à travailler (plutôt) avec untel ou untel (7).

C'est déjà vrai dans le cinéma de studio, malgré son caractère d'industrie ne favorisant guère les rencontres et les couples ; ce qui permet corrélativement de mesurer d'autant les permanences de goût ou style d'un opérateur quel que soit le réalisateur avec lequel il travaille. Comme par exemple Stanley Cortez (goût pour une image *low key* à forts contrastes, en volume) ou Lee Garmes (goût pour les détails lumineux, la broderie fine en lumière directe) ; de même qu'on a pu relever avec pertinence la *north light* de John Seitz, les arrière-plans aigus de Gregg Toland, les halos ténébreux d'Eugen Schüfftan, l'éclairage mat de Gabriel Figueroa, etc. Néanmoins, l'industrie du studio tend aussi à produire nombre d'artisans atypiques quoique talentueux (comme, à Hollywood, H. Stradling, K. Struss, R. Surtess, J. Wong Howe, ou G. Périnal en Europe).

C'est *a fortiori* vrai dans un cinéma se voulant auteuriste, où le goût (style) propre de l'opérateur s'exprime plus nettement encore sous forme de goût commun avec quelque(s) auteur(s). Ainsi, chacun sait qu'Almendros travaille (-ait) surtout la lumière solaire ; que Nykvist travaille (désormais) une lumière fidèle et sobre, crue en extérieurs jour, basse en intérieurs ou extérieurs nuit ; que Storaro travaille plutôt une lumière infidèle chaleureuse et luxuriante en couleurs ; qu'Alekan travaille plutôt une lumière très contrastée, saturant noir, blanc et couleurs ; etc. Ou encore : il est peu probable qu'un moderne fasse appel à Rotunno, maître de l'éclairage en studio (de Visconti à Fellini). Tel auteur s'adresse donc à tel opérateur en connaissance de cause, en fonction précisément du style de celui-ci.

Cependant, la personnalité de chacun ne se résume bien sûr pas au couple ! Ni celle des auteurs : il y a une dominante photographique chez Franju qu'il travaille avec E. Schufftan, M. Fradctal ou tel opérateur ; chez Bresson qu'il travaille avec L.H. Burel et surtout G. Cloquet ou P. de Santis ; etc. Ni celle des opérateurs : Schüfftan marque de sa griffe non seulement tels films de Lang ou Pabst, mais encore d'Ophuls, Franju, Mocky ; Gregg Toland travaille la profondeur de champ chez Ford, Hawks, Wyler et le jeune Welles

7. Un seul exemple d'opposition : le même Rudolph Maté a signé la photo de *La Passion de Jeanne d'Arc* de Dreyer et celle de *Gilda* de Ch. Vidor (1946), très classiquement dramatisée, architecturée, élective.

de *Citizen Kane* ; Stanley Cortez a des traits de style expressionnisants bien reconnaissables qu'il œuvre pour Welles (*La Splendeur des Amberson*), Lang (*Le Secret derrière la porte*), Laughton (*La Nuit du chasseur*) ou Fuller (*Shock Corridor*). A vrai dire, opter pour un tel opérateur c'est opter pour un type de photographie, et Cortez déclarera même tout net : « *Je n'ai jamais demandé à un metteur en scène, ni à Welles, ni à Laughton, ni à Fuller, ni à quiconque, de me dire ce qu'il voulait voir sur l'écran, au point de vue photographique* » (8).

Il ne fait pas de doute que les grands opérateurs ont une esthétique personnelle. Au demeurant, il n'est pas rare qu'ils revendiquent l'influence de maîtres déclarés dans l'histoire du cinéma (ou de la photographie, voire parfois de la peinture, ceci surtout chez les opérateurs européens, notamment français). Allusions à des maîtres qui témoignent bien d'un goût (sinon style) propre... que partagent peu ou prou les auteurs qui font appel à eux.

Néanmoins, reconnaître un style propre à l'auteur et à l'opérateur n'annule évidemment pas pour autant le fait qu'il y ait des dominantes stylistiques caractéristiques de telle époque, école ou mouvance. Signalons que c'est à cette conclusion même qu'aboutit l'étude rigoureuse menée par une chercheuse américaine, Sharon A. Russel, sur les réalisations de six opérateurs plus ou moins proches de la Nouvelle Vague (N. Almendros, G. Cloquet, H. Decae, W. Kurant, J. Rabier, E. Richard) : elle dégage tout à la fois des points communs de la Nouvelle Vague, en ce qui concerne la qualité, la quantité, la directionnalité de la lumière et de l'ombre, et des permanences propres au travail de chaque opérateur (9).

Que les opérateurs aient un goût ou style propre, que les auteurs y trouvent chacun leur compte : parfait. Reste bien sûr à savoir quel auteur, pour faire quoi. Mais encore faut-il qu'il y ait auteur ! Car, comme le rappelle R. Berta : « *Malheureusement oui, il y a un style* (l'opérateur). *Je dis malheureusement parce que si un opérateur impose son style, c'est que le réalisateur ne sait pas faire de cinéma et a engagé un opérateur pour le faire, ou bien qu'il n'y a pas eu dialogue* » (10).

Dialogue. Voilà sans doute ce qui tracasse le plus le profane un tant soit peu curieux, cet alchimique échange entre réalisateur et opérateur. Puis entre

---

8. S. Cortez, *Cinématographe*, n° 68, juin 1981.

9. Sharon A. Russel. *Semiotics and Lighting : A Study of Six French Modern Cameramen*, Boston, UMI Research Press, 1973.

10. R. Berta, *Cahiers du cinéma*, n° 395-396, mai 1987.

eux et le producteur, le décorateur, le cadreur (s'il y en a un), l'étalonneur ; entre eux et les acteurs. Comment en sont-ils arrivés à la lumière du film ; que s'est-il passé avant, pendant et après le tournage ?

Il y a autant de réponses que de films (sans qu'on puisse même généraliser par auteur ou couple). Tentons néanmoins de suivre pas à pas la genèse d'un film (idéel) et de sa lumière, en examinant systématiquement ce qui va la déterminer à un titre ou à un autre. Car, même si l'on admet que le sujet d'un film (incluant auteur et opérateur) détermine très généralement sa forme et donc sa lumière, il faut mesurer pleinement tout ce qui, au cinéma, intervient (sinon s'interpose) entre le projet idéel et sa réalisation concrète.

2. *Du sujet à l'objet*
Du scénario au tournage

Le scénario

Soit un scénario, transmis par un réalisateur à un opérateur de son choix. A propos : celui-ci sera-t-il disponible en temps voulu, et sinon, dans quelle mesure son remplacement par un autre opérateur modifiera-t-il la lumière du film (11) ?

La lecture du scénario renseigne fort peu sur la lumière désirée ; et il est très rare qu'il soit accompagné d'une documentation plus explicite (des dessins, comme en exécute Kurosawa ; des photos, comme en joignent parfois Godard ou Carax). Le genre de lumière souhaitée se discute ensuite, quasi indépendamment du texte du scénario, ne serait-ce que parce que l'éclairage recoupe des questions de tout autre nature (veut-on voir les fonds ou pas, etc.) ; et de toute façon il ne pourra s'affiner qu'au cours de la préparation, en fonction des décors et de l'action qu'ils abriteront (éventuellement, l'opérateur dessinera alors des schémas d'éclairage) (12).

Certes, le scénario mentionne traditionnellement les diverses séquences, indiquant s'il s'agit d'intérieur ou d'extérieur, et précisant « jour » ou « nuit » (parfois « soir »). Mais ces fameuses indications, si elles comptent au tournage dans la logique générale de l'éclairage (telle séquence est censée se passer de jour ou de nuit), ne présagent nullement de celui-ci, ni en quantité, ni même en qualité : une séquence diurne peut être faiblement éclairée et une séquence nocturne peut l'être abondamment, ce que le film enregistre dépendant — outre les partis pris d'éclairage — de la pellicule, sa sensibilité et son exposition (diaphragme, filtres). Qui plus est, l'éclairage peut considérablement varier au fil des plans qui composent cette séquence. Mais ces mentions, reportées au tournage sur le clap et donc sur le film, servent en laboratoire pour l'étalonnage des rushes : « jour » indique une exposition normale, « nuit » (et « jour pour nuit », c'est-à-dire « nuit américaine ») indique un

---

11. Citons un exemple : sur *Où que tu sois* d'A. Bergala, W. Lubtchansky a finalement remplacé R. Berta, non sans conséquences sur l'image (acceptées par le cinéaste, bien entendu).
12. Seuls les films publicitaires occasionnent parfois un « scénario-lumière », quand ils appellent des éclairages sophistiqués aux coûts de réalisation élevés. Une bonne occasion, pour un opérateur, de cultiver ou explorer son art photographique.

tirage spécial, le film ayant été délibérément tourné en basse saturation de couleurs. Ce qui permet, en cours de tournage, de visionner des rushes approximativement étalonnés, d'avoir une image approchant du résultat souhaité. On peut aussi visionner des rushes non étalonnés, tels que le négatif original : il faut alors s'imaginer le résultat, bien différent.

Puisqu'il est ici question du lien entre situations scénariques et traitement photographique, soulignons qu'évidemment certaines séquences — d'intérieur, ou de nuit, et *a fortiori* d'intérieur nuit — appellent plus volontiers que d'autres — d'extérieur jour — un apport et par là une construction (soit-elle réaliste) des éclairages. Classiquement, ce sont dans les scènes d'intérieur et/ou de nuit, par excellence d'intérieur nuit, que l'arbitraire lumineux se donne le plus à voir ; là où le cinéaste et son opérateur apportent et construisent quasiment à partir du noir les éclairages (quelle que soit la logique impliquée par le décor, existant ou fabriqué). Si un extérieur jour ne peut guère permettre, classiquement, que des effets d'éclairage secondaires (on est bien obligé d'y respecter peu ou prou une logique naturaliste), un intérieur à huis clos permet au contraire de se détacher de la nature, sinon de ses lois, d'aller vers un arbitraire maximal : ainsi, exemples canoniques et paroxystiques, tous les films noirs, dans les scènes de bar, de boîtes, d'arrière-boutiques, d'officines quelconques où se retrouvent à huis clos les personnages. C'est d'ailleurs un problème classique que les passages d'intérieurs en lumière construite à des extérieurs en lumière naturelle (passages qu'évitent volontiers les films noirs en s'enfermant en intérieurs et/ou de nuit).

Pour prendre un exemple récent et bien connu, *L'Année du dragon* de Cimino est caractéristique de cela : les extérieurs jour baignent dans une lumière ambiante non architecturée mais truffée de tous les effets annexes possibles (néons, girophares, etc.) ; les intérieurs à huis clos ou de nuit, notamment dans les scènes de genre entre malfrats, affichent des attaques latérales marquées dans le pur style classique ; et les extérieurs nuit sont suréclairés, le duel final nocturne soulevant une apothéose lumineuse expressionniste, à coup de batteries d'arcs.

Arrêtons-nous d'ailleurs sur le cas (on ne peut plus courant, bien sûr) d'un extérieur nuit, stipulé dans un scénario ; la façon de le réaliser en disant long sur le type de cinéma dans lequel on s'inscrit. En effet, tournera-t-on réellement de nuit, en lumières existantes éventuellement renforcées (matériel léger, équipe réduite, mais pellicule très sensible), ou en rééclairant largement (matériel lourd, équipe importante, pellicule de sensibilité moyenne), ou encore pratiquera-t-on une nuit américaine, en tournant en fait de jour,

LA « NUIT AMÉRICAINE »

Ou « jour pour nuit » (« *day for night* »). Elle consiste en des effets de nuit alors que la prise de vue a lieu :

De jour, en sous-exposant (de 2 diaphragme), et en utilisant des filtres dégradés (gris ou polarisants) pour assombrir le ciel et/ou l'avant-plan, et obtenir un échelonnement de valeurs : le ciel, les masses du paysage (naturel ou urbain), le sol. Le tout au prix d'une perte de détails dans les zones ombrées et d'une image dure.

En couleurs, tout en sous-exposant, on recherchera une dominante bleue (en évitant de trop filtrer les bleus à la prise, et en œuvrant en ce sens à l'étalonnage). Les sources lumineuses — d'autant plus nécessaires qu'on sous-expose — doivent être dirigées latéralement, de trois quarts en retrait du sujet, pour donner du relief et du contraste (on filme donc en quasi contre-jour).

Entre chien et loup, en filmant à grande ouverture durant « l'heure magique » au point du jour ou « les minutes en or » à la nuit tombante : il faut donc faire vite. D'où un meilleur réalisme des lumières existantes (fenêtres et vitrines illuminées, éclairages de rue, feux des voitures, etc.), de trop faible intensité pour être correctement perçues et rendues dans le cas précédent (pour la petite histoire, Fritz Lang revendique pour lui-même et Fritz Arno Wagner la paternité de cette méthode, qu'ils auraient découvert en 1932-33 sur le tournage du *Testament du Dr Mabuse*) (13).

13. Lotte H. Eisner, *Fritz Lang*, p. 79, Éd. de l'Etoile - Cinémathèque française, 1984.

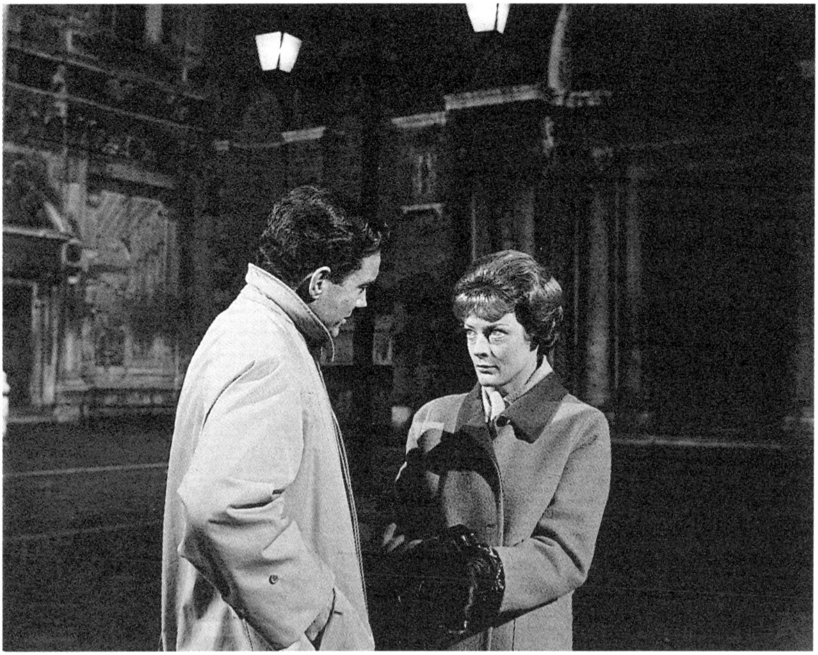

Classicisme : éclairer artificiellement la nuit, assurer une parfaite lisibilité (*Anyone for Venice...?* Mankiewicz).

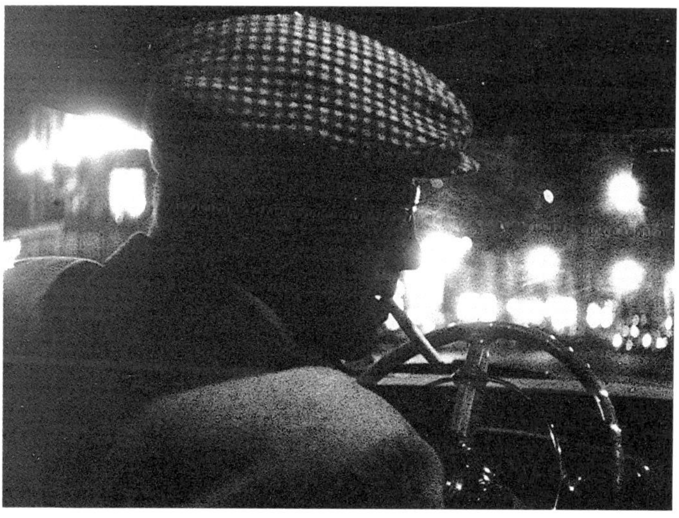

Modernité : opérer en lumière existante, quitte à malmener la lisibilité (*A bout de souffle*, Godard).

sous certaines conditions précises ? On le perçoit nettement ici, dans le cas d'une scène de nuit : un choix scénarique implique aussitôt un choix esthétique (le rendu n'est pas le même), pratique (le plan de travail n'est pas le même) et financier (les besoins en matériel, en techniciens et en temps ne sont pas les mêmes) (14).

L'attitude la plus classique, éclairer les extérieurs nuit (parfois vastes) avec des moyens importants, est non seulement la moins réaliste (jusqu'à y voir de nuit comme en plein jour, ceci étant rarement légitimé par la présence de sources dans l'image) mais la plus coûteuse à tous égards (moyens matériels et humains, durée d'installation de l'éclairage). La nuit américaine, trop vite décriée par certains comme un artifice (ce qu'elle est, certes) prolongeant la convention théâtrale d'une teinte bleutée pour figurer la nuit (ce qu'elle peut être, certes), offre pourtant, si on y veille, une option plus moderne qu'il n'y paraît : la luminosité nocturne s'en trouve plus égale et neutre que dans un classique éclairage de nuit (voir *Passage secret* de L. Perrin), les lumières existantes de nuit (fenêtres éclairées, lampadaires, feux de voitures, etc.) peuvent être fidèlement rendues en filmant entre chien et loup, et l'opération est beaucoup moins coûteuse, nécessitant peu d'apport d'éclairage. Cependant, le parti pris moderne sera de tourner réellement de nuit, en lumières existantes, ce que permet une pellicule d'autant plus qu'elle est sensible ; mais Godard ou Pialat, Rivette ou Eustache n'attendront pas les fabricants pour tourner ainsi, ce qui suppose d'utiliser au maximum les sources disponibles, sans être obsédé par la lisibilité à tout prix. Citons *Paris nous appartient* (1961), où Rivette attendait les passages de bateaux-mouches illuminés pour tourner certains plans de nuit ; citons *Le Père Noël a les yeux bleus* (1966), où Eustache maintenait ses acteurs déambulant dans le noir absolu d'un réverbère à l'autre. On mesure pleinement l'écart qu'il y a entre l'éclairage classique d'une scène nocturne, trichant (souvent grossièrement) avec la réalité pour maintenir le triple impératif dramatisation-hiérarchisation-lisibilité, alors que la modernité respectera au plus près le réel, son opacité (de sens), et jusqu'à la limite de la lisibilité.

Mais, sauf si tel est le projet, on ne tourne qu'exceptionnellement de nuit en seules lumières existantes, car elles sont rares et faibles : le plus souvent, il faut rééclairer peu ou prou. On se trouve même parfois un peu comme en

---

14. « *Ma productrice me dit :* "Tes intérieurs de nuit, ça serait mieux que tu les tournes de jour". *Et moi je dis :* "Je suis prête à sacrifier deux jours pour avoir la nuit" », Chantal Akerman, *Libération*, 4.10.1989.

studio, à concevoir une lumière à partir du noir. Ce qui ne cesse d'inquiéter un moderne : « *Ce qui faisait peur à Rohmer,* déclare R. Berta à propos des *Nuits de la pleine lune, c'était les plans de nuit surtout en extérieur où il fallait partir de zéro avec la lumière, sans points de repères dans la réalité* » (15). Ce qui gêne moins un auteur comme Carax, J.-Y. Escoffier n'ayant pas hésité, comme on l'a dit, à rééclairer totalement les extérieurs nuit (hors studio comme en studio) de *Mauvais sang,* moins préoccupé de réalisme que de retrouver quelque chose de la bande dessinée, quelque imagerie enfantine (comme, autrement, *La Nuit du chasseur*). Ce qui ne gêne nullement un classique, dont les éclairages sont de toute façon dramatisants et électifs, hors comme en studio, de nuit comme de jour, le réalisme des séquences nocturnes n'étant souvent que purement conventionnel.

Cependant, même si en l'occurrence elles restent généralement assez pertinentes, on ne peut plus ramener trop mécaniquement la question à une affaire de catégories cinématographiques. Tout dépend du projet précis, du sujet ou scénario considéré. Un néo-classique tel Scorsese peut être amené à travailler plutôt à partir des lumières existantes, certes revisitées, pour un film nocturne comme *After Hours* (mais dès qu'il le peut, il théâtralise vigoureusement l'éclairage : la scène dans la boîte de nuit). Des modernes tels Straub-Huillet peuvent être amenés à travailler plutôt en lumières apportées et construites, certes pas trop arbitraires mais classiquement théâtralisées, pour un film comme *Amerika, rapports de classes* (scènes d'intérieurs et d'extérieurs nuit dans la forêt, mais les extérieurs jour en lumière solaire sont d'une totale neutralité). On sait même précisément que, pour ce film, la seule indication avant le tournage de Straub à Lubtchansky, laissé très libre de ses éclairages, fut : « *comme* Duelle*, mais en noir et blanc* ». Il a donc travaillé classiquement avec des projecteurs Fresnel (lumière directionnelle bien localisée). Mais, pour les extérieurs jour, Straub retrouvait aussitôt sa pente naturelle, lui déclarant : « *Maintenant, la lumière ce n'est plus toi qui la fais, on la laisse exister* » (ce qui laissait Lubtchansky perplexe sur l'intégration de ces plans en lumière naturelle brute dans un film conçu essentiellement en éclairages construits) (16).

---

15. Problème qu'on retrouve toujours en studio, et parfois dans certains intérieurs nuit. R. Berta, *Cahiers du cinéma*, « Méthodes de tournage », n° 364, octobre 1984.
16. D'après A. Bergala, *Cahiers du cinéma*, « Méthodes de tournage », *ibid.*

Ainsi donc, la lecture du scénario, même quand on en connaît le réalisateur et ses penchants esthétiques, ne permet guère d'imaginer la lumière qui sera celle du film. Dont le cinéaste n'a d'ailleurs lui-même souvent qu'une vague idée. L'objet dactylographié ne disant en soi pas grand-chose de la lumière souhaitée, la première tâche de l'opérateur sera de discuter avec le cinéaste de son projet, d'approcher (par approximations et éliminations, le plus souvent) les principes généraux de cette lumière à venir : une fonction de sage-femme, de médecin-accoucheur d'un projet lumineux généralement encore en gésine, imprécis sinon carrément flou. Première phase du dialogue, sans doute d'abord esthétique, mais que l'opérateur n'oubliera jamais de traduire bientôt en termes concrets, pratiques, c'est-à-dire d'abord et enfin financiers : tout est possible, mais pas au même prix !

Mais, avant d'aborder l'impératif du budget, auscultons ce dialogue initial, explorons ses voies.

L'échange préliminaire

Ce dialogue peut être liminaire. Les indications initiales du cinéaste peuvent être minimales (par là même, maximales) et engendrer tout un monde. Ainsi Rohmer, rien que par la couleur de couverture du scénario des *Nuits de la pleine lune*, grise, imposait *ipso facto* une série de choix. De même dans le cas déjà cité d'*Amerika* (une façon *Duelle*). Ou dans celui de *La Drôlesse*, que Ph. Rousselot expose ainsi : « *Je veux voir les visages des comédiens, le reste je m'en fiche* (lui dit Doillon). *C'était une indication extrêmement forte, parce qu'elle condensait l'envie qu'il avait et qu'elle était très précise : il fallait éclairer les avant-plans, les visages, et laisser disparaître les décors dans le flou ou dans la pénombre* » (17).

Il peut aussi s'échelonner sur une assez longue période de gestation, que cependant le système de l'industrie cinématographique ne favorise guère et ne prend jamais en compte, n'en accordant ni le temps ni l'argent (à moins d'être son propre producteur, et encore !) : cela suppose plutôt un couple réalisateur-opérateur bien établi, mais tout couple établi n'implique pas un tel dialogue. Jean-Yves Escoffier ne dit rien d'autre, qui souligne l'importance de cette gestation à laquelle Carax et lui-même accordent le plus haut prix,

---

17. Ph. Rousselot, *Cahiers du cinéma*, n° 395-396, *op. cit.*

malgré le système ; période pendant laquelle ils s'échangent des documents iconographiques, voient ensemble des films, etc. (De même qu'ils revendiquent, comme Godard, le droit de pouvoir s'arrêter pour réfléchir, chercher en cours même de réalisation, droit qui passe toujours pour un exorbitant privilège.) On le voit, ceci pose déjà la question du budget.

Dans l'un et l'autre cas, peuvent être convoquées des références plus ou moins précises, prises dans la rue ou la nature, ou à travers des représentations (essentiellement) iconographiques pré-existantes, en gravure, peinture, bande dessinée, photographie, cinéma, etc. Les exemples sont nombreux et assez connus ; le public cinéphile en raffole... aussi n'est-il guère d'intérêt d'y revenir sinon pour en limiter la portée et surtout l'interprétation. Car ces références, qui ne sont jamais que ponctuelles (propres à ce film) et indicatives (bases de travail, pas plus), deviennent des affaires quasi monstrueuses dès lors qu'elles tendent à jouer aux yeux du public averti le rôle de l'arbre culturel qui cache la forêt proprement cinématographique, avec tous les risques que cela comporte. La preuve qu'il s'agit d'un arbre éminemment culturel gisant d'ailleurs dans le fait qu'on s'attache entre toutes aux références nobles à la grande peinture (et, par cinémanie, aux références cinématographiques).

Il est vrai cependant que la peinture a largement exploré tous les états de lumière possibles et imaginables : tout éclairage cinématographique rejoint peu ou prou la manière (sinon la matière) d'un peintre ; au point qu'à la limite il y a toujours une possible référence picturale, plus ou moins consciente, plus ou moins cultivée ou affichée. Par exemple, un intérieur nuit a toutes les chances de rejoindre (plus ou moins délibérément) Le Caravage, La Tour, Rembrandt ou quelque peintre moderne. Naturellement, tout directeur de la photo qui se respecte puise dans la peinture des trésors lumineux, dont le cinéma peut, à sa façon s'approcher. Ou plutôt (suivant J. Aumont), le cinéma prolonge par d'autres moyens la peinture, est de la peinture sans pâte mais avec de la lumière (18). Mais alors, la manie référentielle n'en est que plus dérisoire, qui noie le poisson qu'elle croit ferrer, qui occulte que tout film est « pictural » !...

Entendons-nous bien : la liste est longue, fameuse et indiscutable des références picturales, anecdotiques ou fondamentales, dans la lumière de tel film. Et alors ? Une fois que l'on sait cela, que sait-on, en quoi est-on avancé ?

---

18. Jacques Aumont, *L'Œil interminable : cinéma et peinture*, *op. cit.*

Relever l'influence de Munch ou autre sur l'expressionnisme est tautologique. Noter que le Dreyer de *Dies Irae* retrouve Rembrandt est une évidence stérile. Constater que les films d'époque de Truffaut évoquent La Tour revient à constater qu'ils sont éclairés à la bougie. Dire que le Rohmer de *La Marquise d'O* retrouve Vermeer, c'est dire autrement que ce strict naturaliste s'en tient à un sobre naturalisme, jusque dans la qualité de lumière solaire pénétrant les intérieurs (par les fenêtres, auprès desquelles se tiendront donc volontiers les personnages). Etc. Au demeurant, les références picturales jouent pratiquement le plus souvent un rôle d'*historicisation des images du film*, renvoyant à l'époque (très exacte ou très lâche) à laquelle est censée se situer l'action — époque généralement antérieure à l'éclairage électrique —, ainsi évoquée à travers sa peinture, ses maîtres. Ce qui ne veut certes pas dire que leur choix est esthétiquement neutre. Mais ce choix ne fait souvent que confirmer ce que l'on savait déjà ou mesure par ailleurs : par exemple que Rohmer-Almendros ne trichent pas avec la lumière naturelle dans *La Marquise d'O* (lumière solaire, miroirs et soft-lights qui « compensaient à peine les contrastes ») alors que Kubrick-Alcott trichaient habilement avec elle dans *Barry Lyndon* (lumière solaire, mini-brutes et lampes lowel pour rééclairer les intérieurs) (19).

En vérité, comme on devrait commencer à le savoir, le cinéma le plus pictural n'est pas nécessairement celui qui met en branle des références notoires à la peinture : *La Chinoise* de Godard, par ses aplats, l'est autrement que *La Kermesse héroïque* de Feyder ; *Le Genou de Claire*, retrouvant un espace (verticale de la montagne chutant droit sur l'horizontale du lac) et des coloris à la Gauguin, vaut bien *La Marquise d'O* ; Lumière, Ford ou Bresson ne sont pas les moins peintres de tous ; etc.

Le petit jeu des références (picturales ou autres) est sans doute pertinent, il n'est guère efficient. En revanche, les effets pervers de la manie référentielle sont bien connus et convergent tous vers un seul : l'occultation de ce qui est proprement cinématographique et filmique. (Il est vrai que les films eux-mêmes tendent aujourd'hui par trop à oublier ceci au profit de cela.) Aussi ne s'attardera-t-on pas plus sur le rôle, indéniable, que peuvent jouer les références en tous genres (parfois heureuses) dans l'alchimie de la lumière d'un film, préférant mettre l'accent sur ce qui est plus spécifique au cinéma.

---

19. *Marquise d'O* : Nestor Almendros, *Un homme à la caméra*, Paris, Hatier, 1980 ; *Barry Lyndon* : John Alcott, entretien dans *Positif*, n° 186, oct. 1976.

Sur la base du scénario et des indications qui désormais l'accompagnent, l'opérateur va pouvoir et devoir estimer les moyens nécessaires au tournage, en matériel, en hommes et en temps. S'engage alors un échange non plus à deux mais à trois, avec le directeur de production. Moment capital, car la lumière du film dépendra essentiellement du budget. Et, dans le budget d'un film, la lumière constitue (avec les cachets des comédiens) de loin l'élément le plus coûteux, économiquement déterminant.

Du budget dépend tout. La durée du tournage, essentielle quant à l'élaboration de l'image, ses moyens humains (l'équipe lumière, dont on va parler) et bien sûr matériels, à tous les stades de la fabrication (pellicule, énergie électrique, projecteurs, traitements en laboratoires).

Or, faut-il le rappeler : un sujet, c'est un budget. Chaque scène d'un scénario implique un « scénario lumière » plus ou moins coûteux. Et on a beau dans une certaine mesure pouvoir faire sans, le budget se rappelle toujours à l'ordre. Ne serait-ce que parce qu'il a bien fallu, avant tournage (hors studio, cas de loin le plus fréquent) décider du matériel qu'on embarque ; décision qui relève de discussions souvent serrées entre le chef-opérateur, qui tend naturellement à « se couvrir » en s'assurant le maximum de moyens matériels et humains, le réalisateur, qui tend à trouver que la lumière dévore une trop grosse part du budget total, et le directeur de production, qui tend toujours à limiter les coûts. Mais il sera trop tard, au moment de tourner, pour dire « *ça serait bien si on éclairait la place du village, pour les scènes de ce soir* », par exemple, alors qu'on ne s'est doté ni du groupe électrogène ni des lampes nécessaires pour cela. Le moment où l'on décide du matériel à emporter, décision hautement budgétaire en même temps qu'esthétique, est crucial : ce qu'on ne prend pas avec soi, on ne l'aura pas (ou alors à prix d'or, car il faudra le faire venir tout exprès sur le tournage).

Il va donc falloir estimer au plus juste les besoins et moyens en pellicule, en électricité, en lampes et en techniciens ; en fonction du projet, c'est-à-dire du scénario et des intentions non écrites du cinéaste, à quoi s'ajoutent déjà les lieux et la saison du tournage (voire les acteurs retenus).

Les repérages et essais

D'où l'importance, avant même l'établissement du budget, des repérages (ou, pour un tournage en studio, l'importance de la configuration des décors, mais ceux-ci sont aisément modifiables). Le repérage des lieux, intérieurs et extérieurs, n'est pas qu'une opération esthétique : c'est le moyen d'évaluer les facilités et ressources dont on disposera ou non, et donc les besoins qu'on aura, en matière de lumière : pourra-t-on faire effectuer des « branchements forains » sur le réseau électrique, ou faudra-t-il se munir de groupes électrogènes ; tel lieu est-il naturellement déjà bien éclairé ou faudra-t-il apporter de la lumière, etc. ? Toutes considérations qui déterminent le budget-lumière en même temps que l'esthétique de l'image à venir.

Comme l'indique R. Berta à propos de la méthode rohmérienne (pour *Les Nuits de la pleine lune*, en l'occurrence), un premier tour des décors (existants) éventuels permet, plusieurs mois avant le début du tournage, de « *respirer un peu l'atmosphère des lieux, de chercher des solutions de découpage et d'éclairage, mais toujours par rapport à la réalité de ces lieux et à nos moyens* ». Puis, en accord avec son opérateur, Rohmer choisit définitivement certains décors qui seront revisités trois mois avant tournage, avec cette fois-ci des essais de pellicule (20).

Evidemment, plus on va travailler en lumières existantes dans la nature ou la civilisation, plus les repérages ont d'importance. Cette option esthétique, principellement moderne, est en même temps une option (un impératif) économique. « *Avec Godard, on éclaire très peu, mais il ne nous met pas dans des situations où il y aurait à éclairer beaucoup. Il pense, quand il choisit un décor, qu'il n'y aura pas 25 électros, mais un seul avec quelques projecteurs* », souligne W. Lubtchansky, en un propos qui s'applique généralement à tout moderne : il cite d'ailleurs de même Rivette, qui peut lui aussi tourner avec un minimum d'éclairage grâce à d'attentifs repérages (21). (Au demeurant, même quand Godard a par devers lui du matériel, il en use peu, éclairant le moins possible : parti pris esthétique, plus encore que contrainte économique). Démarche moderne, typique de la Nouvelle Vague, dont on retrouve l'écho dans les propos de Robby Müller sur le Wenders du début, d'*Alice dans les villes*, où « *on avait deux lampes* », où « *on choisissait les décors en fonction de la lumière. Quand une chambre dans la nuit était trop noire... il fallait laisser tomber. J'ai appris à utiliser la lumière naturelle, à jouer avec. On a choisi des endroits où habitaient des gens, des endroits pas forcément photogéniques mais il fallait faire avec* » (22).

---

20. R. Berta, *Cahiers du cinéma*, « Méthodes de tournage », *op. cit.*
21. W. Lubtchansky, *Cahiers du cinéma*, n° 395-396, mai 1987.
22. Robby Müller, *Cahiers du cinéma*, n° 423, sept. 1989. Au demeurant, Wenders fait beaucoup de repérages avant tournage, appareil photo en mains.

Plus généralement, ce moment des repérages est en même temps, idéalement, celui d'une préparation générale du film sur autant d'aspects — décors, costumes, maquillages, coiffures — qui recoupent des questions de lumière ; ne serait-ce que parce que chaque matériau, selon sa nature et sa couleur, réagit spécifiquement à telle ou telle lumière : les peaux, les habits, les revêtements muraux, etc. Idéalement, c'est l'occasion de faire des essais photographiques, et même photogéniques, en situation. Mais le système de production ne tient guère compte de ces préparatifs, du moins en Europe ; alors qu'aux Etats-Unis ils sont plus longs et poussés, car payés. Selon N. Almendros, « *on peut ainsi avoir jusqu'à un mois de préparation* » avec le chef-décorateur, les costumiers et maquilleurs, et même les acteurs, ce qui permet de vrais essais : « *On travaille les éclairages pour voir si, en déplaçant les lumières d'un côté ou de l'autre, on ne peut pas redresser quelques imperfections, allonger un visage trop rond ou effacer un menton trop proéminent. Tout cela est étudié avant et non au moment de tourner ; ainsi, on se trompe beaucoup moins* » (23).

Ici, avec les repérages et essais, avant d'en venir au budget proprement dit, il convient d'évoquer aussi le choix de la pellicule (même si celui-ci n'intervient pas nécessairement à ce moment précis de la genèse). Car si ce choix éminemment esthétique n'a pas d'incidence majeure sur le budget — les prix des pellicules sont proches, le noir et blanc coûtant un peu plus que la couleur — il n'est pas sans rapport avec ce qui va suivre : les besoins en électricité, en lampes et en techniciens.

C'est un tout interdépendant, et dépendant foncièrement du projet lui-même. Evidemment, on ne retiendra pas la même sensibilité de pellicule pour tourner en studio avec d'importants éclairages ou pour tourner dans la rue de nuit avec un minimum de lumière apportée ; opérer en lumière existante ou disponible implique alors une pellicule très sensible, éventuellement poussée par surdéveloppement (d'où altération du grain, du contraste et de la balance des couleurs) et des objectifs à grande ouverture (d'où peu de profondeur du champ), comme dans *Neige* par exemple. Mais le choix d'une pellicule ne se limite bien sûr pas à sa sensibilité : il est tout autant guidé par son rendu des couleurs (noir et blanc, couleurs neutres, inclus), plus ou moins fidèles, plus ou moins denses (translucides, lavées, ou opaques, saturées) ; comme par son grain plus ou moins fin et serré ; enfin par sa latitude

---

23. Nestor Almendros, postface à *La Photo de cinéma* de René Prédal, Paris, Éd. du Cerf, 1985.

de pose, à savoir la quantité de sous- et surexposition qu'elle tolère, son comportement dans les très basses et très hautes lumières. Par exemple, Godard est allé dans telle scène de *Passion* aux limites extrêmes de sous-exposition acceptable par la pellicule ; un geste qui, rappelons-le, va à l'encontre des impératifs télévisuels de lisibilité interdisant des images en trop basse lumière. La latitude de pose : un critère d'autant plus important qu'on entendra sous-exposer à la prise et surdévelopper au laboratoire, augmentant alors le contraste et la granulosité. Autant d'éléments interconnectés pour un choix toujours important, parfois majeur. Par exemple (extrême), Carax et Escoffier ont testé pour *Boy Meets Girl* quasiment toutes les pellicules cinématographiques existantes en noir et blanc, avant de retenir la pellicule photographique Ilford HP 5 pour sa matité, son grain dense, et sa bonne réaction au surdéveloppement vers des contrastes élevés. (Non sans savoir ainsi réitérer le choix de Godard pour *Les Carabiniers*).

Plus généralement, les essais de pellicule avant tournage, outre qu'ils permettent au réalisateur, souvent profane en la matière, de visualiser toutes ces choses, permettent d'avancer vers des choix plus précis de lumière et de matériel. Enfin, ils sont parfois l'occasion pour l'opérateur d'expérimenter une nouvelle pellicule.

Les moyens et l'équipe

Le scénario étant croisé avec les désirs du réalisateur, les repérages et essais photographiques faits, l'opérateur va pouvoir calculer les besoins du tournage. De plusieurs ordres, étroitement interdépendants.

Primo, la quantité d'électricité requise, selon les scènes et les lieux (et la pellicule utilisée). Les branchements forains sur le réseau sont assurément économiques, mais pas toujours possibles, que les lieux ne soient pas électrifiés ou qu'on ne puisse y tirer une quantité suffisante d'énergie (cas fréquent, notamment en appartements). Auxquels cas il faut prévoir un (des) groupe(s) électrogène(s), communément installé(s) dans un camion, dont la location est fort coûteuse, sans parler de la réservation, souvent problématique sur un marché restreint.

Secundo, les lampes ou projecteurs, selon la sensibilité de pellicule, et en fonction de l'éclairage global des diverses scènes quant à leur quantité, du type de lumière souhaitée quant à leurs qualités. Largement éclairer un vaste espace supposera de se munir d'arcs et/ou de HMI ; travailler en lumière directionnelle bien localisée supposera de s'équiper en Fresnel ; assurer une lumière ambiante douce supposera des soft-lights ou des réflecteurs ; etc., etc. L'opérateur dresse une liste de ses besoins, généralement suivant les types de projecteurs et de courant électrique sur lequel ils fonctionnent (arc : continu ; HMI : alternatif ; quartz et tungstène : alternatif et/ou continu). Et si le directeur de la photographie a volontiers tendance à « se couvrir », le directeur de la production a naturellement tendance à réviser cette liste à la baisse, parfois excessivement : on m'a parlé d'un tel cas où ensuite, au tournage (en appartement), il fallait démonter l'éclairage d'une pièce afin de disposer d'assez de matériel pour en éclairer une autre, alors que ces deux décors devaient resservir (le matériel manquant a finalement dû être livré en catastrophe).

Tertio, l'équipe technique, quantitativement fonction du matériel à gérer, le tout dépendant directement du projet de film. Equipe-lumière ici, à ne pas confondre avec l'équipe-caméra (assistants et machinos), même si le directeur de la photographie est souvent en même temps au cadre ou le supervise. Equipe qui se constitue du directeur ou chef-opérateur lui-même, d'un chef électricien et des électros, à qui s'adjoint généralement un (des) groupman chargé du groupe électrogène (24).

Les électriciens ont un statut social artisanal : il s'agit d'une sorte de corporation familiale étanche, de père en fils, dont la formation s'effectue sur le terrain, sans CAP requis. Le directeur de la photo est donc le seul dans l'équipe lumière à posséder une formation spécialisée auprès d'écoles professionnelles, doublée par une période d'assistanat.

Le chef électricien a pour fonction minimale de répercuter auprès des électros les consignes du directeur-photo pour « dispatcher » les projecteurs, les installer et régler, de même que les accessoires pour circonscrire, redistribuer, diffuser ou altérer la lumière. Il y a deux cas de figure. Il peut se cantonner à ce rôle de chef d'équipe, de simple courroie de transmission, sans grande responsabilité : on ne déplace pas une lampe sans que le directeur-photo l'explicite, devant veiller seul à tout. Mais il est en revanche souvent le précieux bras droit du chef-opérateur (on pourrait citer bien des couples notoires, comme Alekan et Cochet, Lhomme et Abraham, etc.) : l'opérateur discute alors volontiers avec lui des choix et possibilités d'éclairage, fait

24. Le groupman a la responsabilité de tirer les lignes voulues à partir du camion-groupe, et s'occupe aussi de l'entretien du matériel d'éclairage (car il est attaché à la maison de location de ce matériel), le tout avec une vigilance quant à la sécurité et aux risques d'électrocution.

appel à son sens du « dispatching » des lampes dans des décors parfois très complexes à éclairer (« *on a une heure pour éclairer ce décor : je voudrais faire ça, qu'en penses-tu ?* ») ; s'en remet à sa capacité d'organisation (possibilité d'installer des projecteurs sur tel balcon ou toit, etc., rapports avec la régie) ; se repose enfin sur sa connaissance du matériel, le chef électricien pouvant adapter sur demande des projecteurs, des accessoires. Un rôle majeur donc, *a fortiori* si le film lui-même suppose des moyens et une équipe importants.

Dans ce cas, le chef électricien européen est l'équivalent du gaffer américain, jouant parfois le rôle d'un sous-directeur de la photo : direction de l'équipe, définition des temps d'exécution (le temps d'installation des éclairages, on y reviendra, est un élément décisif d'un tournage), prise en charge de nombreux problèmes annexes, implication dans l'éclairage à faire, proposition d'options. Une fonction d'autant plus importante qu'elle tient à l'extrême division du travail dans la société américaine, reproduite par les grands studios. Traditionnellement, le gaffer (et ses électros) installe les éclairages avant même l'arrivée sur le plateau du directeur-photo. (En revanche, aux USA, ce sont les machinos qui gèrent les accessoires autour des lampes : une discutable division du travail, car il vaut mieux qu'un seul individu contrôle une source). Et, classiquement, il a tendance à éclairer beaucoup : N. Almendros, grandi avec la Nouvelle Vague européenne mais travaillant désormais aux USA, raconte qu'il doit souvent faire enlever des projecteurs. Ainsi sur *Les Moissons du ciel* : « *Comme il est de tradition à Hollywood, le chef électricien préparait d'avance l'éclairage. Me retrouvant avec les arcs branchés avant chaque scène, mon travail consistait à éteindre : abandonner tout l'arsenal conventionnel mis en place* » (25).

Cependant, le corporatisme n'est pas moins vif qu'en Europe : chaque pays « défend le métier » par des barrières législatives qui prennent l'allure de murailles, depuis les questions d'embauche jusqu'à celles des horaires de travail. Tourner à l'étranger impose généralement un quota de techniciens nationaux ; y vivre et travailler régulièrement suppose d'être agréé par la corporation (ainsi Almendros aux USA).

---

25. Nestor Almendros, *Un homme à la caméra*, *op. cit.*

Le budget et le plan de travail

Bien entendu, il y a une évidente adéquation entre le type de film réalisé (et par là, la catégorie cinématographique dans laquelle il s'inscrit), la quantité d'électricité à apporter, les lampes et l'équipe technique requises. Pour prendre deux exemples extrêmes, Cecil B. De Mille et Rohmer n'ont ni les mêmes fins ni les mêmes moyens, celles-là étant déjà inscrites dans ceux-ci, et réciproquement. (Ou encore, un film comme *Senso*, sur pellicule Technicolor 8 Asa, mobilisa jusqu'à 70 arcs, avec donc une équipe considérable... et pendant six mois de tournage).

A objectifs différents, besoins différents. Et à objectifs voisins, besoins similaires. R. Berta cite à ce propos un cas instructif. Un réalisateur voulait (louable intention !) retrouver l'image des *Rapaces* de Stroheim : « *Il avait un livre avec des photos du film et je tombe sur une photo de l'équipe : ils étaient quarante et nous huit*» (26). (Encore l'équipe-lumière se réduit-elle souvent aujourd'hui, outre le chef-opérateur, à un chef électricien, deux électros et un groupman).

Adéquation entre les moyens et les fins, et réciproquement : essentiel est donc le dialogue — serré, on l'imagine — entre l'opérateur et le réalisateur, entre eux et le producteur, où, à travers le budget, c'est l'esthétique du film qui se joue déjà. Moment capital, où l'opérateur doit parfois ramener sur terre le réalisateur (surtout novice), le confronter aux réalités pratiques et économiques (exemple ci-dessus) ; tous deux se retrouvant devant un producteur pour qui (sauf rares exceptions) « *plus vite tu fais, mieux c'est* ». Formule de R. Berta qui résume le leitmotiv des producteurs ; Ph. Rousselot confirmant : « *Fondamentalement, on me demande toujours la même chose : faire la plus belle image possible dans le minimum de temps* » ; W. Lubtchansky concluant : « *Il faut que les contraintes de temps soient compensées par l'absence de contraintes de moyens, sinon on ne peut rien faire ( ) Il faut trouver l'adéquation entre les moyens et les choix esthétiques* » (27). De son côté, N. Almendros ne parle pas d'autre chose, qui souligne qu'aux Etats-Unis « *on a plus de jours de tournage, des horaires plus longs (entre 12 et 14 heures par jour, au lieu de 8 réglementaires en France) et on dispose d'une équipe plus nombreuse* » ; qu'on n'hésite pas même à y faire des

26. R. Berta, *Cahiers du cinéma*, n° 393-396, mai 1987.

27. R. Berta, Ph. Rousselot, W. Lubtchansky : tous propos extraits des *Cahiers du cinéma*, n° 395-396, *op. cit.*

retakes, à re-tourner des plans peu satisfaisants aux rushes (28). Le temps (qui est de l'argent), plus encore que les moyens matériels et humains : voilà donc ce qui est essentiellement en jeu, la durée du tournage déterminant au plus haut point ce que l'on pourra faire ou pas, quant à l'image comme au reste. Or, assurément, le système tend à tourner toujours plus vite, à ce que l'on tourne toujours au plus vite. Si l'usine à rêve hollywoodienne fonctionnait sur deux vitesses (films de rang A et séries B), la production tend aujourd'hui vers une redoutable norme moyenne de six à huit semaines de tournage (en France).

D'où l'importance, d'autant plus considérable, du plan de travail. Plan dont les lignes de force, éminemment financières (combien de temps tournera-t-on dans tel lieu, avec quels moyens ?) se dessinent au stade de la production. Ce qui amène un opérateur comme R. Berta à discuter avec producteurs et réalisateurs en termes précis pour « *se mettre d'accord à l'intérieur du spectre de possibilités dont on dispose : la possibilité n° 1 qui coûte tant, la possibilité n° 2 qui coûte tant, la possibilité n° 3 qui est encore moins chère. Mais dès qu'on pose les problèmes en ces termes, ils se sauvent. Rohmer, Godard et les Straub, eux, savent où va chaque centime* » (29).

« *Parler du plan de travail, c'est aussi parler d'esthétique* », insiste justement Berta. Surtout pour les tournages hors studio, confrontés aux lumières existantes ou non dans la nature et la civilisation, cas de figure aujourd'hui largement dominant. Car, qu'on les respecte ou s'en écarte, il faut alors compter avec les réalités changeantes de ces lumières : avec les caprices de la météorologie quant à la lumière solaire (et lunaire), avec les impondérables des lumières citadines.

Ici, distinguons deux types de prises : celles qui dépendent essentiellement de la lumière naturelle, les extérieurs notamment, et celles qui supposent un éclairage apporté, les intérieurs notamment (étant entendu que, sauf cas rares, on apporte généralement de l'éclairage, même en lumière naturelle et en extérieur).

Tourner en lumière naturelle pose aussitôt une question de plan de travail. Si l'on peut prévoir la hauteur et l'orientation du soleil, par là la longueur et la direction des ombres, on ne peut trop anticiper les conditions météorologiques, déterminantes. Par exemple, on a prévu des plans au soleil, or il y a des nuages, que fait-on ? Ou encore, la lumière solaire est idéale à tel

---

28. N. Almendros, *Cahiers du cinéma*, n° 418, avril 1989.
29. R. Berta, *Cahiers du cinéma*, n° 395-396, mai 1987.

moment de la journée, mais il y a beaucoup de plans au programme : peut-on bousculer le plan de travail, pourra-t-on revenir un autre jour ? Question brûlante, aussi financière qu'esthétique , puisqu'elle implique de mobiliser ou démobiliser l'équipe artistique et technique selon le bon vouloir de la lumière naturelle, au risque de l'immobiliser suivant ses caprices.

La réponse, la stratégie adoptée par le réalisateur, ne saurait être purement esthétique, quoique ayant d'importantes conséquences esthétiques. En effet, si l'on dispose d'un petit budget (de peu de temps) on ne pourra guère s'offrir le luxe d'attendre, de faire attendre l'équipe artistique et technique : on tourne avec la lumière qu'il y a ou qu'il n'y a pas. Plus de vérité. Si l'on a un gros budget, on peut se permettre d'attendre et faire attendre l'équipe. Plus de beauté. Si l'on a un budget moyen — c'est le cas du cinéma standard, standard précisément aussi à ce titre-là et par là — on aura tendance, pour s'en sortir, à tricher avec la lumière naturelle, à aller vers des éclairages apportés, s'abritant de ses caprices, mais perdant sa vérité et sa beauté (30).

Règle globale que confirment ses exceptions : faire un film particulièrement attentif à la lumière naturelle et à ses variations n'est guère possible qu'avec une équipe artistique et technique minimale. Ainsi certains Rohmer (*Le Rayon vert*, *Reinette et Mirabelle*), Straub-Huillet (*Trop tôt, trop tard*, *La Mort d'Empédocle*) ou Depardon (*Une femme en Afrique*, *La Captive du désert*). Sans parler de films comme *Tu imagines Robinson* de Pollet ou la tétralogie *L'Eté*, *L'Automne*, *Le Printemps*, *L'Hiver* d'Hanoun, enregistrant le cycle nycthéméral et les mutations saisonnières de la lumière : un grand plaisir, mais solitaire.

Cela dit, quoique moins lourdement et moins gravement alors, puisqu'on est libéré des caprices de la nature, le même impératif de temps pèse sur les scènes en lumière apportée et construite (notamment les intérieurs). Car la mise en place des éclairages est longue, donc coûteuse. C'est elle qui décide en bonne part, avec le jeu attendu des acteurs (déterminant le nombre de répétitions et de prises), du rythme du tournage, rien moins (l'installation de la caméra étant plus rapide).

Il suffit d'avoir assisté à un tournage pour le mesurer : le plus gros du temps est occupé par la mise en place des éclairages... pendant laquelle les acteurs s'échauffent, répètent ou vaquent ; ce qui est évidemment peu rentable pour le nombre de plans mis en boîte par jour. De plus, quand stars il y

30. Tourner en studio peut coûter moins cher qu'en extérieur, si le réalisateur n'est pas prêt à s'ouvrir aux impondérables climatiques.

a, elles ne viennent souvent que quelques jours sur le tournage, ce qui implique de tourner dans les délais toutes les scènes avec elles. D'où l'importance dans le plan de tournage de l'estimation de la durée de mise en place de tel éclairage, en tel lieu, pour tel nombre de plans ou de séquences.

Généralement, et en tout cas classiquement, les choses se passent en trois temps. On règle d'abord la scène à tourner en mettant en situation les acteurs, en déterminant approximativement leurs positions et déplacements ; tout en fixant l'emplacement et les éventuels mouvements de caméra. Puis, sans les acteurs, on installe l'ambiance lumineuse globalement souhaitée : opération d'importance pour le cinéma classique et baroque, hautement préoccupé de créer une atmosphère dramatique ; cependant, le cinéma moderne est soucieux de la tonalité générale de la lumière (neutre ou hétérogène). On recourt alors parfois à des « doublures lumière » se substituant aux acteurs, épousant leurs positions et déplacements ; bien entendu surtout dans un cinéma qui construit ses éclairages au millimètre (au risque d'y figer l'acteur, coincé dans ses marques), mais une doublure-lumière s'impose souvent pour régler les directions et intensités des projecteurs, et pour mesurer, cellule photo-électrique en main, les différences d'éclairement du personnage en tel et tel point du champ qu'il parcourt. Enfin, on affine les éclairages en présence des acteurs, suivant leurs déplacements réels, leur jeu, leurs expressions, et leur photogénie. Tout ceci impliquant un subtil ordonnancement non seulement des projecteurs, mais aussi des divers accessoires : surfaceurs (volets, nègres, etc), réflecteurs (miroirs, panneaux blancs, etc.), diffuseurs (mamas, spuns, etc), altérant la qualité de lumière (outre les diffuseurs qui la rende plus douce et « englobante », lentilles ou réflecteurs givrés, martelés, satinés), y compris colorimétriquement (gélatines).

Classiquement, toutes ces mises en place sont très lourdes et lentes. C'est bien pourquoi, dans le studio hollywoodien, cette longue mise en place des éclairages relevait du chef-éclairagiste ou gaffer, avant le contrôle du directeur de la photographie et l'arrivée sur le plateau du réalisateur et des acteurs. Système hiérarchisé qui perdure encore à Hollywood. Et même si les choses se sont considérablement allégées depuis le passage de la Nouvelle Vague (en Europe notamment), la mise en place des éclairages reste traditionnellement — ou classiquement — un imposant rituel. On comprend Rohmer qui, pour *Les Nuits de la pleine lune* (projet assez lourd, au regard de l'économie rohmérienne), redoutait selon Berta « *toute la cérémonie qu'il y a autour de ça dans le cinéma habituel : pour poser une lampe, quand il y a une équipe de quatre électros, c'est toute une histoire. Là, on a utilisé un*

A PROPOS DE LUMIÈRE RECONSTITUÉE

Quand un opérateur classique prône les vertus de la lumière *reconstituée*, il entend en fait par là *subjectivisée*. Ainsi Rotunno (le fellinien) : « *Il n'est nullement indispensable d'attendre sept heures du soir pour qu'une certaine lumière bien particulière entre par la fenêtre : on peut la reconstituer. J'estime en général que la lumière reconstituée peut être plus vraie que la vraie (...) Réalisme et vérité ne sont pas synonymes. Ce qui compte, c'est la vérité, ce n'est pas le réalisme* » (31). Ou encore Storaro (le coppolien) : « *Dans une pièce, il y a des millions de types de lumière, selon la saison, le moment de la journée. Et puis alors, selon le type d'histoire et le moment psychologique particulier du film que je tourne, il faut que j'essaye de comprendre lequel de ces millions de types d'éclairage s'adapte à ce moment de film, que je le reconstitue* » (32).

Mais ce n'est bien entendu pas la même chose qui se dit et se fait quand un opérateur moderne parle de recréer une lumière naturaliste. Ainsi Almendros (le rohmérien) pose d'abord : « *Dans un décor naturel, j'ai recours à la lumière existante, quitte à la renforcer si elle est insuffisante. (...) En intérieurs, ma lumière est également douce (soft-light), comme peut l'être la lumière naturelle* » Et, plus loin, (évoquant *L'Amour l'après-midi*) : « *J'avais été sectaire dans le passé : ma défense des décors naturels était systématique ; les studios facilitent le tournage ! Avec un effet de jour, une lumière à l'extérieur de la fenêtre quasi solaire, il est possible de travailler toute la journée sans parties de cache-cache avec le soleil et les nuages. Filmer en studio peut donner un résultat plus réaliste qu'en décor réel* » (33).

31. G. Rotunno, *Positif*, n° 266, avril 1983.
32. V. Storaro, *Positif*, n° 222, sept. 1979.
33. N. Almendros, *Un homme à la caméra*, *op. cit.*

système de batteries et de lampes à basse tension que je pouvais mettre en place en cinq minutes, sans électro. Chaque projecteur avait une batterie autonome, on n'était jamais battus, et il n'y avait pas tout le tralala habituel du cinéma » (34). Geste typiquement moderne : pour des raisons aussi bien esthétiques que financières (éthiques, somme toute), les modernes se débarrassent au maximum de cette lourde et lente machine matérielle et humaine. On pourrait citer tout aussi bien Godard, Straub, ou Rivette chez lequel l'éclairage, dont l'opérateur est très librement responsable, ne vient qu'en dernier lieu, une fois la scène répétée par les comédiens : quelques réglages, et on tourne (35). Pour saisir de la vérité sur les acteurs (professionnels ou non) comme pour saisir un nuage qui passe ou un rayon de soleil qui perce, il vaut mieux en effet une équipe légère, rapide, soudée, qu'une grosse mécanique hiérarchisée ! Et puis, n'oublions pas qu'une équipe de tournage au complet s'élève très vite à des dizaines de personnes, ce qui tend fatalement à dénaturer les lieux et déconcentrer de la scène en cours, à perturber choses et êtres (ne serait-ce que le bruit du rangement de matériel).

La durée de vie d'un éclairage

Cette lourdeur de mise en place des éclairages (coût de temps, d'argent) nous renvoie d'ailleurs à une question majeure, celle de la durée de vie d'une installation d'éclairage : pour quel temps de prise de vues, pour combien de minutes utiles installe-t-on un éclairage ? Est-ce qu'on éclaire ainsi toute une séquence, ou est-ce qu'on ne garde cet éclairage que pour un ou quelques plans ? Question où l'économique rejoint pleinement l'esthétique.

Un cinéaste classique, et *a fortiori* baroque, aura par définition tendance à concevoir un éclairage spécifique pour chaque plan. Ce serait même un bon critère du baroque : un film dont chaque plan reçoit un éclairage propre. Voire, au sein d'un plan-séquence, une construction complexe d'éclairages divers, comme chez Ophuls (36). Au contraire, par souci de réalisme, c'est-à-dire de neutralité de sens, un moderne n'a pas à générer des lumières dramatisant l'action : il tend naturellement à se dégager de l'éclairage plan par plan. A l'extrême, c'est l'éclairage Nouvelle Vague façon Godard-Coutard, à

34. R. Berta, *Cahiers du cinéma*, « Méthodes de tournage », *op. cit.*
35. D'après M. Chevrie, *ibid.*
36. Tendance qu'on pointait également chez Jarmusch.

la fois le moins cher (le plus simple) et le moins signifiant (le plus égalisateur) qui soit : on envoie tout au plafond, pour la (les) séquence(s) entière(s).

Un même éclairage pour une même scène : où l'on mesure pleinement que l'économie d'écriture moderne (économie éthique et financière : pas de débauche, ni de manières ni d'argent) est d'abord et enfin asservie au réalisme : fondamentalement, il s'agit de préserver l'intégrité (lumineuse) de l'espace-temps, au fil des plans.

Ainsi chez Rohmer ou Rivette qui, il est vrai, découpent de toute façon assez peu au tournage. Mais l'on peut découper à la prise de vues tout en gardant le principe d'un éclairage par séquence, pour tous les plans de celle-ci : d'un éclairage et un seul par espace, par lieu ou décor. Ainsi Straub, l'homme du point stratégique pour décrire un espace, de l'unique place « juste » pour la caméra, même quand il multiplie les changements d'axes, comme sur *Amerika*, « *ne construit pas sa lumière plan par plan mais une fois pour toutes, dans chaque espace, pour tous les plans qui vont s'y tourner. Ce qui l'oblige à tout fixer au plafond pour qu'on ne rencontre dans le champ aucun pied de projecteur gênant lors d'un changement d'axe* », souligne Lubtchansky (37). Ainsi encore Brisseau qui, pour *De bruit et de fureur*, « *tourne vite, à l'économie, en utilisant parfois le même éclairage pour plusieurs plans* », le pinaillage des éclairages le rebutant « *presque autant que les mouvements de caméra gratuits* ». Cependant qu'il évoque sur le tournage de *Noce blanche* une scène avec des émotions différentes et des déplacements de personnages (où V. Paradis livre à B. Cremer la vérité sur son passé) qu'il a dû découper au tournage à cause de « *problèmes liés à la lumière et à la place des ombres, très délicats* », confirmant aussitôt qu'il préfère habituellement faire des plans longs (puis couper au montage) : cas de figure inverse, où la lumière amène à découper (38).

Il ne faut cependant pas généraliser abusivement en concluant que modernité est synonyme d'éclairage unique par espace, par séquence. Tout dépend du projet singulier. Ainsi dans *La Maman et la putain* d'Eustache, opérant presque toujours en plan rapproché sur les visages, travaillant au plus près les échanges de paroles et de regards, multipliant les champs-contrechamps entre homme et femme (peuvent-ils tenir ensemble dans une même image ?), chaque plan appelle un éclairage spécifique, qui mette en valeur les visages,

---

37. D'après A. Bergala, *Cahiers du cinéma*, « Méthodes de tournage », *op. cit.*

38. Sur *De bruit et de fureur* : d'après V. Ostria, *Cahiers du cinéma*, n° 398, juillet-août 1987. Sur *Noce blanche* : propos de Brisseau, *Cahiers du cinéma*, n° 422, juillet-août 1989.

mais avec une discrétion telle que le spectateur ne remarque pas ce travail au plan par plan, perçoit une continuité lumineuse sobrement réaliste de la séquence (39).

Mais nous voici déjà en plein tournage, alors que nous traitions du budget. Reprenons donc le fil de notre genèse ; poursuivons, après les questions-clés de budget, de plan de travail et de méthodes de tournage par celle des lieux ou décors, qu'il faudra bientôt associer à celle des acteurs qui viennent les habiter, tant le cinéma est la confrontation de décors et de corps.

Les décors et les corps

Rappelons d'abord qu'on est généralement appelé au cinéma à travailler la lumière sur une échelle spatio-temporelle importante, parfois considérable : là où le théâtre éclaire un seul plateau pendant la durée du spectacle, le cinéma met en lumière dix ou cent lieux, parfois très vastes, pendant toute la durée du tournage en ces lieux. Les volumes à travailler impliquent une véritable architecture de la lumière... modulable en fonction des évolutions dans l'espace (à trois dimensions) d'acteurs, d'objets mobiles et d'une caméra, et variable dans le temps (du plan, des plans, du film entier).

Il y a deux types de lieux ou décors : existant avant tournage, ou fabriqués en studio. Lieux ou décors qui déterminent bien entendu la lumière du film, et ceci dans les deux cas.

C'est l'évidence pour un tournage hors studio. Le lieu choisi, en intérieur comme en extérieur, a sa (ses) propre(s) lumière(s) et ses propres couleurs ; sans revenir sur ses contraintes topographiques, sa configuration spatiale. On part donc des lumières et couleurs existantes — d'où l'importance des repérages, déjà évoquée — qu'on décidera de respecter ou de modifier, soit en remodelant soit en recréant complètement les éclairages et coloris, en fonction de la dramaturgie et des acteurs.

Hormis le cas d'un respect absolu de la lumière et de la couleur existante — choix moderne — le premier travail de l'opérateur sera, comme l'exprime Ph. Rousselot, de « *mettre un peu d'ordre dans le bordel visuel du monde* ». Et de poursuivre : « *Dans la pratique, 90 % du travail de l'opérateur consis-*

39. Cf. entretien (de l'auteur) avec Pierre Lhomme dans *La Maman et la putain de Jean Eustache* par Colette Dubois, Éd. Yellow Now, coll. « Long métrage » 1990.

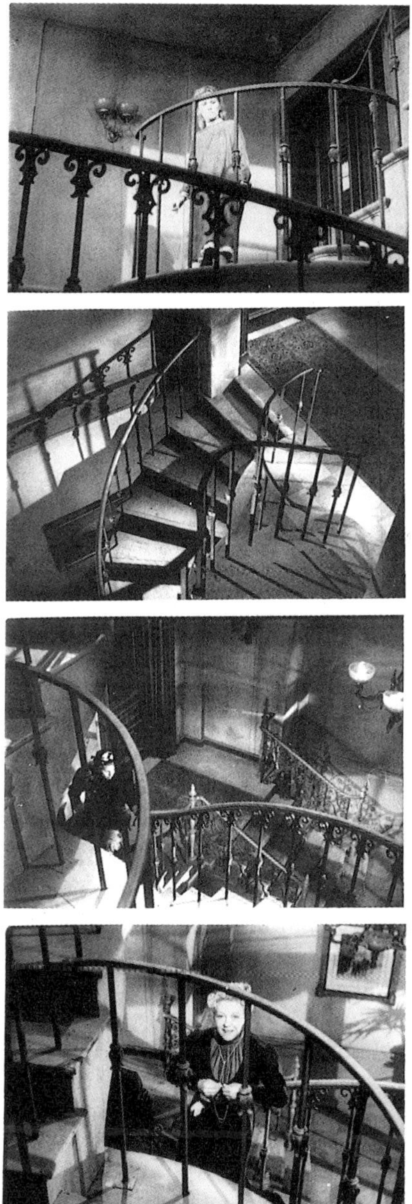

Quatre éclairages différents au fil des plans d'une même séquence : un signe de classicisme baroquisant (*Lettre d'une inconnue*, Ophuls).

te à faire le ménage. (...) C'est vraiment un processus soustractif. Dans la réalité, tout est le signe ou la trace de quelque chose, il y a une masse d'informations sans beauté ni sens. On est donc obligé de privilégier, de faire le ménage. Et c'est la volonté de faire des choix de plus en plus précis, en fonction de ce qu'on a à raconter, qui amène à une stylisation. Qui peut aller jusqu'à l'absurde, c'est le danger » (40).

Propos qui s'applique pleinement au cinéma classique ou baroque, visant à privilégier sur la réalité « sans beauté ni sens » (contrôlé, obvie) « ce qu'on a à raconter ». Qui exprime bien la démarche dominante. Mais un moderne, s'il n'a pas à gérer la question du sens, rencontre bien celle de la beauté, et peut donc avoir non seulement à sélectionner mais même à remodeler un tant soit peu la lumière et les couleurs existantes : citons ainsi le cas de *Ma nuit chez Maud*, où Rohmer n'a pas choisi le noir et blanc que pour des raisons de sujet, mais aussi pour effacer la laideur d'une cité industrielle aux coloris peu ragoûtants (41).

Tourner en studio, dans des décors construits à la demande, offre évidemment bien des avantages : on peut concevoir et modifier à loisir le décor (sa dimension et sa structure, sa texture et sa couleur) en fonction de l'éclairage ; l'opérateur et le décorateur réglant ensemble ceci au cours d'une préparation avec essais préliminaires. Phase et collaboration notoirement importantes dans le cinéma classique ou baroque (quoiqu'un moderne puisse se retrouver en studio).

Mais il ne faudrait pas croire que le studio supprime tout problème : il en entraîne d'autres. D'abord, un problème de fond, difficilement soluble, dont Ph. Rousselot (de *La Lune dans le caniveau* à *Thérèse*) est bien placé pour parler : « *On est dans un monde complètement irréel, on rentre dans un décor éclairé par les lampes de service et on ne peut s'appuyer sur rien, sur aucune expérience, aucun point de repère, c'est très angoissant. On rentre dans des décors, aussi beaux soient-ils, qui sont morts. Un décor naturel, on aime ou on n'aime pas ce qui s'y passe, mais il existe. Le studio, c'est vraiment la vie après la bombe atomique. C'est arriver dans un lieu où il n'y a rien et se dire : sur l'écran il va falloir que ça vive un peu* » (42).

Revers de la médaille du studio où, si l'on peut tout faire, il faut le faire à partir de rien, du noir. Au demeurant, peut-on vraiment tout y faire ? Ph.

40. Ph. Rousselot, *Cahiers du cinéma*, n° 395-396, mai 1987.
41. N. Almendros, *Un homme à la caméra*, *op. cit.*
42. Problème qu'on peut partiellement retrouver hors studio, dans certaines scènes nocturnes.

Rousselot ajoute que « *le studio implique des impératifs et des contraintes énormes* », qu'en studio « *il n'y a pas de place, pas de recul, et il n'y a pas de ciel, il y a des passerelles au-dessus, on ne peut pas lever la caméra* » ; inconvénient auquel répond en revanche un avantage : on y évite, grâce aux passerelles et aux dégagements tout autour du décor, la présence de pieds de projecteurs dans le décor même, ce qui libère l'espace entier du plateau, ouvert aux divers changements d'axe (mais l'outillage lumineux actuel permet de limiter ce problème en sites existants, souvent exigus, en appartements par exemple : barres-supports d'un mur à l'autre permettant d'accrocher des lampes aux plafonds, lampes-pinces, etc.).

Et Ph. Rousselot lui-même de conclure qu'on se retrouve en studio dans « *des structures un peu obsolètes* » conçues dans les années quarante-cinquante pour « *un certain style d'éclairages, avec un certain type de moyens pour les réaliser* » (43).

Maintenant dans ces lieux ou décors, nous pouvons faire entrer les acteurs. Et avec eux, la question : qu'est-ce qui va primer dans la conception de la lumière, ceux-là ou ceux-ci ? Question complexe, multiforme, qui en recoupe bien d'autres, et de taille.

Abordons-la sous son angle le plus évident, où le rapport décors-acteurs est massif : le projet implique-t-il de vastes décors dans lesquels les corps (et la caméra) vont évoluer, ou serre-t-il surtout des visages (en effaçant ou non les décors alentour), ou les deux ?

Autrement dit déjà : à quelle profondeur de champ opère-t-on, quel volume faut-il mettre en lumière, pour le voir comment à l'image (44) ? Le travail n'est assurément pas le même pour Cecil B. De Mille qui veut voir des hectares de décors remplis de milliers de figurants, pour Welles qui veut voir nettement et les acteurs à l'avant-plan et les décors derrière eux, ou pour Dreyer qui veut voir essentiellement les visages, abstrayant les décors alentour. Ou, pour prendre des exemples plus récents, ce n'est pas la même chose d'éclairer *L'Année du dragon* de Cimino mettant en jeu de vastes

43. Tous propos de Ph. Rousselot dans *Cahiers du cinéma*, n° 395-396, mai 1987.

44. De même : à quelle *largeur* de champ opère-t-on, en supposant ici le cadre immobile ? L'échelle du plan (supposé ici fixe) détermine également le champ à éclairer (sans parler du format à l'image : scope, etc.). Mais, de toute façon, le cadre est bien souvent mobile — changements d'axes et mouvements d'appareil —, déterminant ainsi l'espace global à éclairer...

décors, *Trop belle pour moi* de Blier jouant de la profondeur de champ dans des décors de volume moyen, et *Thérèse* de Cavalier travaillant le détachement des acteurs sur un décor-fond unique.

Pour dire grossièrement, il y aura besoin de beaucoup plus de lumière ainsi que de travail pour éclairer un film en relief, avec à la fois des avant- et des arrière-plans bien présents, comme *Citizen Kane* ou *La Nuit du chasseur* ou encore *Fenêtre sur cour*, que pour éclairer un film à plat, comme la plupart des Dreyer, ou *La Chinoise*, ou même *Thérèse*. Selon le projet général mais aussi selon chaque séquence particulière et le volume qu'elle implique de voir à l'image, les moyens nécessaires ne sont pas les mêmes. Rappelons que plus on veut de profondeur, plus il faut d'éclairement. Pas de problème majeur pour tourner (de jour) dans la rue ou la nature, le soleil fournissant généralement assez de lumière pour opérer sur une bonne profondeur. Mais sinon, il faut éclairer d'autant qu'on veut de la profondeur, ou augmenter d'autant la sensibilité de pellicule. Si ce n'est plus trop problématique aujourd'hui, depuis l'existence de pellicules très sensibles, ça l'était autrement ne serait-ce qu'à l'époque de *Citizen Kane*, qui impliquait d'importants moyens (matériels, humains, et donc financiers). De même, *Fenêtre sur cour* d'Hitchcock (en studio, mais peu importe ici) a dû nécessiter beaucoup plus d'éclairage que pour les récents *M. Hire* (P. Leconte) ou *Une brève histoire d'amour* (K. Kieslowski) reproduisant quasiment le même dispositif spatial en profondeur.

Mais laissons là cette question de la profondeur de champ, déjà évoquée par ailleurs et qui, au demeurant, ne fait plus guère problème aujourd'hui, ni technico-économique ni esthétique.

Qu'est-ce qui va primer, interrogions-nous, entre les décors et les acteurs ? Mais, cette fois-ci, en termes qualitatifs de logique d'éclairage : question autrement importante.

Question sans réponse unique, on s'en doute. Tout au plus peut-on dire que généralement, depuis la rupture avec l'éclairage de studio classico-académique, on partira plutôt des lieux et décors, de la logique lumineuse qu'ils impliquent, en évitant de faire que l'éclairage des acteurs contredise par trop celle-ci (mais ceci semble bien être aujourd'hui remis en jeu). *A fortiori* bien sûr chez un moderne, toujours soucieux du respect de la lumière existante, à tout le moins plausible, vraisemblable (n'en donnons qu'une preuve : « *Rohmer a tendance à choisir un éclairage qui ne part pas des comédiens mais du décor* », constate R. Berta, qui voulait au contraire surtout éclairer les acteurs pour *Les Nuits de la pleine lune)* (45). Néanmoins, il reste qu'il « *est très difficile de savoir une fois pour toutes si on éclaire à partir du décor ou des acteurs* » (R. Berta) ; qu'il « *n'y a pas de lumière en soi. Elle est fonction d'un décor, de déplacements d'acteurs dans un décor et de déplacements de caméra dans un décor* » (W. Lubtchansky) (46). Ce qui pose la question du cadre. Car, au cinéma, on n'éclaire pas un décor pour lui-même, une fois pour toutes et comme un tout, mais pour ce qui en sera successivement cadré (par déplacements de caméra et/ou changements d'axe et d'échelle de plans) et qui inclut principalement les acteurs le plus souvent en mouvement. Qui inclut notoirement leurs visages, ce qui pose une nouvelle question : celle de la cohérence entre l'éclairage du visage-paysage et l'éclairage ambiant qui a sa logique propre.

Le cadrage et l'éclairage (photo- et ciné-génie)

Abordons cette question de la photographie du visage (cadré et éclairé), avant que d'en venir à celle de la mobilité de l'acteur (cadré et éclairé).

Le cinéma le plus classique, obéissant à un double ou triple impératif (dramatisation, hiérarchisation et photogénie, mais toujours lisibilité) est prêt à façonner un éclairage spécifique des visages, serait-ce en contradiction avec la logique d'éclairage ambiante révélée en plans larges : en gros plan, l'acteur est éclairé suivant des critères dramatiques et esthétiques qui se moquent bien souvent de l'organisation lumineuse des plans précédents et suivants, d'ailleurs elle-même arbitraire : le gros plan, tout en haut de la hiérarchie du regard, est en même temps le summum de l'arbitraire lumineux. (Les exemples abondent dans le cinéma hollywoodien, parfois flagrants). Ce que le cinéaste moderne n'est pas prêt à faire, sinon en légitimant un tel effet, par souci d'une logique réaliste, maintenue au fil des plans et de leurs variations scalaires. Le gros plan respectera la logique lumineuse donnée en amont et en aval ; respect d'autant moins problématique qu'un moderne n'a pas cherché à construire toute une organisation signifiante des éclairages : la simplicité, généralement de mise, demeure. (Exemples canoniques : les premiers

45. R. Berta, *Cahiers du cinéma*, « Méthodes de tournage », n° 364, octobre 1984.
46. R. Berta, W. Lubtchansky, *Cahiers du cinéma*, n° 395-396, mai 1987.

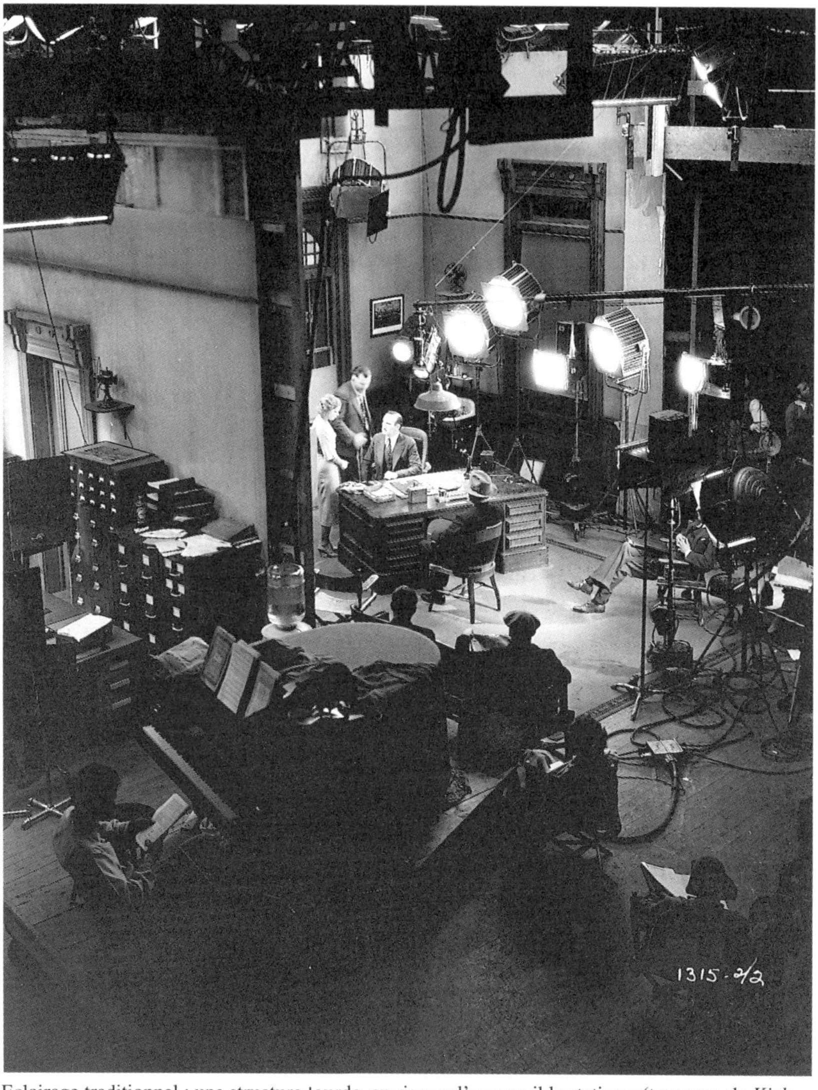

Eclairage traditionnel : une structure lourde, au risque d'un possible statisme (tournage de *Kick In*, Wallace, 1931).

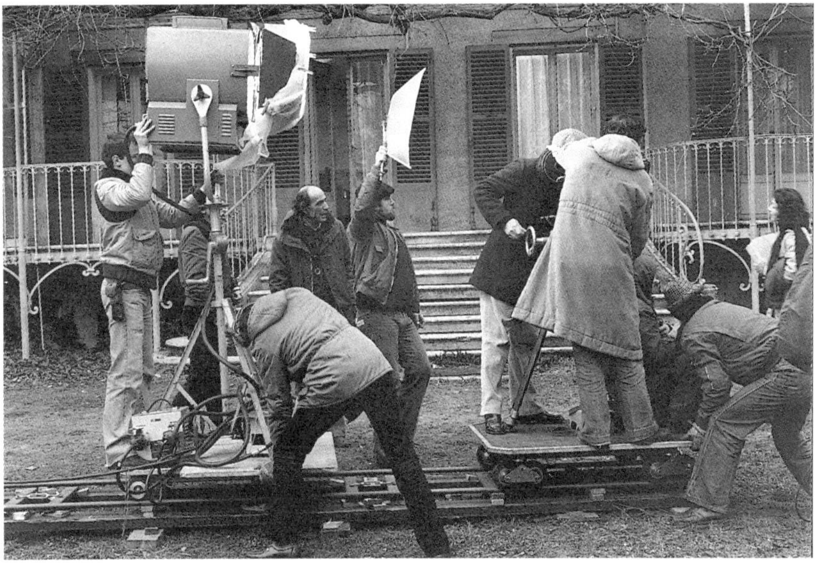

Eclairage contemporain : une structure légère, volontiers soucieuse de dynamisme (tournage de *Judith Therpauve*, Chéreau, 1978).

Godard). De toute façon, chez les modernes, le visage est baigné par la même lumière que le monde alentour : résolument neutre, franchement hétérogène (civilisation) ou subtilement variable (nature). Cependant que le baroque est par définition disposé à toutes les folies lumineuses, il l'est à cet égard aussi bien : ainsi chez Sternberg, où la rupture de la logique d'éclairage pour les plans de visages est élevée au rang de signature ; autrement chez le premier Bergman, où ces folies lumineuses autour du visage participent d'une exploration de la folie tout court (*Cris et chuchotements*, *Persona*, etc.) (47).

Aujourd'hui, trente ans après la Nouvelle Vague, où en sommes-nous à cet égard ? Le retour aux valeurs classiques se traduit aussi bien ici, autour du visage de l'acteur, par un retour de préoccupations photogéniques traditionnelles, c'est-à-dire un retour à l'expressivité théâtrale. Les chefs-opérateurs affirment d'ailleurs largement aujourd'hui (en paroles comme en actes) ce regain d'intérêt pour le travail des visages, leur modelage. D'Almendros à Berta, de Lhomme à Nuytten, même ceux qui ont le plus nettement rompu avec l'éclairage classique se déclarent désormais prêts à tricher avec la logique naturaliste-réaliste de la lumière, prêts à composer des éclairages spécifiques autour des visages. Echo d'un mouvement général ailleurs exacerbé, comme chez Carax, prenant ses aises avec le réalisme de l'éclairage — des visages ou corps comme des décors.

Cela dit, les acteurs ne sont pas que des visages, mais des corps qui bougent dans un espace plus ou moins large ou profond (et plus ou moins abstrait). Et, avec ou autour d'eux, un cadre. Bien entendu, si la caméra reste fixe (comme chez Rohmer), le travail d'éclairage est moindre que si elle se déplace au sein de cet espace (comme chez Ophuls), ce qui est très souvent le cas. La composition de l'éclairage ne pouvant ignorer la mobilité de l'acteur et de la caméra, se pose l'importante question de savoir ce qui prime entre cadre et lumière.

La réponse (du moins la réponse-type, si l'on peut en concevoir une) n'est pas la même selon la catégorie cinématographique envisagée. Le grand style classique — disons, de Lang à Welles en passant par Sternberg — implique un travail « haut de gamme » à la fois sur la lumière et le cadre, légitimement tenus pour un tout sans prééminence de celle-là ou de celui-ci : on sait que

---

47. Ayant rappelé qu'il traite le visage comme un paysage « *avec son relief de lumière et ses dépressions enténébrées*, Sternberg ajoute : *quand j'éclaire un visage, je commence par éclairer l'arrière-plan et, à l'intérieur du cadre, j'organise les valeurs de façon à ce qu'elles convergent vers le visage* ». Propos qui entérine ce qu'on souligne ici. J. von Sternberg, « Plus de lumière » (II), *Cahiers du cinéma*, n° 64, novembre 1956.

Lang dessinait volontiers ses plans, indiquant les positions de caméra et d'éclairages ; on sait que Welles éclairait deux fois, d'abord en fonction du décor et de l'atmosphère voulue puis en fonction des acteurs et du cadre ; on sait que pour Sternberg « *la technique du film est fondée sur la combinaison* » de deux éléments modulables, la source lumineuse (modifications de la distance, intensité, netteté et incidence) et la caméra (mouvements ou changements d'axe et d'échelle) (48). Mais si le meilleur cinéma classique place généralement à égalité cadrage et éclairage, la norme moyenne du studio — et ce sera un signe patent de son académisation — aura tendance à figer les acteurs dans un éclairage contraignant, conçu au millimètre, qui prend généralement le pas sur le cadre, dès lors prié d'obéir à l'éclairage. Très généralement, le cinéma traditionnel de studio tendra à la primauté de l'éclairage sur le cadrage, ce qu'exprime assez le statut de directeur de la photographie, en charge de la lumière, considéré comme supérieur au statut de cadreur (ces deux fonctions étant dissociées dans cet univers). Certes, on pourrait citer d'importants contre-exemples d'auteurs classiques d'abord cadreurs, de Ford à Hitchcock ; mais cela n'infirme pas la règle générale du studio, qui consiste bien à fabriquer une dentelle lumineuse dans laquelle les acteurs et le cadre se retrouveront toujours plus engoncés (49).

Dans la modernité, il en va autrement. Vérité du monde : plus d'éclairage composé. Vérité des êtres, qui passe soit par leur liberté soit par leur contrainte : le cadre (suivi ou emprisonnement de l'acteur) retrouve ainsi une importance capitale. Il tend à primer sur la lumière : il ne s'agit pas de faire de la « belle image » aux éclairages sophistiqués (mais factices), il s'agit d'abord et enfin de faire une image juste (belle parce que juste), vraie. La lumière obéit donc ici à un double impératif de vérité : du monde, elle doit être telle ou vraisemblable ; des êtres, elle doit s'effacer devant le cadre. Et on a déjà assez souligné combien l'image Nouvelle Vague assurait la liberté de l'acteur et de la caméra, débarrassés du carcan lumineux classique.

Pratiquement, un opérateur moderne aura à cœur d'être à la fois au cadre et à la lumière, (re-)devenus inséparables, avec *a priori* une prédominance du

48. « *On éclairait deux fois chez Orson. Il ne pouvait pas cadrer si je n'avais pas éclairé* », déclare Edmond Richard, opérateur du *Procès*. *Cahiers du cinéma*, numéro spécial O. Welles, 1982. J. von Sternberg, « Plus de lumière » (II), *Cahiers du cinéma*, n° 64, novembre 1956.

49. Débat symptomatique : lorsque Berta opposait au picturalisme du traité d'Alekan le mouvement de l'acteur et la musique du cadre, empêchés par des éclairages trop construits. Cf. *Cahiers du cinéma*, n° 395-396, mai 1987.

cadre. Almendros, Coutard, Berta, Lubtchansky, Robby Müller : tous déclarent en tout cas aimer être au cadre, ne pas aimer assurer la lumière sans le cadre. (Lhomme faisant valoir pour sa part que c'est aussi par contrainte économique, trop vite érigée en valeur esthétique, qu'on assure les deux à la fois, au risque d'être débordé : le réalisateur, le film gagnent volontiers à avoir un directeur-photo et un cadreur pleinement disponibles à leurs tâches, souligne-t-il. Mais son souci, légitime, est-il encore moderne ?) Avec donc une prédominance a priori du cadre, quoique l'histoire du cinéma moderne, une fois réalisée la table rase rossellino-bressonienne, sera bientôt (à partir de la Nouvelle Vague) pour la lumière celle d'une conquête de nouvelles lettres de noblesse : passé le « degré zéro » du réalisme brut (expression néanmoins dangereuse, car la lumière réelle brute est superbe chez Rossellini ou Bresson, Pasolini ou Godard) on explorera plus avant les beautés subtiles de la lumière naturelle (Rohmer, Straub-Huillet, Godard), on reconquerra une certaine théâtralisation réaliste des éclairages (Truffaut, Rivette, Doillon, Téchiné) (50).

Il n'empêche qu'un plan sera beau d'être juste (chargé de vérité) plutôt que formellement léché, admirable par sa qualité photographique. Ce dont témoignera par excellence Pialat, et jusqu'aux années quatre-vingt. Maintenant, si l'image peut être éthiquement juste (belle de ceci) et esthétiquement gracieuse (belle de cela), tant mieux ! (Ainsi *Sous le soleil de Satan*, pour ne retenir toujours que Pialat). Mais le plus important est qu'elle soit juste. Ethique qu'ont décidément oublié ces années quatre-vingt, assurément plus préoccupées de léché que de vérité.

Pour autant (et le passage de la modernité, de la Nouvelle Vague, n'y est pas pour rien), on ne voit plus guère aujourd'hui un réalisateur et son opérateur imposer des marques trop contraignantes aux acteurs (51). Ce sont bien plutôt désormais les acteurs, leurs attitudes et déplacements, qui entraînent finalement avec eux la lumière, décident en dernier ressort de l'éclairage exact du plan ou de la scène. Sur un tournage actuel, le dialogue avec les acteurs quant à la lumière consiste certes à essayer de les faire se placer aux mieux dans l'éclairage donné, mais réciproquement à le moduler en fonction de leur jeu : lors des dernières répétitions avant la prise, et d'une prise à l'autre, surgissent des déplacements, gestes ou postures inattendus ; un dia-

---

50. Sur les démarches de Rohmer et de Truffaut, se reporter à N. Almendros, *Un homme à la caméra*, *op. cit.*

51. Ou alors, pour d'autres contraintes que celle de l'éclairage (exemple suprême : Straub-Huillet).

logue triangulaire s'instaure naturellement entre acteurs, réalisateur et opérateur autour de tel jeu précis (« *et si tu allais un peu plus par là ; si tu marquais un arrêt ici, comme ça* », etc.) qui sera finalement rejeté ou retenu. Dès lors, les éclairages s'affinent en fonction du jeu physique des comédiens, le suivent, l'épousent. On rehausse ici, on atténue là ; selon les critères à la fois esthétiques et techniques : l'opérateur veille alors, muni d'une cellule photoélectrique (posemètre), à contrôler les différences d'éclairement entre les diverses zones du champ cadré, inégalement éclairé, au sein duquel l'acteur (les acteurs) va (vont) évoluer, passant d'une zone claire à la pénombre, accrochant au vol une lumière, etc. Ecarts d'éclairement auxquels on fera d'autant plus attention que l'on serre le(s) visage(s).

Cependant que la caméra, pivotant ou bougeant, décrit un univers de matière et coloris disparates ; les surfaces éclairées (la peau, les divers revêtements muraux, les différents matériaux) réfléchissant inégalement la lumière (elles n'ont pas la même luminance) : tous éléments que l'opérateur doit intégrer. Ainsi l'acteur, en bougeant dans la lumière, soit-elle immobile, la fait vivre, l'anime. Que le cadre le suive ou lui résiste, c'est lui qui donne au plan son rythme interne, son pli, son pouls. L'acteur étant le plus souvent (il ne faudrait pas l'oublier) le mobile essentiel du plan, dans tous les sens du terme. Et il est significatif que bien des opérateurs aujourd'hui préfèrent parler de *cinégénie* de l'acteur en mouvement — de la possibilité de pouvoir bien accrocher la lumière tout en bougeant — que de *photogénie* statique traditionnelle (52).

Cadre et lumière vont de nouveau ensemble. Comme bien d'autres opérateurs, Lubtchansky n'oppose pas une lumière construite avec la possibilité pour l'acteur de s'y mouvoir, en évoluant par zones éclairées et ombrées : « *C'est là que ça prend tout son sens d'être opérateur-cadreur : quand je suis au cadre, je pense à la lumière, je peux me placer par rapport aux parties sombres, aux parties claires et à la position du comédien. Par exemple, si le comédien, à un moment donné, est complètement dans l'ombre, je me débrouille au cadre, par un mouvement de la main, pour que le fond ne soit pas aussi sombre. En me déplaçant, je pense à la lumière, je cherche un fond plus clair* » (53).

Cadre et lumière vont de nouveau ensemble. On peut même considérer, comme Almendros, qu'une fois établi un parti pris d'ensemble sur le cadre,

52. Le critère s'appliquant donc aux acteurs : par exemple, Juliette Binoche est jugée *cinégénique*.
53. William Lubtchansky, *Cahiers du cinéma*, n° 325, juin 1981.

c'est la lumière, la façon dont elle tombe en un lieu, sur tel acteur (ou objet), qui va décider du cadrage exact : par exemple, si l'on a décidé de faire un plan rapproché, la lumière décidera à son tour des caractéristiques précises de ce plan. En somme, une dialectique cadre-lumière-cadre.

Maintenant, il est légitime de s'interroger sur la tendance actuelle, ses suites possibles. Le retour général à une théâtralisation (classico-baroquisante) des éclairages ne signifie pas pour autant que l'on retourne à un engoncement de l'acteur et de la caméra dans une structure lumineuse trop contraignante : au contraire, plus que jamais l'acteur et la caméra bougent, « déménagent » même. La mode est aux acteurs physiques, qui savent bouger. La mode est aux « prouesses » de la caméra, explorant l'espace sous toutes ses coutures à une vitesse sidérale. Cependant, la théâtralisation des éclairages doit suivre le mouvement (alors que, dans la modernité, la liberté de l'acteur allait avec une lumière non construite). Probablement, la lumière ira dans le même sens : elle bougera toujours plus. Quitte à se libérer à cet égard encore des lois de la nature, des contraintes du réalisme. Le phénomène (relayé et accéléré par la vidéo, les nouvelles images, etc.) est sans doute déjà en cours, en course. Et l'on peut penser que l'image à venir aura quelque chose à voir avec celles des années vingt, allemandes et soviétiques réunies, autour d'une forte expressivité dramatique et d'une intense activité dynamique-rythmique de la lumière. (La tentation de la pose « picturale » serait un contre-effet : manière de reculer avant de sauter le pas, refuge face à la mutation trépidante des images, ou façon de résister à une mode agitée).

Mais laissons là nos extrapolations futuristes. Un dernier élément enfin, et d'importance, entre ou plutôt revient avec l'acteur (qui n'est pas qu'un mobile) dans la détermination de la lumière. Le texte et sa diction, la voix et son intonation. L'opérateur affinera l'éclairage en fonction de l'atmosphère ainsi donnée, qui peut changer d'une prise à l'autre : par exemple, baissera les projecteurs, mettra des volets ou diffuseurs pour une prise plus susurrée, où la présence de la voix est capitale. Considération valant d'ailleurs plus généralement pour l'ambiance sonore sur le tournage même, bruits ou musique, qui n'est pas toujours sans écho sur l'ambiance lumineuse conçue.

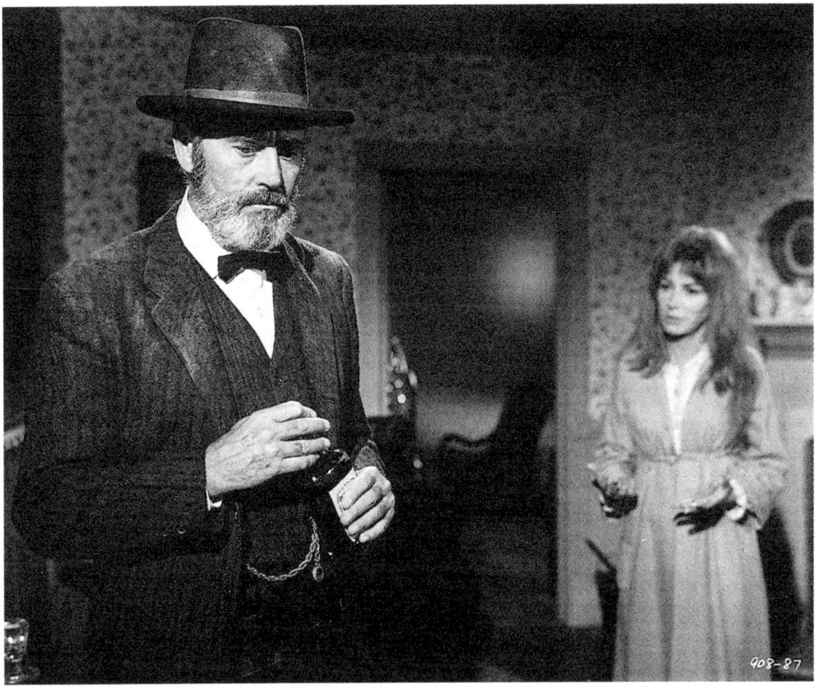

Quand l'éclairage de l'acteur prime sur celui du décor, jusqu'à la contradiction (*Le Reptile*, Mankiewicz).

3. Après tournage
Du développement à l'étalonnage

Le développement

Le développement, lié à la pellicule et à son exposition, joue à la fois sur le contraste et le grain de l'image, et permet donc d'en modifier (parfois considérablement) la matière lumineuse. En le poussant, en surdéveloppant, on peut augmenter le contraste (agir sur les rapports de luminance au sein de l'image, jouer sur le facteur de constraste ou « gamma ») et accroître la granulosité, tout en perdant cependant en netteté de l'image et surtout en perturbant l'équilibre des couleurs (les trois couleurs de base ne réagissant pas de la même façon) : c'est ainsi que les pellicules couleurs ne peuvent tolérer le même surdéveloppement que le noir et blanc. Surdévelopper au laboratoire suppose d'avoir sous-exposé au filmage. Toutes les pellicules n'acceptent pas de la même façon une sous-exposition ou un surdéveloppement : elles ont une plus ou moins grande latitude de pose, c'est-à-dire une plus ou moins importante marge de tolérance entre sous- et surexposition ; un développement poussé étant d'autant moins nécessaire que la pellicule a une grande latitude de pose. Il faut donc, avant tournage, choisir judicieusement la pellicule, en testant ses réactions sous diverses expositions et à divers degrés de développement.

Pousser le développement est un choix hautement esthétique, modifiant le contraste, la densité, le grain et la netteté des images. Ainsi par exemple (notoire) dans *Boy Meets Girl.* Choix en même temps financier, puisqu'il implique un traitement particulier, le film devant alors être développé dans un bain spécialement préparé pour lui, pendant telle durée et à telle température (54).

Car la logique de la rentabilité passe généralement avant le souci de qualité : le développement, à moins d'y veiller tout particulièrement et d'y mettre le prix, se fait couramment à la chaîne, dans des bains aux paramètres internationalement normés. Ce qui permet certes de faire développer un film ici ou là dans le monde sans mauvaises surprises, alors que « *jadis, la différence entre le travail d'un laboratoire par exemple argentin et celui d'un grand*

---

54. D'abord manuel, le développement s'est mécanisé très tôt (1904, chez Debrie), la pellicule circulant du bain de développement aux bains de fixage et lavage. Le tout est aujourd'hui automatisé.

pays industrialisé était très grande », comme le note N. Almendros. En revanche, souligne-t-il, « *depuis que la couleur existe, la responsabilité du laboratoire a diminué. Au temps du noir et blanc en effet, les opérateurs travaillaient avec des gamma personnels plus ou moins bas. De même, chaque studio avait son gamma et la Warner ou la Columbia n'avaient pas le même type de tirage et de développement, ce qui donnait une texture caractéristique à tous leurs films. Aujourd'hui, c'est par contre beaucoup plus standard* » (55).

Le développement est donc devenu, depuis l'âge d'or de l'industrie cinématographique où l'on y prêtait encore généralement une attention d'artisans pour le travail soigné, une opération qui participe habituellement du nivellement massif des images. De fait, le développement s'est globalement normalisé autour d'une bande moyenne préoccupée d'une « bonne » lisibilité (densité et granulosité) de l'image ne choquant pas les confortables habitudes visuelles du grand public.

Ce que ne peut légitimer le fait que la couleur — qui, il est vrai, limite les possibilités de surdéveloppement — n'autorise un contraste maximal que de 3 à 4. Non plus que la télévision, qui accepte plutôt bien les tons contrastés, mais fort mal les teintes nuancées.

Néanmoins, en noir et blanc, des auteurs en vue comme Carax, Jarmusch ou Wenders accordent une attention particulière — notamment au développement — à la matière lumineuse : au contraste, à la densité, au grain (56). Non sans un certain maniérisme (du plus bel effet, au demeurant), car il s'agit bien en l'occurrence de rejoindre et relayer le cinéma d'avant, sinon originel. Mais peut-on encore, aujourd'hui, retrouver la matière lumineuse primitive, ou même ancienne ? Pas vraiment...

Quoique cela ne soit pas qu'une question de pellicule et de développement, quoique cela se joue du tournage à l'étalonnage (mais il sera bientôt naturellement surtout question de couleur, quant à l'étalonnage), c'est ici l'occasion de dire un mot du noir et blanc contemporain. Il est généralement trop *soft* pour véritablement retrouver quelque chose de la matière d'antan. Parce que les pellicules, leurs qualités et leurs traitements ont largement évolué, certes. Mais ce n'est pas l'unique raison. La preuve : il sait être moins « soft », plus

---

55. Nestor Almendros, postface à *La Photo de cinéma* de René Prédal, *op. cit.*

56. Sur le travail en noir et blanc de Woody Allen et Gordon Willis, l'importance du niveau d'exposition et de développement pour le *feeling*, ô combien signifiant, de l'image : cf. chap. II - Années soixante-dix.

primitif (*L'Etat des choses* plutôt que *Les Ailes du désir*, *Stranger than Paradise* plutôt que *Down by Law*, *Boy Meets Girl* plutôt que...). Mais cependant toujours assez léché, lissé. Comme s'il n'était plus possible aujourd'hui de présenter au public, même en noir et blanc, une image par trop *hard* ou primitive ; comme s'il fallait s'en tenir à un classicisme de bon aloi du noir et blanc (57).

Comparez aux *Mistons* de Truffaut ou aux *Carabiniers* de Godard ; comparez à Eustache ou Garrel : qui oserait encore des images sous- et surexposées, peuplées de « charbons » (noirs bouchés) et de « fromages » (blancs brûlés) ? Le léché photographique est bien devenu un impératif, depuis le reflux de la Nouvelle Vague. (Etant entendu que l'on a pris ici des exemples paradoxaux : Carax, Jarmusch ou Wenders en ont bien conscience, travaillent au corps ce léché).

Même Garrel ne saurait l'ignorer, qui pourtant est le seul à pouvoir encore pleinement retrouver une matière lumineuse enfouie depuis l'enfance (de l'art), inégale, mal assurée, faisant ses premiers pas (58).

Epiphanie d'un cinéma « pur » d'être, en vérité, impur ? Sans doute, chez tous ces auteurs, Garrel par excellence, chez lequel la lumière sait encore menacer les corps et jusqu'au corps du film même. Sans en faire l'adoration — il est bien d'autres façons de travailler la lumière, non moins exemplaires ; cependant que le pavlovisme cinéphilique du noir et blanc n'est pas sans faire problème, surtout de nos jours — cette conscience de la matière lumineuse, de sa puissance à exprimer justement l'indicible, est d'autant plus précieuse en cette époque de « plastoc ».

Une fois développé, une opération très délicate attend encore le film, en couleurs essentiellement, mais en noir et blanc aussi : l'étalonnage.

L'étalonnage

Opération, rejouée plusieurs fois à partir du négatif original et jusqu'à l'obtention d'une copie satisfaisante, dont le but est de doser en finesse, pour

---

57. Sans même parler de films publicitaires. Celui de Depardon pour Naf-Naf tranchant par sa matière brute, son grain sale.

58. Le même Garrel déclarait récemment : « *Il y a tout de même une accélération de cadence chez les ouvriers de Kodak qui impressionnent les images* » (*Libération* du 4.10.1989). Dont acte, sur le développement comme sur l'étalonnage.

chaque plan et d'un plan à l'autre, la quantité et la qualité de la lumière et de la couleur... ces deux paramètres étant intimement liés. (C'est pourquoi l'étalonnage en noir et blanc ne pose guère de problème, les corrections se limitant à « plus clair » ou « plus sombre »).

Mais rappelons d'abord les évidentes raisons de cette opération. Les plans (ou plutôt, les prises) n'ont pas été faits selon la continuité qu'instaure le film monté, mais dans des conditions de tournage extrêmement variées : d'un lieu, d'un jour, d'une heure de tournage à l'autre, d'une installation d'éclairage à l'autre, les écarts de luminosité et donc de densité des couleurs varient (parfois considérablement). A quoi s'ajoute le fait que le traitement des négatifs par le laboratoire peut varier légèrement durant le tournage, mais passons, non sans noter qu'on aura pris soin, au tournage, de filmer régulièrement une « lily », charte de valeurs et de couleurs qui permet au laboratoire de juger de l'exposition (sous- ou sur-) et du rendu des couleurs : la « lily » sert de référence pour l'étalonnage de base. Néanmoins, sur l'ensemble des rushes du tournage, tel plan est trop clair et tel autre trop sombre, tel plan présente une dominante colorée rouge et tel autre verte, à tel moment un pull-over paraît bleu clair et à tel autre violet foncé (par exemple). Aussi faut-il, d'un plan à l'autre, d'une séquence à l'autre, et finalement sur la longueur du film entier, réajuster tout à la fois la lumière et la couleur.

Nécessairement en même temps, puisque c'est un tout indissociable. Indissociable à deux titres. D'une part, sa luminosité (ou plutôt, son éclairement, sa luminance) est un paramètre caractéristique d'une couleur : plus lumineuse elle est plus claire, moins lumineuse elle est plus foncée. C'est pourquoi les écarts de luminosité (d'éclairement, de diaphgrame, etc.) qui se sont produits au tournage se traduisent en même temps en écarts de coloris, de teintes (l'exemple évoqué du pull-over). D'autre part, chaque lumière possède une température de couleur spécifique, et l'on n'a dû cesser au tournage (en couleurs, s'entend) de jouer avec cela : équilibrer entre eux les divers types de projecteurs (à arc, à incandescence, HMI), équilibrer la lumière apportée avec la lumière naturelle, équilibrer donc notamment les intérieurs avec les extérieurs ; ce qui n'est pas sans laisser des traces d'une prise à l'autre, d'un plan à l'autre (même sans cela, le vieillissement d'une lampe suffit à en modifier la colorimétrie). Et l'on imagine que la moindre différence colorimétrique peut faire des ravages sur les peaux et visages des acteurs ! Cependant, la pellicule étant équilibrée pour la lumière artificielle chaude des projecteurs, on a dû altérer la lumière naturelle et les éclairages existants dans la rue, ne serait-ce que par l'emploi d'un filtre orangé devant l'objectif (le 85) : même si l'on a opéré sans apport d'éclairage, il faudra étalonner pour retrouver colorimétriquement la lumière du monde, du soleil et/ou de la civilisation. (Signalons que certains éclairages existants, tels réverbères ou tels néons, que nous voyons jaune orangé, la pellicule les perçoit verts : façon d'insister sur le fait qu'à aucun égard une pellicule ne se comporte comme un œil).

Voilà pourquoi il faut, à l'étalonnage, tout à la fois donner à chaque plan la luminosité et les couleurs souhaitées — modifier sa dominante colorée, doser la luminance respective des diverses couleurs, plus ou moins claires ou foncées — et veiller à la cohérence ou permanence de celles-ci au fil du film. Cependant que modifier la luminosité revient à modifier la couleur, et réciproquement. La marge de manœuvre entre ces deux pôles indissociables est donc étroite, subtile : on ne fait pas ce que l'on veut, mais ce que l'on peut. Etant bien entendu qu'on ne peut en aucun cas rejouer ce qui s'est joué à la prise de vue et au développement, transfigurer la courbe lumineuse d'une image, le rapport exposition/densité : tout au plus peut-on moduler très légèrement la densité ou saturation des trois couleurs de base, et en modifier éventuellement la balance ou l'équilibre respectif pour favoriser une dominante de telle couleur.

Techniquement, l'étalonnage consiste à jouer sur la densité (plus claire ou foncée) des trois couleurs de base (rouge, vert, bleu) et par là sur celle des couleurs complémentaires (cyan, magenta, jaune). Mais, le film demeurant aujourd'hui sur une seule et même pellicule, on ne peut jouer séparément sur une couleur de base sans modifier en conséquence les deux autres ; à la différence du Technicolor qui le permettait, chaque couleur de base se retrouvant sur une pellicule distincte à ce stade de la fabrication : à ce titre aussi, on a perdu une certaine liberté d'intervention sur la matière lumineuse et colorée du film. On joue donc sur le rapport rouge-vert-bleu tout entier, en filtrant plus ou moins chacune des trois couleurs de base en même temps, suivant une échelle allant de 0 à 50 points. Le tout passant (de nos jours) sur un analyseur, machine qui transpose l'image du négatif en image positive apparaissant sur un écran cathodique, cette image vidéo étant électroniquement modulable, ce qui permet de rechercher l'étalonnage voulu, lequel, une fois retenu, sera alors chimiquement opéré, donnant naissance à la copie « zéro » (59). Mais ce n'est pas encore l'étalonnage idéal ; il y a de nom-

59. Autrefois, on utilisait des réglettes de filtres colorés dégradés (plus ou moins foncés) qui, appliqués sur un film positif, permettaient de rechercher l'étalonnage souhaité : méthode artisanale, toujours praticable.

breuses corrections à faire ici, là et là : on renouvelle l'opération, générant ainsi la copie « un ». Et caetera, jusqu'à la copie standard, à partir de laquelle on établit un internégatif dont seront tirées les copies d'exploitation.

Ainsi donc, fondamentalement et pratiquement, l'étalonnage consiste à *comparer deux images* : celle qu'on a et une image virtuelle, produite grâce à la vidéo électronique, image qu'on aura si on assombrit plus ou moins le bleu, éclaircit plus ou moins le rouge, etc. Comparaison renouvelée par paliers successifs, de copie en copie. Car il s'agit d'une opération très délicate, portant à la fois sur la lumière et la couleur, et convoquant à chaque instant l'ensemble du film, puisqu'il s'agit principalement d'assurer une permanence des couleurs, et de leur équilibre, au fil du film entier.

On imagine aisément que le dialogue entre le chef-opérateur, qui indique ses souhaits, et l'étalonneur, en charge de les exécuter, n'est pas facilement accessible au réalisateur, puisqu'il met en jeu à la fois lumière et couleur, tantôt baptisée cyan ou magenta, le tout en nombres de points (et non de diaph)... inversement proportionnels au résultat, à l'image (60).

L'étalonnage, sorte de chirurgie esthétique, fine, n'en met pas moins en jeu la matière même de la lumière et de la couleur du film. C'est donc une opération non bénigne, non neutre : le sens de cette chirurgie donnant un visage remodelé au film en dit long sur la démarche du cinéaste.

Pour un classique, ce sera le moment de « peigner » le produit, d'en assurer l'homogénéité, le lissé. D'atténuer notamment les fausses teintes (fausses aux yeux du cinéma classique et des normes standard), ces sautes de luminosité, et donc de teintes colorées, déjà évoquées à propos des tournages en lumière naturelle, qui peut avoir changé du tout au tout au fil de la prise ou entre deux prises (parfois fort espacées dans le temps, voire dans l'espace) alors que, dans le film, elles sont censées être « raccord ». Ce qui vaut aussi pour les lumières en éclairages artificiels, quoique leurs variations ne soient plus dépendantes des caprices de la nature. Le classique fera la chasse aux aspérités, aux accidents lumineux et colorés, poursuivant dans l'étalonnage sa phobie des irruptions incontrôlées du réel au sein de ce pur projet qu'est et doit rester le film. Idéologiquement parlant, l'étalonnage permettra l'homogénéisation finale du produit.

---

60. De points et non de « diaph », terme qui devrait être réservé à la prise de vues. Mais les opérateurs ont naturellement tendance, pour souhaiter par exemple une teinte plus claire, demander « *un sixième (ou tiers) de diaph* » en plus.

Pour un baroque, ce sera en outre l'occasion de cultiver, parachever ou soigner certains effets fins de lumière et de couleur. On imagine ainsi aisément les raffinements d'étalonnage du somptueusement opératique *Casanova* de Fellini, du *Querelle* de Fassbinder en lumière chaude à dominante orangée, ou du *Jour des idiots* de Schroeter en lumière froide à dominante bleutée (l'utilisation de gélatines et filtres au tournage n'étant pas tout), pour ne citer que quelques notoires exemples récents.

Pour un moderne, le souci sera plutôt au contraire de retrouver la vérité (lumineuse et colorée) de la prise, de retrouver quelque chose qui était là au tournage et n'est pas passé sur la pellicule tel qu'on l'a vu alors (la pellicule ne voyant pas comme nous). Par exemple, pour Straub-Huillet (ou Rohmer, ou...) de retrouver les nuances subtiles de la lumière naturelle au lieu et au moment du tournage. Ce qui suppose un énorme travail d'étalonnage, toujours plus affiné de copie en copie, tendu vers cette réalité ou vérité perdue, enfouie... mémorisée par le(s) cinéaste(s) et leur opérateur, mais absolument inconnue de l'étalonneur (homme de laboratoire, loin des tournages). Il s'agit là encore, jusque dans l'étalonnage, de respecter la nature.

Mais cette vérité de la prise, pierre angulaire de la modernité, peut s'entendre en même temps dans le sens de sa brutalité technique intacte, telle : l'étalonnage ne cherchera pas à niveler les différences entre les plans (les prises), à rattraper les fausses teintes, à éliminer les sautes lumineuses et colorées. Ainsi dans l'exemple déjà cité d'*Une femme est une femme* ou dans *Othon*. C'est alors (ludiquement chez Godard, gravement chez Straub-Huillet) la vérité du processus de fabrication d'un film, du mode et des moyens de production cinématographique (au sens marxiste du terme), classiquement occultés, qui est dévoilée. Un refus du lissé photographique partagé et poursuivi, surtout dans les années soixante-dix, par Eustache, Garrel, Pialat, Wenders, Akerman et quelques autres (essentiellement en noir et blanc, ce pourquoi on n'y revient pas ici).

Dans l'un et l'autre cas, un souci de vérité de la prise. Et en tous cas, un bras de fer (des modernes) contre un étalonnage-nivelage (redouté aussi, pour d'autres raisons, par les baroques).

Car l'étalonnage est généralement devenu (un peu comme le développement) une entreprise de nivellement des images ; à la fois pour des raisons économiques et pratiques de rentabilité du travail à la chaîne, et pour des raisons esthétiques et idéologiques de goût moyen présumé (et entretenu) du public. Ce ne sont pas les étalonneurs, submergés de travail, qui me contrediront : les producteurs (de produits standard, donc) ne sont pas souvent prêts à

ÉTALONNAGE

Il y a trois couleurs de base (rouge, vert, bleu) et trois couleurs complémentaires (cyan, magenta, jaune). Soit :

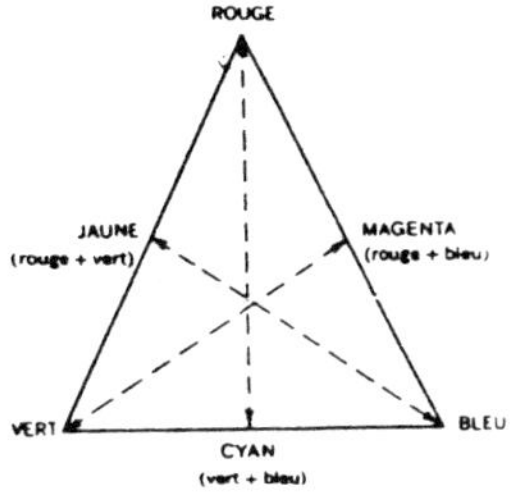

Etalonner consiste à filtrer plus ou moins chacune des trois couleurs de base, suivant une échelle de 0 à 50 points. Augmenter le nombre de points (du filtrage) revient à diminuer la couleur en question.

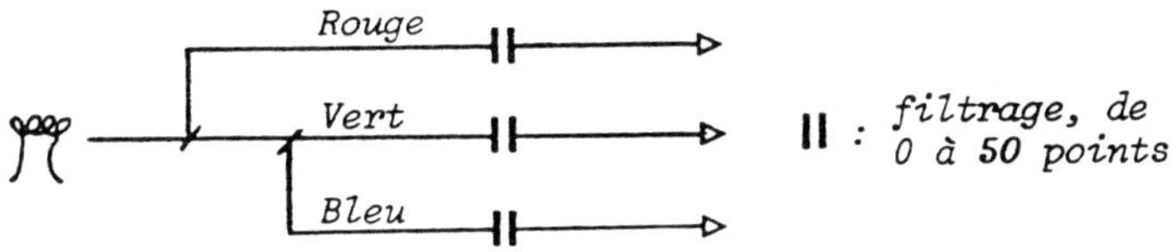

0 points ; pas de filtrage : toute la couleur en question passe. X points ; filtrage : la couleur en question décroît.

Etalonner une image va ainsi permettre de jouer aussi bien sur sa *luminosité* (densité des couleurs) que sur sa *coloration* (équilibre des couleurs) ; puisque l'on peut modifier le rapport R-V-B aussi bien en quantité qu'en qualité.

• En quantité : partant d'un étalonnage R=25 / V=25 / B=25 (points) on peut aller vers un étalonnage R=23 / V=23 / B=23, où l'on filtre moins les trois couleurs, obtenant ainsi une image plus claire.

• En qualité : partant d'un étalonnage R=25 / V=25 / B=25 (points) on peut aller vers un étalonnage R=21 / V=24 / B=27, où l'on laisse passer plus de rouge mais moins de vert et de bleu. Ce qui, à l'image, renforce le cyan.

Bien entendu, on modifie généralement l'étalonnage (le rapport R-V-B) à la fois en quantité (image plus ou moins claire ou sombre) et en qualité (image plus ou moins rouge ou bleue, chaude ou froide).

consacrer tout le temps et l'argent souhaitable pour cette opération, qui devrait pourtant être délicatement artistique et non massivement industrielle. N. Almendros y insiste, l'étalonnage est aujourd'hui la difficulté en fin de chaîne de création des images : « *Il ne s'agit pas d'une opération mécanique, mais d'un véritable travail artistique. Malheureusement, dans les laboratoires, la fonction d'étalonneur n'est pas vraiment spécifique. Ce n'est pas le résulat d'une sélection naturelle, d'une vocation (...) mais c'est une promotion normale à l'intérieur de l'entreprise : on débute coursier et, à force de monter, on se retrouve un jour étalonneur* » (61). (Mais d'ajouter que c'est pire aux USA qu'en France où « *peut-être parce que c'est plus artisanal, on trouve quand même un peu de sens artistique* »). De plus, les pellicules tendent désormais vers des qualités similaires (la diversification qu'avait impliqué la concurrence entre fabricants à la fin des années soixante-dix est derrière nous), et l'étalonnage ne peut inverser ce phénomène, ignorer ses conséquences : l'uniformisation donnée en amont ne peut être gommée en aval.

Ici encore, dans l'étalonnage — qui consiste déjà, classiquement, à homogénéiser le film — sévit la standardisation, l'uniformisation des films entre eux (si l'on n'y veille).

D'autant que l'étalonnage recoupe et réactive une question d'ampleur, aujourd'hui plus brûlante que jamais : on étalonne les films (du moins certaines copies) en fonction du passage à la télévision. A tout moment, l'étalonneur veille à signaler que telles nuances de lumières et/ou de couleurs ne passeront pas, ou mal, sur le petit écran. Notamment, bien entendu, les images en basse lumière, sombres, ou les zones d'images trop ombrées, obscures. Conséquemment, on veille à déboucher les ombres, à augmenter la clarté des images, au moins pour la copie destinée au petit écran, à partir de laquelle on effectuera un transfert en vidéo nommé télé-cinéma. Quoique, désormais, au lieu d'un simple transfert télé-cinéma, on réalise pour la télévision un véritable étalonnage vidéo, différent de celui du film sur pellicule ; mais si, grâce à la vidéo, on peut ainsi largement et aisément réétalonner, ceci ne supprime pas les problèmes liés au passage télé, notamment l'intolérance aux images *low key*. Où ressurgit jusque dans l'étalonnage, étayée ou relayée par les impératifs de la diffusion télévisée (qui en revanche accepte bien les contrastes élevés), cette hantise de l'obscurité, cette peur du noir, cette phobie du « douteux » ou « sale », bref cette obsession de lisibilité déjà

61. Nestor Almendros, postface à *La Photo de cinéma* de René Prédal, *op. cit.*

soulignée. Hantise qui, rappelons-le, pèse déjà au tournage, où l'on a tendance à éclairer plus, en vue du passage à la télévision. Tout film étant fatalement aujourd'hui peu ou prou fait pour elle, sinon produit par elle, on mesure ici encore à quel point l'image cinématographique est désormais tributaire de ce médium (62).

Voici enfin le stade de la *diffusion* du film. Où se rejouent à plus d'un titre son image, sa lumière. D'abord lors du tirage des copies d'exploitation (toujours plus, toujours plus vite) qui tend encore à niveler l'objet final, de par une certaine déperdition quantitative et qualitative par rapport à la copie standard (copie-mère, élaborée après les copies de travail). Mais le pire attend trop souvent le film et sa luminosité au stade ultime de la projection.

En salle, où l'intensité du projecteur est très aléatoire : le vieillissement de la lampe entraîne une image ternie, des nuances affadies, des tons colorés altérés. A quoi s'ajoutent la qualité et la propreté de l'écran, souvent discutables. Rien ne garantit alors un éclairement de l'écran de 150 luxs, norme en vue de laquelle ont été conçues les copies. A la télévision, qui tend à devenir le mode de diffusion dominant des films, où la luminosité et les couleurs sont largement altérées de par le mode d'émission (en attendant la haute définition) ainsi que la réception (le réglage dépendant du spectateur).

Conclusion de cette genèse pratique ? Du budget au tournage, du laboratoire à la projection, la lumière du film est à tous les échelons (d'importance inégale, mais tous importants) redéterminée, plusieurs fois rejouée. Et ceci est spécifique au cinéma : aucun autre art n'est *ainsi,* de ces façons et à ce point, confronté à la lumière. Ceci est propre à l'image cinématographique, écrite sur de la lumière.

---

62. L'étalonnage réalisé, on va tirer la copie positive standard. Ceci implique une opération de blanchiment, lequel accroît la saturation des couleurs. Cependant, on peut limiter le blanchiment, ce qui désature les couleurs et donne de la densité aux noirs : ainsi dans les films d'Assayas, aux noirs profonds, non laiteux, de velours. Mais ceci est bien plutôt une affaire de qualité de couleurs que de lumière, à la limite de notre sujet.

BIBLIOGRAPHIE

Henri Alekan, *Des lumières et des ombres*, Paris, Le Sycomore, 1984.

Nestor Almendros, *Un homme à la caméra*, Paris, Hatier, 1980.

Jacques Aumont, *L'Œil interminable : Cinéma et peinture*, Paris, Librairie Séguier, 1989.

Peter Baxter, « On the History and Ideology of Film Lighting » , *Screen*, vol. 16, n° 3, Automne 1975.

David Bordwell, Janet Staiger, Kristin Thompson, *The Classical Hollywood Cinema : Film style and mode of production to 1960*, New York, Columbia University Press, 1985.

Gilles Deleuze, *L'Image mouvement* et *L'Image-temps*, Paris, Ed. de Minuit, 1983 et 1985.

Lotte H. Eisner, *L'Ecran démoniaque : Les influences de Max Reinhardt et de l'expressionnisme* (1952), Paris, Le Terrain vague, 1965. (Rééd. en 1981).

Edgar Morin, *Le Cinéma ou l'homme imaginaire : Essai d'anthropologie*, Paris, Ed. de Minuit, 1956. (Rééd. en 1978).

René Prédal, *La Photo de cinéma*, Paris, Ed. du Cerf, 1985.

Eric Rohmer, *L'Organisation de l'espace dans le Faust de Murnau*, Paris, U.G.E., 1977. (Rééd. en 1979).

Sharon A. Russel, *Semiotics and Lighting : A Study of Six Modern French Cameramen*, Boston, U.M.I. Research Press, 1973. (Rééd. en 1984).

Jean Louis Schefer, *L'Homme ordinaire du cinéma*, Paris, Cahiers du cinéma, Gallimard, 1980.

Josef von Sternberg, « Plus de lumière », *Cahiers du cinéma*, n° 63 et 64, octobre et novembre 1956.

Charlie Van Damme et Eve Cloquet, *Lumière actrice*, Paris, FEMIS, 1987.

PROPOS DE CHEFS-OPÉRATEURS

Outre de nombreux entretiens dans les périodiques spécialisés :

Christian Gilles, *Les Directeurs de la photo et leur image*, Paris, Ed. Dujarric, 1989.

Charles Higham, *Hollywood Cameramen*, Londres, Thames and Hudson, B.F.I., 1970.

Kris Malkiewicz, *Film Lighting : Talks with Hollywood's Cinematographers and Gaffers*, New York, Londres, Prentice Hall Press, 1986.

Leonard Maltin, *The Art of the cinematographer : A survey and interviews with five masters*, New York, Dover Publications, 1978.

Stefano Masi, *Storie della luce : I film, la vita, le avventure, le idee di 200 operatori italiani*, L'Aquila, La Lanterna Magica, 1983. (Rééd. en 1985).

Dennis Schaeffer et Larry Salvato, *Masters of Light : Conversations with contemporary cinematographers*, Berkeley, Los Angeles, Londres, University of California Press, 1984.

PRATIQUE ET TECHNIQUE

René Brismée, *Lumière et son dans les techniques cinématographiques*, Bruxelles, Ed. M.P.C., 1987. (Rééd. en 1989).

David Kilpatrick, *Light and lighting*, Londres, Boston, Focal Press, 1984.

Gerald Millerson, *Méthode d'éclairage pour le film et la TV*, Paris, Ed. Dujarric, 1987.

TABLE

Photogravure : Fotimprim
Flashage : Atelier Ferciot

Troisième tirage, revu et corrigé, 2001.

Achevé d'imprimer par Corlet, Imprimeur, S.A.
14110 Condé-sur-Noireau (France)
N° d'Imprimeur : 3111 - Dépôt légal : septembre 2001
Imprimé en U.E.